Liderança Cristã Africana

Liderança Cristã Africana

Realidades, Oportunidades e Impacto

Editado por
Robert J. Priest e Kirimi Barine

GLOBAL LIBRARY

© 2021 Tyndale House Foundation

Publicado em 2021 pela Langham Global Library
Uma marca da Langham Publishing
www.langhampublishing.org

Langham Publishing e suas marcas são um ministério da Langham Partnership

Langham Partnership
Caixa Postal 296, Carlisle, Cumbria, CA3 9WZ, Reino Unido
www.langham.org

Originalmente publicado com o título *African Christian Leadership*

ISBNs:
978-1-83973-439-7 Impresso
978-1-83973-474-8 ePub
978-1-83973-475-5 Mobi
978-1-83973-476-2 PDF

Robert Priest e Kirimi Barine declaram por meio deste o direito moral de serem identificados como Autores da parte da Edição Geral desta Obra, de acordo com as seções 77 e 78 da Lei de Direitos Autorais, Projeto e Patentes de 1988.

Todos os direitos reservados. Nenhuma parte desta publicação pode ser reproduzida, armazenada em um sistema de recuperação ou transmitida em qualquer forma ou meio, eletrônico, mecânico, fotocópia, gravação ou outro, sem a autorização prévia por escrito da editora ou da Agência de Licenciamento de Direitos Autorais.

Os pedidos de reutilização de conteúdo da Langham Publishing são feitos através do PLSclear. Visite www.plsclear.com para concluir sua solicitação.

Dados de Catalogação e Publicação da Biblioteca Britânica
Um registro de catálogo para este livro está disponível na Biblioteca Britânica

ISBN: 978-1-83973-439-7

Design da Capa e do Livro: projectluz.com

A Langham Partnership apoia ativamente o diálogo teológico e o direito do autor de publicar, mas não necessariamente concorda com os pontos de vista e opiniões aqui estabelecidos ou em trabalhos referenciados nesta publicação, nem pode garantir a correção técnica e gramatical. Langham Partnership não aceita qualquer responsabilidade ou obrigação para com pessoas ou propriedade como consequência da leitura, uso ou interpretação de seu conteúdo publicado.

Para líderes cristãos Africanos do passado, presente e futuro que têm demonstrado liderança serva exemplar, com ações de graças pelos seus incansáveis esforços para fazer do continente Africano um lugar melhor para o seu povo.

Que os teus servos vejam as grandes coisas que fazes! E que os nossos descendentes vejam o teu glorioso poder! Derrama sobre nós as tuas bênçãos, ó Senhor, nosso Deus! Dá-nos sucesso em tudo o que fizermos; sim, dá-nos sucesso em tudo.

Salmo 90:16-17 (NTLH)

Índice

Prefácio da Série da American Society of Missiology xi
Agradecimentos xiii
Acrônimos xv
Prefácio xvii
Colaboradores xix

1   A Gênese e o Crescimento do Estudo de Liderança Cristã em África 1
2   Características dos Líderes Cristãos Africanos Influentes 31
3   Formação de Líderes Cristãos Africanos: Padrões apartir dos Dados do ELA 51
4   Conetado – O Papel do Capital Social para Líderes com Impacto ... 69
5   Respostas Da Liderança Durante Conflitos Armados 91
6   Palavra e Ação – Padrões de Organizações Cristãs Africanas Influentes 111
7   Organizações Cristãs Africanas e Desenvolvimento Socioeconômico 123
8   Liderança das Mulheres Africanas – Realidades e Oportunidades .. 145
9   Empoderando a Liderança – Um Novo Alvorecer na Liderança Cristã Africana 167
10 Leitura e Liderança—Desafios Para Os Líderes Cristãos Africanos 187
11 Desenvolvendo Líderes Transformacionais – Implicações Curriculares do Estudo da Liderança em África 213
12 Envolvendo África—A História da Tyndale House Foundation 231

Conclusão 249
Lições Aprendidas Através do Estudo da Liderança em África 249

Tabelas

Tabela 2-1. Líderes Pastores... 33

Tabela 2-2. Líderes Leigos... 34

Tabela 3-1. Cristãos que mais o impactaram (exceto a família).......... 55

Tabela 4-1. Igreja com Ministério aos Muçulmanos..................... 79

Tabela 6-1. Organizações Cristãs com Impacto......................... 113

Tabela 7-1. Serviços Socioeconômicos fornecidos por cada
Organização Baseada na Fé............................... 126

Tabela 8-1. Oportunidades para mulheres na Liderança da Igreja....... 148

Tabela 8-2. Percentagem das Líderes Influentes: Cléro vs leiga......... 153

Tabela 8-3. Taxa de Alfabetização por País (Unesco: Institute For
Statistics 2015a)... 155

Tabela 8–4. Taxas de Matrícula (Unesco: Institute For Statistics 2015b).. 155

Tabela 8-5. Autores Favoritos das Entrevistadas...................... 156

Tabela 10-1. Autores Favoritos por País.............................. 192

Tabela 10-2. Percentagens de leitores que nomeiam autores favoritos
de acordo com a origem................................ 194

Tabela 10–3. Os 15 Autores favoritos classificados por presença na
Biblioteca.. 203

Tabela 10-4 Os 15 escritores Top classificados pela nas livrarias........ 206

Figuras

Figura 1.1 África pela língua colonial e apresentando os três países pesquisados 10

Figura 1-2. Quênia, com vilas e cidades onde foram realizadas pesquisas 14

Figura 1-3 República Centro-Africana, com cidades onde foram realizadas pesquisas..................................... 16

Figura 1-4. Angola, com vilas e cidades onde a pesquisa foi realizada 18

Figura 5-1. Papa Francisco ao lado do Dr. Nupanga Weanzana, presidente da FATEB 100

Figura 10-1. Identidade dos autores que os cristãos africanos têm como favoritos 200

Figura 12-1. Ken e Margaret Taylor Com Seus Dez Filhos (1957)....... 233

Figura 12-2. Dr. Kenneth Taylor (Com Margaret Taylor) Apresenta ao Presidente Queniano Daniel Arap Moi uma Bíblia Viva em Inglês e um Novo Testamento em Suaíli (1984), como Dr. George Kinoti Observa 235

Prefácio da Série da American Society of Missiology

O objetivo da Série da American Society of Missiology é publicar – sem levar em consideração fronteiras disciplinares, nacionais ou denominacionais – trabalhos acadêmicos de alta qualidade e de amplo interesse em temas missiológicos de todo o espectro relevante das atividades acadêmicas para a missão cristã, que é sempre o foco dos livros da Série.

Por missão entende-se o esforço para atravessar a fronteira existente entre a fé em Jesus Cristo e sua ausência. Nesse entendimento da missão, as funções básicas da proclamação cristã, do diálogo, do testemunho, do serviço, da adoração, da libertação e da educação são motivos de especial preocupação. E, nesse contexto, surgem questões, inclusive, de como a transição de um contexto cultural para outro influencia a forma e a interação entre essas funções dinâmicas, especialmente no que diz respeito à pluralidade cultural e religiosa que compreende o contexto global da vida e missão cristã.

A promoção do diálogo acadêmico entre missiólogos, e entre missiólogos e acadêmicos de outras áreas de investigação pode envolver a publicação de pontos de vista que alguns missiólogos não aceitam e com os quais os próprios membros do Comitê Editorial não concordam. Os manuscritos publicados na Série, portanto, refletem as opiniões de seus autores e não são entendidos como representando a posição da American Society of Missiology ou do Comitê Editorial. A seleção é dirigida por critérios como valor intrínseco, legibilidade, coerência e acessibilidade a um gama de pessoas interessadas e não apenas a especialistas ou experts.

A série da ASM, em colaboração com a Orbis Books, procura publicar trabalhos acadêmicos de alto mérito e amplo interesse em vários aspectos da missiologia – o estudo acadêmico da missão. Apresentações que abordam novas e criativas perspetivas para a prática e o entendimento da missão receberão especial atenção.

O Comitê da Série da ASM
Jonathan J. Bonk
Angelyn Dries, O.S.F.
Scott W. Sunquis

Agradecimentos

Os editores gostariam de agradecer a ajuda de todos os envolvidos, particularmente os autores dos capítulos e outros que ajudaram a supervisionar e analisar a pesquisa, incluindo José Paulo Bunga, Adelaide Thomas Manuel e Kalemba Mwambazambi. Mais de 8.000 pessoas responderam à nossa pesquisa; dezenas nos cederam entrevistas detalhadas e dezenas de estudantes de graduação e pós-graduação ajudaram a realizar a pesquisa. Sem a assistência deles, este livro não se tornaria realidade.

Inúmeras pessoas auxiliaram na pesquisa, suas descobertas forneceram feedback sobre os capítulos do livro – incluindo Miriam Adeney, J. Kwabena Asamoah-Gyadu, Dwight Baker, Johan Boekhout, Daniel Bourdanné, Edward Elliott, Matthew Elliott, Casely Essamuah, Zachs-Toro Gaiya, Evan Hunter, Joanna Ilboudo, Wambura Kimunyu, Samuel Kun- hiyop, Gerald Macharia, John Maust, Paul Mouw, Esther Mombo, Peter Ngure, Beverly Nuthu, Timothy Nyasulu, Gregg Okesson, Uma Onwunta, Kersten Priest, Jack Robinson, Theo Robinson, Ian Shaw, Michelle Sigg, Tite Tiénou, Enyidiya Uma-Onwunta, Timothy Wachira, David Waweru, e Darrell Whiteman. Suas valiosas contribuições são reconhecidas.

Instituições de ensino de Angola, República Centro-Africana, Quênia, África do Sul e EUA prestaram apoio. Elas são especificamente reconhecidas no Capítulo 1. Sem o financiamento da Tyndale House Foundation, a visão, apoio e compromisso de seus líderes (Mark Taylor, C. Douglas McConnell, Mary Kleine Yehling, Edward Elliott e Bob Reekie), esse ambicioso projeto não seria possível. A equipe administrativa trabalhou incansavelmente em todos os detalhes e logística para apoiar e viabilizar o trabalho do grupo.

Somos gratos a Jim Keane e a equipe editorial da Orbis Books; Jon Hirst e Scott Todd, da Global Mapping International, que criaram os mapas de suporte; e Rob Huff, da Image Studios pelo design do site do Estudo de Liderança Africana, onde também reconhecemos as contribuições de muitos outros. A todos que ajudaram neste projeto, estamos muito agradecidos.

Acrônimos

ACATBA	Association Centrafricaine pour la Traduction de la Bible et l'Alphabétisation
AEA	Association of Evangelicals in Africa
ELA	Estudo de Liderança Africana
ATS	Association of Theological Schools (US)
BWA	Bomaregwa Welfare Association (Kenya)
RCA	República Centro-Africana
CBO	Community-Based Organizations
CICA	Conselho de Igrejas Cristãs em Angola
CITAM	Christ Is the Answer Ministries
CPDA	Christian Partners Development Agency
DASEP	Departamento de Assistência Social Estudos e Projectos
FATEB	Faculté de Théologie Évangélique de Bangui
FBO	Faith-Based Organization
IBK-MU	Instituto Bíblico de Kaluquembe–Missão Urgente
ICT	Information Communications Technology
IERA	Igreja Evangélica Reformada de Angola
IFES	International Fellowship of Evangelical Students
IMF	International Monetary Fund
ISTEL	Instituto Superior de Teologia Evangélica no Lubango
ITIERA	Instituto Teológico da Igreja Evangélica Reformada de Angola
KSCF	Kenya Students Christian Fellowship
MIERA	Mulher da Igreja Evangélica Reformada de Angola
NCCK	National Council of Churches of Kenya
NEGST	Nairobi Evangelical Graduate School of Theology
NetACT	Network for African Congregational Theology
NGO	Non-Governmental Organization
OIF	Organisation Internationale de la Francophonie
PACLA	Pan-African Christian Leadership Assembly

PIP	Pastoral Instruction Program
SED	Seminário Emanuel do Dôndi
STB	Seminário Teológico Baptista
TCHD	Tenwek Community Health and Development
THF	Tyndale House Foundation
UFEB	Union Fraternelle des Eglises Baptistes
WCC	World Council of Churches
WCD	World Christian Database
WHO	World Health Organization

Prefácio

Tite Tiénou

Os africanos têm reconhecido a importância da liderança para seu bem-estar e para a vitalidade social, econômica, política e espiritual do continente. Eles têm organizado conferências sobre liderança, produzido livros e várias publicações sobre o assunto e estabelecido organizações como o Fórum de Liderança Africana (Africa Leadership Forum) (www.africaleadership.org) e a Iniciativa de Liderança Bíblica Africana (Africa Biblical Leadership Initiative) (www.abliforum.org) comcom o objetivo de promover a liderança no continente. Os cristãos têm considerado vários aspectos de liderança de abragência continental, como a Assembléia Pan-Africana de Liderança Cristã (Pan-African Christian Leadership Assembly) (PACLA I, Nairobi, Quênia, Dezembro de 1976; e PACLA II, Nairobi, Quênia, novembro de 1994). Um dos resultados dessas assembleias têm fornecido material para a investigação acadêmica da liderança Cristã em África, como, por exemplo, Hans-Martin Wilhelm's *Liderança Cristã Africana: Culturas e Teologias em Diálogo*, (Hans-Martin Wilhelm's African Christian Leadership: *Cultures and Theologies in Dialogue*) uma tese de mestrado de 1998 para a University of South Africa.

Com isso em mente, os leitores deste livro podem se perguntar: Como esse estudo da liderança Cristã em África se difere dos outros? Ao contrário de outros documentos sobre o tema, este livro é o resultado de muitos anos de sólida pesquisa qualitativa e quantitativa, conduzida em três países, em grande números de denominações e etnias. Esse recurso, por si só, diferencia este livro de outros e é a base de novas e importantes contribuições para a compreensão das realidades da liderança Cristã nas sociedades africanas contemporâneas.

O foco na África contemporânea, seja nos padrões de leitura ou nas questões de liderança, que é evidente ao longo do volume, recompensa o leitor com descobertas surpreendentes como "enquanto os cristãos africanos leêm menos livros em comparação aos americanos, a diferença é menor do que se pensa. Pastores africanos lêem mais livros do que a população adulta dos EUA como um todo." (Capítulo 10).

O estudo foi realizado em três países: Angola, República Centro-Africana e Quênia. Ao levar em conta a atual realidade linguística no continente, este estudo se concentrou de maneira útil em um país lusófono, um país francófono e um país anglófono. Isso fornece nuances e um corretivo necessário aos estudos do cristianismo em África que geralmente não consideram possíveis diferenças entre esses três grupos linguísticos. No entanto, pode-se perguntar se os três países onde o estudo foi realizado são representativos de todo o continente em outros aspectos. Por exemplo, a composição religiosa da população de cada um dos três países é maioritariamente cristã. Quais seriam os resultados do estudo em um país como a Nigéria, por exemplo, com um cenário religioso diferente e complexo? Esta observação não pretende diminuir a importância ou o valor de um estudo como esse, mas chamar a atenção para a necessidade de estudos com a mesma qualidade a serem realizados em outros países.

No meu prefácio do livro de Gottfried Osei-Mensah, Procura-se: Líderes-servos (1990) (Gottfried Osei-Mensah, *Wanted: Servant-Leaders*), escrevi: "Embora muitos enfatizem a necessidade de líderes mais e mais bem preparados para as igrejas africanas, poucos têm refletido sobre a natureza da própria liderança Cristã. Menos ainda são os que escreveram sobre as qualidades necessárias aos líderes cristãos africanos." Ao longo dos anos, o livro de Osei-Mensah tem sido útil para os líderes. O que falta até agora é um estudo das oportunidades, desafios e impacto da liderança Cristã em África. Este livro preenche este vazio.

Louvo os autores do estudo e a agência que financiou a elaboração, condução e redação da pesquisa de maneira coerente e colaborativa. Espero sinceramente que a abordagem geral adotada na pesquisa e na redação do livro estimule empreendimentos semelhantes nos próximos anos. Aqui encontrarás muitos tesouros enquanto lês e exploras mais a fundo a liderança Cristã africana.

Colaboradores

Kirimi Barine é autor, instrutor, editor e consultor. Ele serviu e continua a servir em várias capacidades de liderança para organizações em África e em volta do mundo. Ele é o diretor fundador do Publishing Institute of Africa, organização sediada em Nairobi com objectivo de publicar, treinar e desenvolver autores. Ele é autor ou co-autor de vários livros, entre eles *Transformational Corporate Leadership* (2010). Barine deleita-se com treinamento e facilitação de experiências de aprendizado, além de consultor em liderança, editor e escritor. Ele possui um PhD e doutorado em Administração de Empresas (com ênfase em liderança e governação) oferecidos em conjunto e como um programa de dois graus pela SMC University, Suíça e Universidad Central da Nicaragua.

Michael Bowen é professor associado de Economia Ambiental e vice-diretor de controle de qualidade da Daystar University. Ele é PhD em Economia Ambiental. Além de apresentar trabalhos em conferências internacionais, ele publicou uma variedade de artigos em periódicos e capítulos de livros. Entre outros temas, seus escritos se focam em casamento e família cristã no Quênia e no significado da visão e missão numa universidade cristã. Foi editor convidado de edições temáticas em periódicos internacionais e supervisionou teses de mestrado e doutorado. O professor Bowen tem lecionado nos níveis de graduação, mestrado e doutorado.

Jurgens Hendriks serviu como pastor por dez anos antes de sua chamada em 1985 para ensinar teologia prática na Stellenbosch University, onde atuou como professor de estudos congregacionais. O seu foco inicial de trabalho e pesquisa foram as principais congregações durante o período de transição do Apartheid. Em resposta ao aumento de estudantes de pós-graduação de outros países africanos depois de 1994, ele redirecionou sua atenção para as realidades congregacionais em toda a África. Seu livro *Studying Congregations in Africa* (2004) foi a primeira publicação da Network for African Congregational Theology (NetACT). Fundada em 2000, ele se tornou o primeiro diretor executivo. Ele ainda serve a rede de quarenta escolas em quinze países africanos como coordenador do programa.

John Jusu, PhD, serve como diretor regional de África da Overseas Council International e atualmente está de licença de professor de estudos educacionais e reitor da School of Professional Studies da Africa International University.

Ministro ordenado da Church of the United Brethren in Christ da Serra Leoa e missionário da Associação dos Evangélicos em África, o foco de John está no desenvolvimento transformacional do currículo. Ele atua como consultor de currículo para a More than Mile Deep-Global, como editor-supervisor da Africa Study Bible e como membro do Global Associates for Transformational Education. John está também envolvido no desenvolvimento do corpo docente em muitas iniciativas educacionais em África.

Truphosa Kwaka-Sumba é a diretora do campus de Nairobi da St. Paul's University, no Quênia. É mestre em Economia pela University of Manchester (Reino Unido). Ela é editora convidada e colunista do *Leadership Today in África* e do blog her-leadership.com. Ela é membro não executiva do conselho da International Leadership Foundation – Kenya e da Longhorn Publishers Ltd. Ela também é facilitadora, instrutora e palestrante em liderança, com foco especial nas mulheres em liderança, bem como na liderança em África.

David K. Ngaruiya é professor associado e vice-chanceler adjunto de pesquisa, extensão e desenvolvimento da International Leadership University, em Nairobi, Quênia. É PhD em Estudos Interculturais pela Trinity Evangelical Divinity School. Ele atuou como presidente da Society of Evangelical Theology (2015-16). Ele publicou artigos em periódicos e livros e serviu como co-editor e colaborador do livro *Communities of Faith in Africa and African Diaspora* (Pickwick Publications, 2013). Seus interesses de pesquisa incluem liderança, contextualização, a igreja em África e o uso de recursos digitais na educação. Ele tem supervisionado pesquisa de pós-graduação em vários níveis.

Robert J. Priest é professor de Estudos Internacionais da G. W. Aldeen e de Missão e Antropologia na Trinity Evangelical Divinity School e possui doutorado em Antropologia pela University of Califórnia, em Berkeley. Ele é ex-presidente da American Society of Missiology (2013-14) e da Evangelical Missiological Society (2015-17). Sua pesquisa e escrita incluíram um foco em raça e etnia, sexualidade, missões de curto prazo, conversão religiosa e acusações de bruxaria. Entre suas publicações está *This Side of Heaven: Race, Ethnicity, and Christian Faith*, editado por Alvaro L. Nieves (Oxford, 2007).

Steven D. H. Rasmussen é professor sênior de Estudos Interculturais na Africa International University em Nairobi, Quênia. Ele recebeu o PhD da Trinity International University em Estudos Interculturais. Ele leciona há vinte anos na África Oriental. Antes de sua posição atual, serviu como diretor do Lake Victoria Christian College, em Mwanza, Tanzânia. Ele publicou uma variedade de artigos em periódicos e capítulos de livros sobre acusações de bruxaria, entendimento de doenças na Tanzânia e missões de curto prazo.

Elisabet le Roux é pesquisadora da Unidade de Pesquisa em Religião e Desenvolvimento (URDR) da Faculdade Teológica da Stellenbosch University, na África do Sul. Ela é PhD em Sociologia pela Stellenbosch University; sua dissertação é intitulada The Role of African Christian Churches in Dealing with Sexual Violence against Women: The Case of the DRC, Rwanda, and Liberia. Como especialista em fé e desenvolvimento, ela pesquisa em vários países africanos, concentrando-se particularmente em gênero e violência baseada em gênero.

Alberto Lucamba Salombongo é pastor e professor do curso de graduação do Instituto Superior de Teologia Evangélica no Lubango (ISTEL), em Lubango, Angola. Ele também é o coordenador modular do programa teológico do ISTEL. Ele possui um diploma de pós-graduação em Antigo Testamento pela Stellenbosch University onde também é candidato a MTh. Ele é casado e tem três filhos.

Yolande A. Sandoua é assistente do presidente da Faculté de Théologie Évangélique de Bangui (FATEB) e é oficial de comunicação da FATEB. Atualmente é estudante de PhD em Teologia na FATEB. Ela possui três mestrados, incluindo um mestrado em Inglês (Civilização Americana), um mestrado em Teologia e Missão e um mestrado em Cristianismo Africano pelo Akrofi-Christaller Institute em Gana.

Wanjiru M. Gitau é um estudioso da história cristã, do cristianismo mundial e da missiologia. Foi pesquisadora visitante no Asbury Theological Seminary (2015-16). Possui PhD em Estudos Interculturais e Cristianismo Mundial pela Africa International University e Mestrado em Missiologia pela Nairobi Evangelical Graduate School of Theology. Ela também tem quinze anos de serviço pastoral em congregações urbanas dinâmicas e uma variedade de compromissos missionários transculturais. Como pesquisadora do Center for the Study of World Christian Revitalization Movements, atualmente está escrevendo um livro intitulado "Reframing the Megachurch Conversation" (título de trabalho).

Nupanga Weanzana wa Weanzana é o presidente da Faculté de Théologie Évangélique de Bangui (FATEB) na República Centro-Africana e ensina Hebraico Bíblico e Antigo Testamento (exegese e teologia). É PhD em estudos do Antigo Testamento pela University of Pretoria, na África do Sul. Sua área de interesse é o Livro de Crônicas e o Período do Segundo Templo. Entre suas publicações estão vários comentários sobre os livros do Antigo Testamento na *Africa Bible Commentary* (Zondervan, 2006).

Mary Kleine Yehling é vice-presidente e diretora executiva da Tyndale House Foundation (THF), onde atua desde 1975. Seu papel de liderança na THF, que há cinquenta e três anos prioriza "Investir no reino", oferece a ela a oportunidade e alegria de aprender e trabalhar em estreita colaboração com líderes, organizações, missões e igrejas cristãs em todo o mundo. Ela também atua de várias maneiras em sua comunidade local como voluntária e líder em organizações da área, grupos corais, escolas e em sua igreja.

1

A Gênese e o Crescimento do Estudo de Liderança Cristã em África

Robert J. Priest

A atualidade do cristianismo em África envolve uma história extraordinária. Em 1900, havia nove milhões de cristãos em África. Em 2015, havia 541 milhões (Johnson et al. 2015, 28). E enquanto o cristianismo explodia em África, declinava em países que originalmente enviavam missionários para África (Jenkins 2002; Sanneh 2003; Walls 1996; Kalu 2005). Hoje, os cristãos africanos representam quase um quarto da população cristã do mundo. Embora os missionários estrangeiros tenham desempenhado papéis importantes na história do cristianismo em África, foram os próprios cristãos africanos que fizeram a maior parte do evangelismo, com a maior parte da expansão cristã ocorrendo nas últimas décadas e depois do colonialismo.

Esse crescimento recente do cristianismo ocorreu em um continente afetado por uma história de colonialismo, políticas globais da Guerra Fria, diversidade etnolinguística, políticas monetárias de ajustamento estrutural do Fundo Monetário Internacional (FMI) e do Banco Mundial, problemas endêmicos de saúde, incluindo malária e HIV / SIDA, fracassos de objetivos de desenvolvimento e corrupção. Em suma, o recente crescimento do cristianismo ocorreu em um continente que enfrenta enormes desafios relacionados à alfabetização, educação, saúde, desenvolvimento econômico, globalização, paz e segurança, e desenvolvimento de governos saudáveis.

A notável expansão do cristianismo em África num contexto de enormes desafios sociais criou oportunidades sem precedentes de liderança por parte dos cristãos. Centenas de milhares de congregações agora jovens se tornaram plataformas locais para o desenvolvimento e exercício da liderança espiritual e social. E como muitos dos países de África são maioritariamente cristãos, os cristãos africanos também exercem liderança em uma ampla variedade de negócios, educação, mídia, serviço social e governo.

No entanto, em muitos aspectos, a velocidade do crescimento numérico cristão ultrapassou as estruturas de suporte disponíveis para o treinamento e desenvolvimento de liderança cristã particularmente o treinamento de liderança que é contextualmente relevante. A demanda excede a oferta. E embora as comunidades cristãs contemporâneas da Europa ou da América do Norte possam ter histórias mais longas do que muitas igrejas africanas, mais jovens, e apoios institucionais mais fortes relacionados à provisão de educação e treinamento de liderança, suas abordagens teológicas, currículos de liderança e publicações falham no teste do contexto da relevância em África (Tiénou 2006). Leva tempo, intencionalidade, trabalho sustentado e recursos materiais para desenvolver e produzir os apoios institucionais e os recursos curriculares necessários para o desenvolvimento da liderança contextual desempenhada em África (Phiri e Werner 2013; Carpenter e Kooistra 2014).

Muitas coisas que aprimoram o desenvolvimento da liderança (por exemplo, livros, periódicos, acesso à Internet, instalações educacionais, bibliotecas, conferências, acesso a viagens, bolsas de pesquisa, períodos sabáticos para redação de textos, exigem subsídios materiais. As instituições religiosas, especialmente quando comparadas às instituições governamentais, enfrentam desafios específicos relacionados a esse tipo de apoio material. Embora raramente considerada pelos estudiosos do cristianismo, a gestão econômica de congregações prósperas, doadores individuais ricos e fundações cristãs sempre desempenharam um papel estratégico no fortalecimento de instituições religiosas e iniciativas ministeriais. Considere a educação teológica, com a necessidade de prédios (estruturas), bibliotecas, salários dos professores e outros apoios. Mesmo em países ricos, os seminários não se mantêm apenas com base nas mensalidades dos estudantes. Em vez disso, busca-se ajuda de doadores significativos onde quer que estejam. A Trinity Evangelical Divinity School, por exemplo, busca e recebe apoio de cristãos abastados em Chicago e Los Angeles, mas também em Hong Kong, Singapura e Coréia do Sul.

Vários suportes financeiros em várias partes do globo desempenham grandes e diferentes impactos na liderança. Embora África tenha uma maior proporção de cristãos que a América do Norte, com mais oportunidades para que os líderes cristãos africanos tenham um impacto positivo, ela contém uma porção muito menor da riqueza material cristã que na América do Norte (Wuthnow 2009). Muitos fatores críticos para o desenvolvimento da liderança (como pesquisa, publicação, educação) dependem diretamente do acesso aos recursos materiais. Considere a educação formal. Apesar do forte desejo em África pela educação, "menos de cinco por cento dos jovens em idade universitária estão matriculados" no ensino superior (Carpenter e Kooistra 2014, 9). As disparidades globais de riqueza também se refletem na educação teológica. As 210 escolas de teologia credenciadas nos Estados Unidos pela Association of Theological Schools (ATS), com uma doação média de 38,7 milhões USD, operam dentro de restrições econômicas muito diferentes do que a maioria das instituições teológicas em África. A doação de um bilhão de dólares do Seminário Teológico de Princeton quase certamente supera muitas vezes as doações totais combinadas de todas as 1429 instituições teológicas em toda a África registradas no *Global Directory of Theological Education Institutions*.

E, no entanto, os cristãos estão cada vez mais conscientes de si mesmos como parte da rede global como "corpo de Cristo" (Ef. 4:15-16), onde padrões de mordomia global emergentes unem a divisão socioeconômica a serviço da formação e do apoio a liderança. Este livro e a pesquisa sobre a qual relata estão em débito direto com essa rede.

ANTECEDENTES DO ESTUDO DA LIDERANÇA AFRICANA

A visão original para um Estudo de Liderança em África (ELA) (do qual este livro surgiu) foi bastante improvável, estimulada por discussões no conselho da Tyndale House Foundation (THF). Como os membros do conselho atribuíram doações a iniciativas de ministérios locais em todo o mundo, muitos ficaram particularmente fascinados pelas oportunidades abertas aos líderes cristãos africanos, pela grande variedade de iniciativas que estavam lançando e liderando e pelos desafios que enfrentavam. Mas os membros do conselho também notaram que a participação da THF era frequentemente baseada em informações subjetivas, sem pesquisas sistemáticas e específicas ao contexto que informassem o processo. Eles discutiram o valor de seu próprio trabalho no Estudo da Liderança da Índia, realizado por David Bennett (2002), e contemplaram o valor de pesquisas semelhantes em África. Embora reconhecessem que muitos estudiosos haviam escrito sobre o cristianismo em África, sentiram que esses escritos raramente se concentravam nas realidades que as fundações necessitavam que possibilitasse entendimento sobre o contexto. Por exemplo, eles desejavam apoio na compreensão da dinâmica em África relacionada a recursos materiais e representação global, especialmente no que se refere ao treinamento de liderança e ao exercício da liderança. Eles se perguntavam quais líderes cristãos africanos e quais organizações cristãs lideradas por africanos eram muito reconhecidas pelos cristãos africanos locais como tendo grande impacto e em que áreas. E que fatores estavam por trás desse impacto?

Finalmente, em 2008, Edward Elliott, membro do conselho, empresário da área de Chicago e fundador da editora de livros, com foco em África, Oasis International, com o incentivo do presidente do conselho da THF, Dr. Douglas McConnell, se ofereceu para tomar a iniciativa de explorar possibilidades para esse estudo. Nos dois anos seguintes, ele consultou oficiais do programa de várias fundações cristãs com interesses em África. Ele consultou Robert Priest, professor de seminário e acadêmico, sobre sua parte no projecto de pesquisa. David Ngaruiya professor de seminário em Nairobi, juntou-se a Robert Priest para realizar entrevistas exploratórias relacionadas à liderança e doações de fundações. Eles consultaram e entrevistaram mais de 30 líderes africanos, igrejas, instituições teológicas e organizações paraeclesiásticas.[1] Em seguida, Robert Priest, Shelly Isaacs e Mary Kleine Yehling, da THF, analisaram dez anos de doações em África – e também realizaram uma pesquisa inicial, on-line, com 200 líderes cristãos africanos.

No verão de 2010, as reuniões mensais foram iniciadas na área de Chicago por um grupo de planejamento inicial composto por Robert Priest, Edward

---

1. As entrevistas foram realizadas e posteriormente transcritas, com cada um dos seguintes: Bulus Galadima, reitor da ECWA Theological Seminary (Nigéria), Desta Heliso, diretor da Escola de Teologia da Etiópia, Joe Simfukwe, diretor do Theological College of Central Africa (Zâmbia), Katho Bungishabaku, presidente / reitor da Shalom University of Bunia (antiga Bunia Theological College and Seminary), Tite Tiénou, reitor acadêmico da Trinity Evangelical Divinity School. Os administradores e professores da Nairobi Evangelical Graduate School of Theology (atualmente Africa International University) incluíram Yusufu Taraki, Douglas Carew, John Ochola, James Nkansah, Peter Nyende, Christine Mutua, Ephraim Mudave (bibliotecários), Robert Carlson e George Renner. Os administradores e professores da Nairobi International School of Theology incluíram Emmanuel Bellon, David Ngaruiya, Marta Bennett e Lois Semenye. Os administradores e professores do Scott Theological College incluindo Jacob Kibor, Esther Kibor, Paul Mbandi e Joyce Muasa. Da Daystar University, Godfrey Nguru, James Ogolla, James Kombo e Michael Bowen foram entrevistados. Os pastores das igrejas envolvidas no treinamento de liderança que foram entrevistados foram Oscar Muriu, o pastor da Nairobi Chapel; e Muriithi Wanjau, autor e pastor da Mavuno Church (uma megaigreja com membros jovens, acadêmicos e ricos). Outros que foram entrevistados foram os missionários (Larry Niemeyer, Jim Harries e Marvin Smith), Mary Munyi (diretora fundadora do Tumaini Ladies Integration Program), Gerald Macharia (consultor de desenvolvimento empresarial da Clinton Foundation), John Padwick (administrador da Organization of African Instituted Churches), Vincent Wanjau (Evangelism Explosion), Reuben Maina (Christian Mission AID), Wanjau Nduba (Navigators), Steve Maina (diretor executivo de Chaplains for National Youth Service), Samson Wesaka Mabonga (plantador de igrejas nas favelas) e Mutava Musyimi – membro do parlamento, ex-secretário geral do Conselho Nacional de Igrejas e presidente do Comitê Diretor Nacional de Anticorrupção.

Elliott, Mary Kleine Yehling e Bob Reekie (ex-membro do conselho da THF). Bob Reekie, sul-africano, co-fundador e primeiro presidente da Media Associates International, trouxe uma vasta experiência e um forte interesse por África. Mary Kleine Yehling, diretora executiva do THF, trouxe habilidades administrativas e compromisso contínuo por África e pelo projeto ELA que, nos próximos anos, a tornaria central em todos os aspectos de sucesso do projeto. Entre outras coisas, este grupo falou sobre as implicações do que foi aprendido por meio dessas entrevistas e da pesquisa feita on-line a líderes cristãos africanos. Eles explicaram, da perspectiva da THF, os resultados esperados do estudo (consulte o Apêndice A).

Em novembro de 2011, um grupo de trabalho de expansão internacional se reuniu em Nairobi, Quênia, por vários dias: (1) para considerar a viabilidade de um Estudo de Liderança em África (2) para articular, do ponto de vista africano, os propósitos e o plano do tal estudo, e (3) planejar o processo de pesquisa. Edward Elliott e Mary Kleine Yehling comunicaram o interesse da Tyndale House Foundation em pesquisa sobre liderança cristã e desenvolvimento de liderança em África, pesquisa que informaria a fundação de doações em África. Eles enfatizaram a necessidade de sabedoria africana para informar a compreensão dos doadores sobre as necessidades de liderança em África. E eles também propuseram que os estudiosos cristãos africanos ajudassem a projetar e realizar um estudo que abordasse centralmente questões e prioridades dos líderes e instituições cristãs africanas. Os africanos da equipe do ELA foram orientados a articular metas orientadas para África e resultados esperados nesse tipo de estudo e a projetar cada etapa da pesquisa de maneira que respondesse a essas metas, bem como as metas esperadas da THF. (Para as declarações de propósito finalizadas na época, consulte o Apêndice A.) Ou seja, embora a THF claramente esperasse se beneficiar do estudo, também desejava apoiar um processo que seria planejado, organizado e implementado com estudiosos cristãos africanos e líderes do centro.

A EQUIPA DO ELA

Esse grupo de trabalho do ELA era composto principalmente por acadêmicos que supervisionam e conduzem a pesquisa. Desde o início, no entanto, também incluía consultores representando grupos constituintes centrais e com áreas de especialização pertinentes. Durante 3 anos e meio, o grupo inteiro se reuniu 4 vezes, com grupos de trabalho menores, específicos de cada país, reunindo-se regularmente para planear e realizar pesquisas e análises. As sessões on-line do GoToMeeting aconteciam frequentemente. Oficinas e retiros de redação também foram realizados para avaliar e criticar documentos de trabalho e extrair a experiência e conhecimento uns dos outros.

Embora a maioria dos membros da equipe do ELA tenha experiência com pesquisa, vários indivíduos tiveram forças incomuns para orientar a equipe na projeção, implementação, supervisão e análise da pesquisa. Robert Priest tinha pontos fortes na projeção de pesquisa quantitativa e qualitativa e liderou todo o processo de pesquisa. Elisabet le Roux era socióloga da Unidade de Religião e Pesquisa de Desenvolvimento da Faculdade de Teologia da Stellenbosch University, na África do Sul, e possuía uma vasta experiência na pesquisa em todo o continente. Quatro estudiosos do grupo ministraram cursos de pós-graduação em metodologia de pesquisa nas instituições acadêmicas do Quênia: Michael Bowen na Daystar University, David Ngaruiya na International Leadership University e John Jusu e Steve Rasmussen na Africa International University. Todos os quatro tiveram uma experiência significativa na realização e supervisão de pesquisas em África e no cristianismo. Com base nessa experiência no país, todas as fases da pesquisa foram testadas e administradas em campo no Quênia, sob a supervisão dos quatro acadêmicos acima, antes de serem realizadas em outros lugares.

Enquanto a maioria dos membros da equipe possuía experiência em estudos teológicos, a equipe principal de pesquisa e redação era interdisciplinar. Os participantes possuíam doutoramentos em estudos interculturais (David Ngaruiya, Steve Rasmussen), missiologia (Kalemba Mwambazambi), cristianismo mundial (Wanjiru Gitau), educação (John Jusu), administração de empresas (Kirimi Barine), economia (Michael Bowen), antropologia (Robert Priest), sociologia (Elisabet le Roux) e Antigo Testamento (Nupanga Weanzana). Enquanto o doutoramento de Jurgens Hendriks foi no Antigo Testamento, sua nomeação no corpo docente foi em Teologia Prática e Missiologia. Outros tiveram um ou mais mestrados em áreas como Economia (Truphosa Kwaka-Sumba), Cristianismo Africano (Yolande Sandoua), Teologia Prática (Adelaide Thomas Manuel), Antigo Testamento (Alberto Lucamba Salombongo) e Divindade (José Paulo Bunga).

Algumas pessoas com amplas conexões e experiência em liderança cristã e em toda a África, serviram em nossos workshops em uma capacidade essencialmente como consultores. Joanna Ilboudo, de Burkina Faso, com diversas experiências de liderança, mais recentemente como secretária executiva da Pan Africa Christian Women Alliance (uma iniciativa da Associação de Evangélicos da África), nos ajudou a manter em vista as perspectivas das mulheres. Originalmente do Chade, Daniel Bourdanné, secretário geral da International Fellowship of Evangelical Students (IFES), representando meio milhão de estudantes universitários em 160 países, nos ajudou a manter o foco na liderança leiga. Joanna Ilboudo e Daniel Bourdanné trouxeram idéias e conhecimentos sobre a África francófona. Ian Shaw, da Langham Partnership, e Evan Hunter, da Scholar Leaders International, participaram como consultores com especial interesse e experiência em educação teológica e com fortes conexões teológicas em todo o continente africano. Kirimi Barine, diretor de publicação e treinamento do Publishing Institute of Africa, tem uma vasta experiência em workshops de treinamento sobre redação, publicação e liderança em todo o continente. Quando o projeto passou para a fase de análise e redação, Barine assumiu o papel de editor central.

Quase todos os envolvidos na realização da pesquisa tinham amplas conexões e experiência em liderança cristã em toda a África. Por exemplo, Nupanga Weanzana, presidente da Faculté de Théologie Évangelique de Bangui (FATEB), na República Centro-Africana (RCA), tem longas, amplas e profundas conexões com líderes teológos em toda África francófona. Jurgens Hendriks, da Stellenbosch University, atuou por anos como diretor executivo da NetACT (Network for African Congregational Theology) com interação com 40 escolas em quinze países africanos. John Jusu, diretor regional da Overseas Council International, consultor de currículo para More than a Mile Deep e editor de supervisão da Bíblia de Estudo Africana, atua há anos como consultor educacional em uma ampla variedade de locais em todo o continente. Para obter uma lista completa da equipe do ELA, consulte o site do ELA (www.AfricaLeadershipStudy.org).

EXTENSÃO DA PESQUISA DO ELA

Quando a equipe do ELA começou a debater o processo de pesquisa, ficou imediatamente claro que não poderíamos realizar pesquisas em todo o continente. A África é enorme, maior que a China, a Europa e os EUA juntos. É composto por 55[2] países, com mais de duas mil línguas faladas[3].

E, no entanto, como resultado do impacto colonial europeu, as pessoas na maioria dos países africanos usam o inglês, o francês ou o português como idioma de comunicação e estudo. Esses três grupos de países têm histórias

---

2. Se a África compreende 54 ou 55 países, depende da inclusão do Saara Ocidental como um país separado, um território que Marrocos reivindica e que as Nações Unidas identificam como "um território não autônomo". Como a maioria dos mapas mostra isso como uma entidade separada e, como a União Africana trata o Saara Ocidental como um país separado, optamos por seguir sua liderança neste livro. Assim, nossa referência a cinquenta e cinco países.

3. https://www.ethnologue.com/region/Africa.

bastante diferentes de colonialismo e de missão cristã, e estão diferentemente situados linguisticamente no sistema mundial contemporâneo. Assim, nos perguntamos se as diferenças entre esses três grupos de países não poderiam nos dar uma maneira de organizar nossa exploração da variabilidade encontrada no cristianismo africano.

Os países africanos sob o governo anterior da Grã-Bretanha teriam muito em comum, assim como os da França e outros de Portugal. Sob o colonialismo britânico, por exemplo, as instituições políticas africanas tradicionais eram acomodadas por meio do governo indireto. Os britânicos enfatizaram as diferenças sociais e culturais entre os grupos étnicos e eram menos propensos a aprovar casamentos europeus com africanos do que os portugueses – cujos filhos mistos eram conhecidos como mestiços. Os franceses e portugueses empregavam o domínio direto e enfatizavam sua missão civilizadora, vinculando colônias à metrópole sob uma política de assimilação. Nas colônias francesas, às vezes a elite africana com estudos recebia a cidadania francesa e uma moeda compartilhada era usada. O trabalho forçado era comum nas colônias francesas e portuguesas, mas não nas colônias britânicas. Os britânicos deram maior reconhecimento aos sistemas de direito comum que concediam direitos aos proprietários e, em geral, apoiavam mais a liberdade de religião.[4] As colônias francesas e portuguesas frequentemente limitavam ou proíbiam missionários protestantes (que geralmente falavam inglês) por medo de que esses missionários servissem aos interesses coloniais britânicos. Portanto, os missionários protestantes eram retardatários em relação às colônias francesas e portuguesas em comparação com os missionários católicos romanos. A educação sob os franceses se encaixava nos objetivos assimilacionistas, valorizando todas as coisas francesas e tentando consistentemente limitar o papel de todos os missionários. O português enfatizou similarmente a assimilação e o uso da língua portuguesa, mas concedeu à Igreja Católica um quase monopólio da educação. Por outro lado, os britânicos permitiram que escolas missionárias protestantes e católicas administrassem a educação. Em suma, os países africanos individuais geralmente compartilham influências históricas significativas com outros países que estavam sujeitos ao mesmo império colonial.[5]

---

4. Uma exceção ao padrão ocorreu nas regiões muçulmanas sob controle britânico, como o norte da Nigéria, onde os próprios britânicos proibiram os missionários cristãos (Walls 2002, 150–51).

5. A República Democrática do Congo, anteriormente conhecida como Congo Belga, embora seja linguisticamente francófona, esteve historicamente sob a Bélgica, não a França, e assim diverge de alguns dos padrões acima.

À parte a essa história, os países africanos com português ou francês como idioma nacional estão situados globalmente de maneira diferente dos países com inglês. Visto que os missionários protestantes vinham com maior frequência de países de língua inglesa, seus alinhamentos linguísticos nos países anglófonos eram diferentes dos países lusófonos ou francófonos. Nos países francófonos, os missionários protestantes frequentemente enfatizavam a educação teológica em línguas indígenas, não em francês. Mas nos países anglófonos, eles frequentemente apoiavam a educação teológica em inglês. Os sistemas de literatura e educação divergem. Os cristãos protestantes em Angola ou Moçambique, por exemplo, têm laços mais fracos com os EUA do que os cristãos em Gana ou Quênia, e laços mais fortes com o Brasil. Os programas de televisão de T. D. Jakes, Joyce Meyer e Joel Osteen têm probabilidade de serem vistos nos países de língua inglesa do que nos portugueses ou franceses.

As fundações ou igrejas cristãs na América, por causa de redes históricas e por causa de ligações e barreiras linguísticas, atualmente são mais propensas a formar parcerias com ministérios na África anglófona do que com ministérios na África francófona ou lusófona. É provável que o conhecimento deles sobre o francofonia ou lusofonia africana seja menor do que o conhecimento da África anglófona.

De fato, até o mundo da academia está inclinado em direções semelhantes. Em um estudo abrangente de dissertações de doutoramento em inglês focadas no cristianismo mundial entre 2002 e 2011 (Priest e DeGeorge 2013, 197), descobriu-se que a África Anglófona recebeu atenção desproporcional. 80% dos 55 países de África tiveram apenas uma ou duas ou nenhuma dissertação focada no cristianismo naquele país. Por outro lado, cinco países de língua inglesa foram o foco de metade das dissertações focadas em África sobre o cristianismo mundial: Nigéria (40), Quênia (36), África do Sul (35), Gana (27) e Uganda (25).) Mais dissertações focadas no cristianismo em qualquer um desses cinco países do que em toda a África francófona combinadas (23), com apenas quatro dissertações examinando o cristianismo em qualquer país africano lusófono. Em suma, a maioria do conhecimento baseado em pesquisas sobre o cristianismo em África é unilateralmente fundamentado em pesquisas sobre a África anglófona.

À luz do exposto, a equipe do ELA decidiu concentrar sua pesquisa em três países vinculados a fluxos particulares da história colonial amplamente presentes em todo o continente: um anglófono, um francófono e um lusófono (Fig. 1-1). Também selecionou esses países com base nos pontos fortes e nas conexões de pesquisa da equipe do ELA.

10   Liderança Cristã Africana

O Estudo de Liderança Africana se focou em um país Anglófono (A), um Francófono (F) e um Lusófono (L). Estes países estão marcados com as letras iniciais das palavras dentro de um círculo branco com borda preta

Figura 1.1 África pela língua colonial e apresentando os três países pesquisados

Tínhamos vários académicos destacados (Michael Bowen, John Jusu, David Ngaruiya e Steve Rasmussen) localizados em instituições académicas importantes do Quênia (Daystar University, África International University, África Leadership University), académicos que supervisionavam grandes números de estudantes graduados em teologia com fortes conexões com os cristãos quenianos em várias denominações. Assim, selecionamos o Quênia como nosso principal país anglófono. Esse país da África Oriental conquistou a independência do Reino Unido em 1963. Com 582.650 Km², o Quênia tem mais do dobro do tamanho do Reino Unido.[6] Sua população atual de 46 milhões tem uma expectativa de vida média de 63 anos, uma taxa de alfabetização de adultos de 72% e 25% urbana. Enquanto os povos quenianos falam cerca

---

6. World Christian Database (April 18, 2016),

de 60 idiomas,[7] o inglês e o suaíli são as línguas franca para a maioria. 8% dos quenianos se identificam como muçulmanos e 81% se identificam como cristãos. 20% dos quenianos se identificam como católicos romanos.[8]

Da mesma forma, nossa equipe do ELA incluiu vários estudiosos (Nupanga Weanzana, Kelemba Mwambazambi e Yolande Sandoua) da FATEB na República Centro-Africana (RCA). A FATEB tinha um número significativo de estudantes de pós-graduação que poderiam ser solicitados para contribuir na pesquisa. Como nossa equipe do ELA estava em posição ideal para realizar pesquisas na RCA, optamos por focar neste país francófono. Este país conquistou sua independência da França em 1960. Com 622.984 Km², a RCA é um pouco menor que a França. Sua população atual de 4,9 milhões tem uma expectativa de vida de 53 anos, uma taxa de alfabetização de adultos de 57% e 40% de urbanidade.[9] Enquanto os cidadãos falam mais de 60 idiomas,[10] o francês e o sango são as línguas francas para a maioria. Na RCA, 14% se identificam como muçulmanos e 73% como cristãos. 31% são católicos romanos.[11]

Embora nossa equipe inicial do ELA não tivesse estudiosos dos países lusófonos, Jurgens Hendriks e Elisabet le Roux, da Stellenbosch University, tinham fortes conexões com instituições teológicas e acadêmicos em Angola. Assim, optamos por focar nossa pesquisa neste país lusófono, com nossa equipe de liderança do ELA posteriormente aumentada por três professores de teologia angolanos (Adelaide Thomas Manuel, Alberto Lucamba Salomobongo e José Paulo Bunga). Este país no sul da África conquistou a independência de Portugal em 1975. Com 1.246.620 Km², Angola é mais de 13 vezes o tamanho de Portugal e o dobro da França. Sua população atual de 25 milhões tem uma expectativa de vida de 54 anos, uma taxa de alfabetização de adultos de 70% e é 44% urbana.[12] Enquanto mais de 30 idiomas são falados,[13] o português é a língua franca para a maioria. 93% dos angolanos se identificam como cristãos (50% dos angolanos são católicos romanos) e 1% como muçulmanos.[14]

---

7. http://www.ethnologue.com/country/KE.
8. Estatisticas sobre religião tiradas de World Christian Database (April 18, 2016)
9. Ibid.
10. http://www.ethnologue.com/country/CF.
11. World Christian Database (April 18, 2016).
12. World Christian Database (April 18, 2016).
13. http://www.ethnologue.com/country/AO.
14. World Christian Database (April 18, 2016).

O PROCESSO DA PESQUISA

A equipe do ELA projetou o processo de pesquisa em duas fases. A primeira fase involveu a administração de uma pesquisa para 8041 participantes. Os resultados da pesquisa foram planejados, entre outros, para ajudar a identificar líderes cristãos e organizações cristãs lideradas por africanos reconhecidos pelos cristãos africanos, como tendo um impacto extraordinariamente positivo em suas comunidades. A segunda fase da pesquisa consistiu em entrevista detalhadas com muitos desses indivíduos e líderes de organizações.

Fase 1 da Pesquisa

Na primeira fase, uns 93 questionários foram desenvolvidos para reunirem informações a partir de uma grande secção transversal de cristãos ativos em Angola, Quênia, e República Centro-Africana. Os inquiridos foram questionados sobre as igrejas em que participavam. Eles foram convidados a identificar principais pastores que tinham impacto positivo em suas comunidades. Eles também foram convidados a identificar cristãos africanos que exerciam liderança com impacto positivo em outras áreas socias (tais como: negócio, cuidados médicos, redução da pobreza, educação, mídia ou governo). Além disso, os entrevistados foram convidados a identificar organizações cristãs africanas que estavam a ter um elevado nível de impacto positivo em suas comunidades. Em seguida, as perguntas focaram-se nestes tais líderes e organizações, suas caraterísticas, relações e esforços de desenvolvimento de liderança. Houve também perguntas relacionadas com a disponibilidade e acessibilidade dos livros, recursos digitais, e várias opções de treinamento em liderança. (O questionário completo com as respostas está disponível no Apêndice B.)

O questionário foi concluído e testado em campo no Quênia no primeiro semestre de 2012, e posteriormente revisado e traduzido em suáíli e francês. Em Julho de 2012 Bowen, Ngaruiya e o Priest juntaram-se aos diretores sénior da RCA, Kalemba Mwambazambi e Nupanga Weanzana em Bangui para o teste final de campo do instrumento em francês, revisões finais, e para treinar assistentes graduados para administrar a pesquisa.

Quênia

Em Agosto, uma equipe étnica e denominacionalmente diversa de assistentes de pesquisa do Quênia,[15] dos quais eram estudantes de pós-graduação, recebeu treinamento formal sobre a administração final da pesquisa. Sob a supervisão de Nagiriui, Bowen, Jusu e Rasmussen, eles passaram os últimos meses de 2012 administrando a pesquisa em Inglês e Suaíli a 3.964 cristãos em todo o Quênia. Eles viajaram para regiões do país onde a população estava mais concentrada e onde estavam presentes denominações e grupos étnicos maiores. Os assistentes de pesquisa eram frequentemente selecionados para administrar pesquisas em locais onde tinham fortes conexões pessoais e religiosas, além de laços étnicos. Embora o mapa queniano (Fig. 1-2) não identifique todos os locais onde as pesquisas foram preenchidas, as cidades e vilas no mapa representam locais onde concentrações significativas de inqueridos preencheram as pesquisas. As pesquisas não foram administradas em regiões do país com baixas concentrações populacionais, baixas concentrações de cristãos, onde o acesso a viagens era limitado e onde poderia ter sido perigoso realizar a pesquisa (como no Nordeste fortemente muçulmano).

Assistentes de pesquisa procuraram cristãos ativos e informados para preencher o questionário. O objetivo da pesquisa foi claramente explicado, o anonimato foi garantido e os que responderam à pesquisa receberam uma caneta com o nome de uma das instituições acadêmicas patrocinadoras no Quênia (Africa International University, Africa Leadership University ou Daystar University). Cada caneta também incluía a inscrição *"So encourage each other and build each other up" I Ts 5:11*. Às vezes, os assistentes de pesquisa abordavam os indivíduos um por um. Quase 30% das pesquisas foram preenchidas por indivíduos abordados dessa maneira. A maioria dos entrevistados no Quênia (mais de 70%), no entanto, fazia parte de reuniões em que todas as pessoas de todo o grupo eram solicitadas a preencher uma pesquisa. Cerca de um quarto do tempo, isso acontecia no contexto de grupos congregacionais, como corais, bandas de louvor, reuniões de oração, grupos de mulheres ou reuniões de líderes. O restante foi em grupos compostos por participantes de mais de uma única congregação. Isso incluía café de oração, grupos de oração do meio-dia, reuniões pastorais, bolsas de estudos universitários, reuniões de líderes

---

15. Zephaniah Ananda, Maggie Gitau, Godfrey Isolio, Moses Karanja, Margaret Kariuki, Ruth Kiragu, Rachel Kisyula, Ednah C. Maina, Duncan Malemba, Job Momanyi, Alex Mutuku, Cyrus Mutuku, Sebastian Mwanza, David Njuguna, Hesbon Owilla, Ruth Owino, Philip Tinega, and Angela Weyama.

de jovens, conferências de homens e mulheres, reuniões de funcionários da escola, workshops e, em um caso, um casamento.

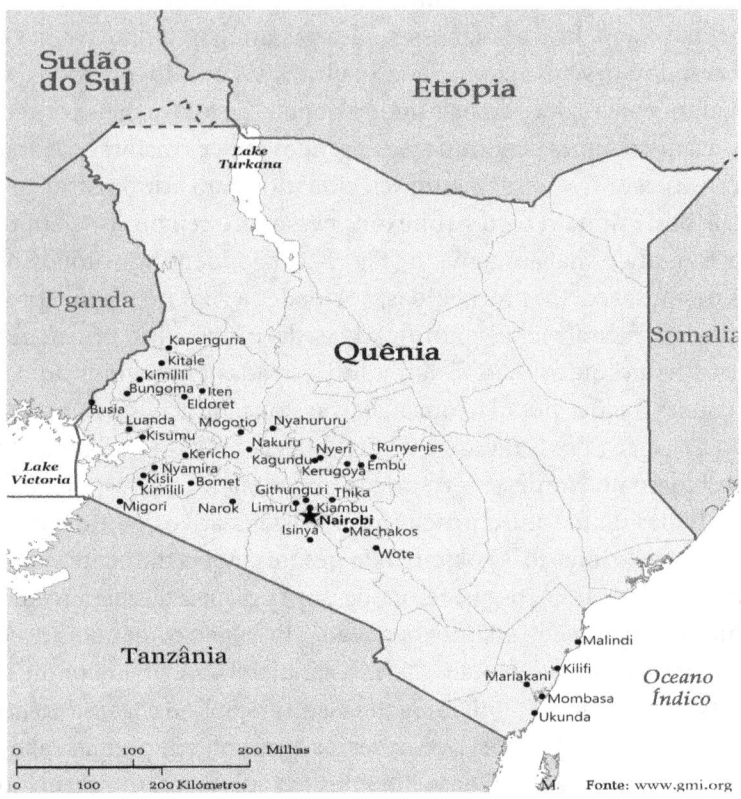

Figura 1-2. Quênia, com vilas e cidades onde foram realizadas pesquisas

Claramente, esta não foi uma pesquisa aleatória. Especificamente nós pretendíamos entrevistar cristãos ativos e com conhecimento. Entre outras coisas, isso significava que nossos entrevistados quenianos estavam bem preparados, com aproximadamente 90% concluindo o ensino médio e menos de 5% dos entrevistados precisando que os assistentes de pesquisa lessem o questionário e registassem suas respostas. Enquanto 8% reconheceram não frequentar a igreja regularmente, 31% dos entrevistados serviam à igreja em cargos de liderança de leigos ou clérigos, e outros 60% relataram ser membros da igreja e/ou participantes regulares.

Embora nunca tivéssemos a intenção de realizar uma pesquisa aleatória, tínhamos a intenção de entrevistar pessoas em diferentes regiões do país e de diferentes denominações, gêneros e etnias. Mais homens (58%) do que mulheres (42%) preencheram o questionário. Com apenas 11% dos entrevistados sendo católicos romanos em um país com 20% de católicos romanos, nós sub-amostramos os católicos. Mas pareceu-nos termos pesquisado com sucesso números razoavelmente representativos de cada uma das principais denominações protestantes no Quênia (ver Apêndice B, Q.7). As identidades étnicas dos entrevistados envolveram percentagens notavelmente próximas das percentagens da população do país como um todo (ver Apêndice B, Q.76). Para obter informações adicionais sobre renda, idade e outros atributos de nossos entrevistados, consulte o Apêndice B, Q.69 – Q.92.

República Centro-Africana
Assim como no Quênia, no outono de 2012, uma equipe de assistentes[16] de pesquisa de estudantes de graduação da FATEB administrou a pesquisa a 2.294 entrevistados na RCA, sob a supervisão de Mwambazambi e Weanzana. A pesquisa foi administrada durante um período em que o movimento rebelde de Séléka estava iniciando sua ofensiva contra as forças do governo, e apenas alguns meses antes de capturar Bangui em março de 2013. Isso colocou restrições significativas em nossa pesquisa.

A RCA está dividida em 16 prefeituras com a capital Bangui, uma comuna separada – essencialmente uma décima sétima prefeitura. Por razões logísticas e de segurança, limitamos nosso foco a 5 cidades em quatro prefeituras, conforme mostrado no mapa da RCA (Fig. 1-3). Essas cidades, é claro, já continham um número significativo de pessoas que haviam se retirado outras partes do país por causa da violência. Mais da metade de nossas pesquisas (62%) foram preenchidas em Bangui e seus arredores.

Na RCA, mais de 60% dos entrevistados foram contactados como indivíduos, com pouco menos de 40% convidados a completar a pesquisa em um contexto de grupo. Daqueles contactados em grupos, 45% foram contactados em um agrupamento congregacional, e o restante em grupos que não pertenciam a uma congregação específica. Estes eram bastante similares em composição aos do Quênia. Aqueles que responderam à pesquisa receberam uma caneta gravada com a escritura *"Encouragez-vous les uns les*

---

16. Belin Boydet, Dzifa Codjia, Didacien Dongobada, Mymy Kalemba, Fatchou Kongolona, Max Koyadibert, Viana Mathy Mataya, Yves Mulume, Jean-Claude Mushimiyimana, Mayambe Elie Muteba, Mavutukidi Lopez Nsamu, Franck Nyongona, Christopher Rabariolina, Frederic Razafimaharo, Paul Sakalaima, Yolande Sandoua, Emmanuel Swebolo, and Elysee Tao.

autres et édifiez-vous mutuel- lement I Ts 5:11, juntamente com o nome da nossa instituição parceira local," *Faculté de Théologie Évangélique de Bangui* ".

Novamente, intencional e seletivamente, fizemos amostras daqueles que eram bem formados e religiosos praticantes. 89% declararam ter concluído o ensino médio. E enquanto 13% reconheceram não frequentar a igreja regularmente, 33% dos entrevistados serviram à igreja em um papel de liderança de leigos ou clérigos, com 54% adicionais relatando serem membros de igreja e/ou frequentadores regulares.

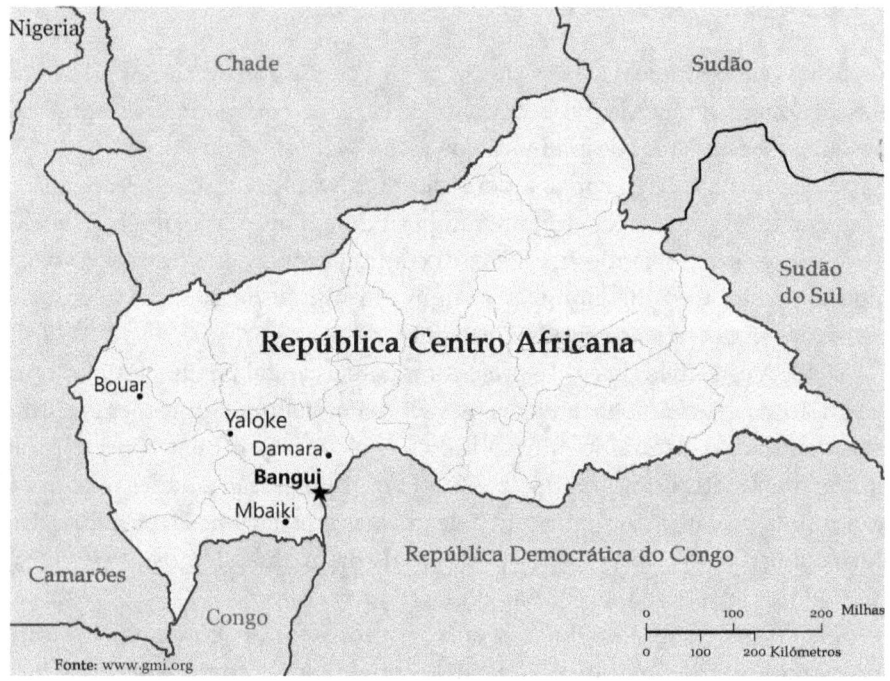

Figura 1-3 República Centro-Africana, com cidades onde foram realizadas pesquisas

Os entrevistados da RCA eram desproporcionalmente masculinos (66%) e urbanos. Em um país que é 42% protestante e 31% católico, 92% de nossos entrevistados eram protestantes, com apenas 8% católicos. Mas eles parecem ser bastante representativos dos principais grupos étnicos do país (ver Apêndice B, Q.76), e também uma ampla seção das principais denominações protestantes (ver Apêndice B, Q.7). Para obter informações adicionais sobre renda, idade e outros atributos dos entrevistados, consulte o Apêndice B, Q.69 – Q.92.

Angola

Em Março de 2013, Elisabet le Roux e Alberto Lucamba Salombongo realizaram workshops de treinamento em diferentes seminários em Angola. Por insistência dos administradores de nossas instituições parceiras, em vez de trabalhar com um número menor de assistentes de pesquisa avançada como fizemos na RCA e no Quênia, utilizamos mais de 100 assistentes que eram graduados em teologia de 5 seminários teológicos.[17] Sob a supervisão de Adelaide Thomas Manuel, Alberto Lucamba Salombongo e José Paulo Bunga, esses estudantes alcançaram 1.783 entrevistados na metade das províncias de Angola, onde residem cerca de dois terços da população. O mapa de Angola (Fig. 1-4) apresenta as vilas e cidades onde coletamos a maior parte de nossos dados.

Dois terços dos entrevistados de Angola foram abordados como indivíduos, enquanto outro terço foi abordado em contexto de grupo, que em grande parte (82%) envolveu agrupamentos de base congregacional. Os que responderam à pesquisa receberam uma caneta com a escritura *"Exortai-vos e edificai-vos uns aos outros... 1 Tes 5:11. "*

Os assistentes de pesquisa em Angola eram mais jovens e menos avançados e conectados profissionalmente do que os do Quênia e, portanto, acharam mais difícil conseguir acesso a grupos maiores. Enquanto os assistentes no Quênia eram todos quenianos, os da RCA eram principalmente de outros países francófonos. Com menos laços sociais no país, os assistentes da RCA estavam compreensivelmente limitados em seu acesso a grupos de igrejas em comparação com a equipe do Quênia. Como os assistentes angolanos eram mais jovens, eles pareciam voar para os entrevistados mais jovens, com 40% dos entrevistados angolanos com menos de 25 anos, em comparação com quase metade dessa percentagem com menos de 25 anos na RCA e no Quênia. Eles também pesquisaram o cléro a taxas mais baixas do que no RCA e no Quênia.

---

17. De Luanda, no Norte, ficavam o Seminário Teológico Baptista (STB) e o Instituto Teológico da Igreja Evangélica Reformada de Angola (ITIERA). No centro do país, no Huambo, ficava o Seminário Emanuel do Dôndi (SED), e ao sul estavam o Instituto Superior de Teologia Evangélica no Lubango (ISTEL) e o Instituto Bíblico de Kaluquembe – Missão Urgente (IBK-MU).

18 Liderança Cristã Africana

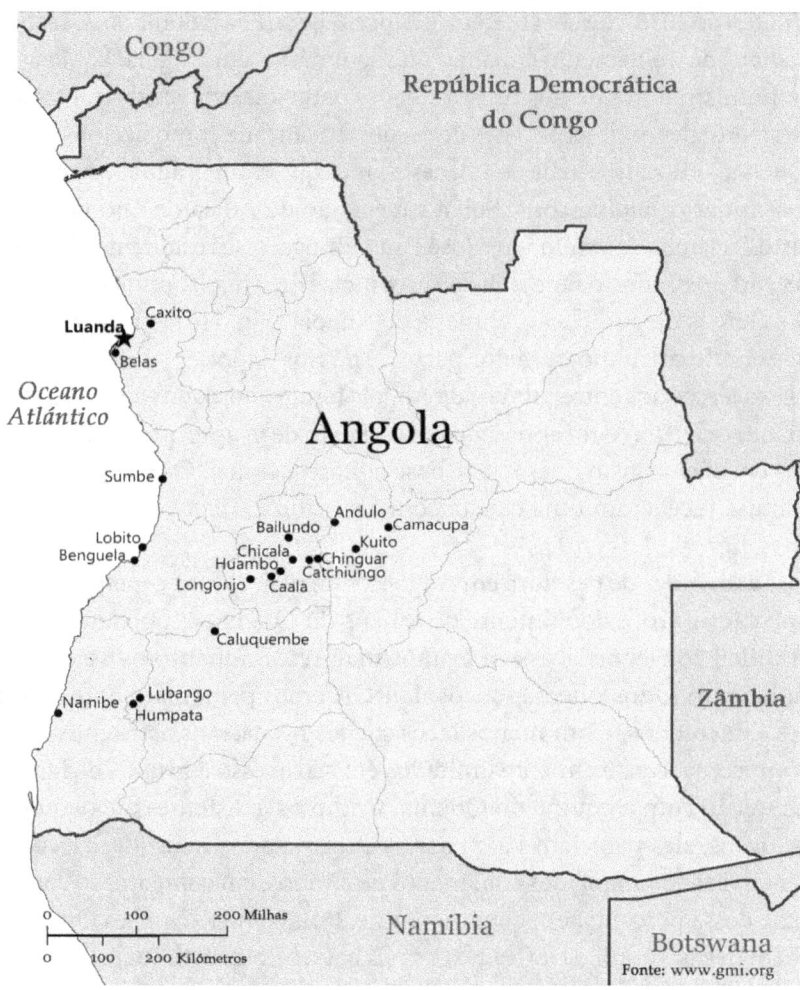

Figura 1-4. Angola, com vilas e cidades onde a pesquisa foi realizada

Novamente, os formados e religiosos praticantes foram intencionalmente sobre-representados em nossa amostra. 85% relataram ter concluído o ensino médio. 25% dos entrevistados serviam (principalmente leigos) em posições de liderança na igreja; 67% adicionais eram membros de igreja e/ou frequentadores regulares. Os entrevistados de Angola eram desproporcionalmente masculinos (66%) e protestantes (96%). Em um país que é 50% católico, menos de 4% de nossos entrevistados eram católicos. Embora tenhamos pesquisado uma boa parte da comunidade protestante (Apêndice B, Q.7), nossa amostra em

Angola era, em alguns aspectos, menos representativa da população real, denominacional e étnica, do que na RCA e no Quênia.[18]

No total, entrevistamos 8.041 em quatro idiomas. Nossas amostras maiores e mais representativas foram coletadas no Quênia, onde (1) tínhamos uma equipe forte de professores com experiência em supervisionar essa pesquisa, (2) tínhamos uma equipe impressionante de assistentes de pesquisa, muitos dos quais eram doutorandos conetados a liderança da igreja e (3) enfrentamos menos desafios de segurança e transporte. Nossos acadêmicos do ELA com mais conhecimentos relacionada à pesquisa falavam inglês, não francês ou português. Assim, os desafios na realização de nossa pesquisa em Angola e na RCA foram agravados. No entanto, os dados coletados na RCA e em Angola fornecem informações comparativas e extremamente úteis sobre as realidades cristãs em regiões pouco estudadas de África.

Fase 2 da Pesquisa

Nossa Fase 1 da pesquisa teve como objetivo, em parte, lançar as bases para o estudo de entrevista de acompanhamento da Fase 2. Na pesquisa, solicitamos aos entrevistados que "nomeassem um homem ou mulher cristã, fora de sua família imediata, que mais o influenciou". Mais da metade dos entrevistados na RCA e no Quênia e mais de um terço em Angola, forneceu o nome de um pastor. Claramente, os pastores são extremamente influentes na vida dos cristãos africanos.

Posteriormente em nossa pesquisa, pedimos a cada entrevistado que nomeiasse um pastor local que eles acreditavam ter o impacto mais significativo em sua comunidade local (ver Apêndice B, Q.20 – Q.23). As perguntas de acompanhamento (Q.24 a Q.30) inqueriram sobre o sexo, idade, estado civil, grupo étnico, amplitude de influência e a extensão, e maneira pela qual ele estava desenvolvendo outros líderes. Uma lista inicial de pastores influentes de cada país foi desenvolvida com base na frequência com que foram identificados como tendo maior impacto, na frequência com que os indivíduos relataram

---

18. Por exemplo, 35,5% dos nossos entrevistados angolanos eram membros da Igreja Evangélica Congregacional de Angola, embora o Banco de Dados Cristão Mundial (WCD) relacione essa denominação como compreendendo apenas 3,5% da população angolana. Segundo a WCD, 21% dos angolanos frequentam a Igreja Universal do Reino de Deus, mas aparentemente não entrevistamos ninguém desta igreja. Em termos de etnia, superamos a amostra daqueles que eram Ovimbundu (52% da nossa amostra, mas apenas 37% da população do país) e Bakongo (28% da nossa amostra, mas apenas 13% do país) e subamostra a amostra do Kimbundu (5,4% da nossa amostra, mas 25% do país) e Ganbuela (1,3% da nossa amostra e 9,2% do país).

ter sido influenciados por eles e na extensão em que foram considerados como desenvolvendo e a treinar outros líderes. Posteriormente, os diretores sênior da pesquisa do ELA de cada país, em consulta com Robert Priest, desenvolveram uma lista de prioridades a partir da qual selecionar pastores para entrevistas de acompanhamento. Essa lista priorizada levou em consideração etnia, denominação e região do país, trabalhando para garantir que não focassemos excessivamente nos pastores de uma única denominação, etnia ou localidade. Embora uma alta proporção de pastores nomeados fosse mais velhos, demos especial atenção aos pastores mais jovens com altas classificações e também às mulheres. Nesse ponto, considerações práticas, como perigos de viagens na RCA, ou pastores que estavam fora do país na época, condicionaram algumas entrevistas. Onde dois pastores tinham razões semelhantes para serem escolhidos, às vezes escolhíamos o pastor que exigiria menos viagens para nossos pesquisadores seniores. Usando um protocolo desenvolvido pela equipe completa do ELA, nove pastores foram contatados e entrevistados (três em Angola, dois na RCA e quatro no Quênia). As entrevistas foram transcritas posteriormente e os relatórios foram preparados em cada um e disponibilizados no site do ELA. A maioria das entrevistas foi conduzida por nossa equipe sênior da ELA, mas, em alguns casos, assistentes de pesquisa que eram estudantes de doutoramento também realizaram entrevistas. Uma lista específica e uma descrição mais completa dos pastores que entrevistamos e relatamos estão na Tabela 2-1.

Em nossa pesquisa, também perguntamos aos entrevistados sobre líderes cristãos locais que exerciam liderança em áreas importantes como educação, negócios, governo, assistência médica, comunicação e mídia. Os entrevistados indicaram várias pessoas, entre eles: um arquiteto, juiz, médico, general, ambientalista, professor de educação sexual, mulher de negócios, especialista em agricultura, administrador de escola primária e professor. Os líderes foram classificados individualmente em uma escala *Likert* em termos de (1) habilidade no trabalho, (2) sabedoria e conhecimento do contexto local, (3) integridade ética, (4) amor e serviço aos outros, (5) boa reputação na comunidade; (6) inspiração ao trabalho em equipe e a mobilização da comunidade; (7) eficiência no uso de recursos; e (8) envolvimento no treino e desenvolvimento de outros líderes. (Para obter informações completas sobre os dados coletados acerca desses líderes, consulte o Apêndice B, Q.31 – Q.50.) Com base na frequência com que os líderes foram indicados e em quanto eles foram classificados pelos critérios acima, foram preparadas listas de líderes leigos para cada país. Mais uma vez, a equipe sênior do ELA em cada país, em consulta com Robert Priest, revisou essas avaliações e refinou uma lista priorizada de líderes a partir da qual selecionaríamos indivíduos para entrevistar e relatar. Novamente, foi tido em conta o gênero, idade, etnia, localidade e arena específica de influência, a fim de considerar a maior variedade possível de líderes.

Os pesquisadores seniores do ELA realizaram entrevistas com quinze líderes escolhidos (três em Angola, quatro na RCA e oito no Quênia), de acordo com os protocolos consistentes nos três países, organizados para transcrição das entrevistas e preparados relatórios sobre cada um que poderiam ser tornado publico no site do ELA. Uma lista e uma descrição mais completa desses líderes estão na Tabela 2-2.

Finalmente, como as organizações não apenas apoiam e fomentam o treinamento e o desenvolvimento de líderes mas também fornecem as estruturas institucionais nas quais a liderança é exercida, nossa pesquisa solicitou aos entrevistados que identificassem e avaliassem as organizações cristãs com o maior impacto estratégico em sua área ou região local. (Apêndice B, Q.53-53 - Q.68). Pediu-se que cada entrevistado avaliasse a organização usando uma escala *Likert* de quatro pontos em termos da extensão em que a organização (1) treina líderes, (2) trabalha com sabedoria no contexto local, (3) tem uma boa reputação na localidade (4) recebe forte apoio das igrejas locais e (5) permite que as mulheres participem da liderança. Levando em consideração a frequência das menções, classificações nos critérios acima e se uma organização nomeada (como a USAID) tinha ou não links cristãos identificáveis, desenvolvemos listas principais para cada país. A equipe de liderança sênior de cada país, em consulta com Robert Priest, selecionou organizações específicas para entrevistas de acompanhamento. Fatores como localidade, até que ponto as organizações foram dirigidas para África e a natureza dos focos das atividades da organização foram levados em consideração na seleção final das organizações para acompanhamento.

As organizações com alcance e liderança internacionais e que já haviam sido estudadas em contextos locais africanos (como Visão Mundial, ver Bornstein 2005), às vezes eram excluidas apesar de excelentes avaliações, em vez disso, receberam consideração especial as iniciativas africanas e organizações lideradas por africanos. Considerações práticas como o custo da viagem e a disponibilidade de líderes para serem entrevistados também afetaram a seleção final. Para cada uma das 32 organizações que estudamos (6 em Angola, 7 na RCA e 19 no Quênia), uma a seis entrevistas gravadas com os líderes das organizações, foram realizadas utilizando protocolos preparados por completo pela equipe do ELA e de modo consistente entre os países. Essas entrevistas foram posteriormente transcritas. Informações suplementares, on-line e impressas sobre a organização, foram examinadas quando disponíveis.

Uma lista completa das organizações que estudamos estão na Tabela 6-1, mais detalhes sobre essas organizações são apresentadas nos Capítulos 6 e 7 respetivamente. Um relatório final sobre cada organização foi preparada e está disponível no site do ELA.

Ao longo de 2013 e 2014, essas entrevistas, transcrições e relatórios foram preparadas, com os relatórios posteriormente disponibilizados nos três idiomas (inglês, francês e português) por meio de tradução. Os capítulos deste livro são uma combinação dos questionários e entrevistas de pesquisa.

Fase 3 da Pesquisa

Uma fase adicional, que não fazia parte do plano original da pesquisa, foi adicionada quando um desafio único – oportunidade – surgiu. Enquanto realizávamos pesquisas na RCA, os Séléka – uma coligação de grupos rebeldes – lideraram um golpe violento que culminou com a captura de Bangui em março de 2013. Os combates continuaram com a coligação anti-balaka que se opunha à Séléka. Esses eventos não apenas afetaram nossa pesquisa, mas também muitas das organizações e líderes que estudavamos. Muitos desses líderes e organizações cristãs desempenharam papéis fundamentais no trabalho de paz. Como os líderes cristãos em toda África haviam enfrentado contextos semelhantes de violência e conflito, fazia sentido aproveitarmos a oportunidade para realizar entrevistas de acompanhamento em 2015 com líderes cristãos que entrevistamos pela primeira vez em 2012 e no início de 2013 – entrevistas focadas explicitamente sobre a liderança cristã africana no contexto da violência. Assim, usando um protocolo específico de entrevista, as entrevistas de acompanhamento foram realizadas e transcritas, com o capítulo 5 deste livro enfocando especificamente nas respostas da liderança cristã durante o conflito armado

FUNDAMENTOS BASE DESTE LIVRO

A qualidade de qualquer livro depende diretamente de seus fundamentos. Este livro baseia-se em várias fundamentos fortes que merecem ser reconhecidos, incluindo as seguintes:

Financiamento

Toda pesquisa de qualidade envolve sustento por longos períodos de tempo. Mesmo quando professores têm salários de suas faculdades, a capacidade para cobrir despesas relacionadas a pesquisa como também dedicar bastante tempo a mesma (em vez de a algumas atividades remuneradas) é bastante reforçada quando há financiamento extra disponível. Quando a pesquisa requer viagens e colaboração entre vários países, esse financiamento não é opcional. As investigações mais avançadas em todo o mundo se apoiam em financiamentos generosos – algo que geralmente é escasso em África. Este projeto não seria possível sem o apoio financeiro de vários anos suportado pela Tyndale House Foundation.

Pesquisa

Este livro é único tanto na quantidade quanto na natureza da pesquisa original na qual repousa. Baseia-se numa combinação de dados quantitativos e qualitativos coletados em quatro idiomas, em três países, de mais de 8 mil pessoas – representando mais de 3 dezenas de grandes grupos étnicos e mais de 100 denominações.

Colaboração

A maioria dos livros académicos apresentam o trabalho de um único estudioso ou uma coleção de ensaios que relatam a pesquisa díspar de diversos autores. Por outro lado, este livro relata um único projeto de pesquisa coerente que foi elaborado, realizado e relatado por uma equipe de pesquisadores. Os autores deste livro foram participantes-chave em todas as etapas do processo de pesquisa e redação e se envolveram continuamente em cada etapa. O resultado é um livro com vários autores, caracterizado por equilíbrio, unidade e coerência.

Autoria africana

Com algumas exceções (Priest e Rasmussen), os estudiosos que colaboraram no projeto, realizaram e escreveram os resultados desta pesquisa são os próprios africanos. E enquanto Steve Rasmussen é dos EUA, ele passou a maior parte de sua vida adulta em África. Assim, este livro é fundamentado em grande parte pelos próprios académicos africanos.

Foco Contemporâneo

A história é a disciplina acadêmica que se destacou no estudo do cristianismo em África. Mas seu sucesso em caracterizar o passado deve ser acompanhado por uma priorização semelhante do presente. Considere o *Dictionary of African Christian Biography*, disponível On-Line com sua maravilhosa coleção histórica de biografias cristãs africanas. Um critério para inclusão na coleção é que a pessoa que está sendo escrita deve ser falecida. Mas se o conhecimento mundial do cristianismo em África vier do passado histórico e não for acompanhado por tratamentos igualmente ricos do cristianismo africano contemporâneo nosso conhecimento de África poderá facilmente estar desatualizado. A pesquisa do ELA não se concentrou em ex-líderes falecidos, mas em líderes contemporâneos vivos e frequentemente jovens, muitos dos quais fazem grande uso das mídias sociais, trabalham em contextos urbanos e se envolvem num mundo em constante mudança. Esta pesquisa se concentra nos padrões contemporâneos de leitura dos cristãos africanos e nos esforços contemporâneos dos líderes cristãos africanos para abordar a violência étnica e religiosa, educação sexual, dinâmica de gênero, questões ambientais e as oportunidades e desafios de administrar organizações religiosas. Seu foco está no hoje.

Relevância Global

Os primeiros escritos sobre o crescimento do cristianismo em África geralmente se concentravam em missionários estrangeiros, ignorando ou subordinando o papel central dos cristãos africanos. Mais recentemente, a maioria dos escritos sobre o cristianismo africano concentra-se nos cristãos africanos como os atores centrais da África contemporânea. Os leitores de fora de África são incentivados a cultivar uma profunda apreciação e respeito pelo dinamismo e pela agência dos cristãos africanos, mas raramente têm outra visão prática de como aqueles que estão fora da África estão, ou deveriam estar, interagindo com os líderes africanos e fazendo parcerias em iniciativas estratégicas. Por outro lado, este livro, embora também coloque o foco central na agência cristã africana, ainda enfatiza as conexões dentro de uma comunidade global de fé e considera a relevância de nossa pesquisa para as várias partes interessadas. Ou seja, este livro pretende ser uma ajuda prática, não apenas para os líderes cristãos africanos, mas para muitos de fora do continente que estão interessados em fazer parceria e apoiar estrategicamente ministérios e iniciativas lideradas por africanos.

Mais Recursos para Consulta On-line

Os autores deste livro discutem repetidamente por nome e em alguns detalhes de pastores contemporâneos notáveis, líderes em outras áreas sociais (desde negócios à engenharia, medicina, direito, desenvolvimento agrícola, educação sexual, dependência de drogas, trabalho com jovens, ou teologia) e organizações cristãs lideradas por africanos altamente eficazes, focados em grandes resultados sociais e espirituais. No entanto, este livro não pode contar a história completa dos 24 líderes contemporâneos que examinamos em profundidade, nem apresentar um relatório completo sobre as 30 organizações que examinamos e, portanto, disponibilizamos, online, um relatório de 10 páginas sobre cada um desses líderes e organizações, seguindo um protocolo específico. Novamente, este livro geralmente se refere aos resultados de nossa pesquisa de 93 itens com 8.041 entrevistados e fornece um resumo básico descritivo dos resultados no Apêndice B. Mas o livro não chega nem perto de esgotar o que os dados revelam. E assim, os dados brutos estão disponíveis on-line para pesquisadores que desejam usá-los para realizar análises adicionais, explorando, por exemplo, os diferentes fatores relacionados (como denominação, sexo, estado civil, etnia, nível educacional ou renda).

Este livro, portanto, é combinado com um site paralelo (www.AfricaLeadershipStudy.org) que fornece recursos adicionais disponíveis em Inglês, Francês e Português. Este site pretende servir como uma ajuda pedagógica e de pesquisa para professores, estudantes, acadêmicos e todos os interessados em se conectar, planejar e realizar iniciativas relacionadas à liderança cristã africana. É concebido como um recurso para os próprios cristãos africanos que procuram mudar o futuro.

Nosso site inclui uma página "Sobre" com mapas, links para organizações participantes e mais informações sobre os membros da equipe ELA. Estão incluídos vídeos de membros da equipe falando sobre suas espectativas em relação ao ELA. Uma página "Dados" fornece links para os dados do questionário (disponíveis no SPSS ou CSV) e para os 54 relatórios de 10 páginas sobre os líderes e organizações que estudámos. Todos os dados estão disponíveis em Inglês, Francês e Português. Também estão disponíveis as cópias das pesquisas originais, dos protocolos de entrevistas e das diretrizes usadas na condução da pesquisa. A página "Resultados" não apenas apresenta este livro, mas fornece uma variedade de infográficos para destacar os resultados selecionados de nossa pesquisa. A página "Recursos" apresenta uma variedade de recursos suplementares para os interessados nos temas deste livro. Este site está focado no futuro, não apenas ao passado ou presente. Assim, as informações fornecidas abrem possibilidades de financiamento por meio do ELA para pequenos projetos que se baseiam estrategicamente nos resultados anteriores do ELA. Ou seja, esse canteiro destina-se a ajudar a surgir projetos adicionais e, com o tempo, publicará relatórios sobre esses projetos de acompanhamento à medida que produzem seus frutos.

BREVE RESUMO DO GERAL DO LIVRO

No capítulo 2, David Ngaruiya nos lembra que em África existe um grande interesse por liderança eficaz, mas que a maioria das pesquisas e registro sobre o assunto apresentam líderes em outras partes do mundo. Ele destaca a importância da pesquisa e registro que apresentam líderes cristãos africanos de grande sucesso. Seu capítulo nos apresenta os líderes que pesquisamos e considera as maneiras pelas quais eles exemplificam o envolvimento da igreja, o compromisso vocacional, a conexão com a comunidade, a flexibilidade cultural, a resistência às dificuldades, a aprendizagem ao longo da vida, a capacitação de mentores, a adoção de tecnologia e a paixão pelo envolvimento cívico. Ele nos apresenta algumas das diversas arenas em que exercem liderança; considera brevemente as influências formativas em suas vidas representadas pela família, educação e viagens globais; e conclui com lições práticas para os cristãos africanos hoje.

No capítulo 3, Wanjiru M. Gitau propõe que os líderes eficazes que examinamos não eram apenas líderes "natos", mas passaram por experiências estratégicas de formação que contribuíram para suas habilidades e sucesso de liderança. Ela descreve e analisa o apoio nutritivo que a maioria havia experimentado na infância e juventude em ambientes familiar, escolar e religioso. Ela examina uma variedade de programas de vida cristã, aos quais a maioria dos líderes experimentaram em sua juventude, e analisa sistematicamente o papel de estágios, serviço voluntário, orientação, ensino superior e oportunidades para liderar, na formação de liderança dos líderes altamente respeitados que estudamos. Ela propõe que o facto como os líderes foram formados deve sustentar as estratégias e prioridades de todos os envolvidos na formação de lideranças para a próxima geração.

No capítulo 4, Steve Rasmussen baseia-se nos trabalhos de teóricos sociais que enfatizam a importância do capital social – de fortes laços sociais caracterizados por confiança e reciprocidade. Ele demonstra que os líderes cristãos africanos alcançam o sucesso da liderança porque têm forte capital social – numerosas relações sociais caracterizadas por confiança, compromisso, compreensão e valores compartilhados. Ele ressalta que as instituições religiosas e seus líderes costumam ter fortes relações dentro do grupo ("capital social de relação"). Ele encontra essa verdade em nossos dados também. Porém, as sociedades geralmente descobrem que os relacionamentos se rompem em torno de segmentações culturais, étnicas ou religiosas e são caracterizados por desconfiança, preconceito, queixas e ressentimentos, inimizade e até violência. Assim, fortes laços sociais positivos entre essas divisões ("unir o capital social") se tornam extremamente importantes para o bem da sociedade. Rasmussen demonstra que líderes cristãos africanos eficazes costumam ter sucesso incomum devido à sua capacidade única de criar relações positivas e de forte confiança que preenchem essas divisões sociais. Ou seja, eles alcançam objetivos importantes porque são bons em "unir o capital social" e porque fazem uso sábio desse capital. Finalmente, Rasmussen destaca que, além das diferenças horizontais de cultura e identidade, as pessoas no mundo moderno, tanto ao nível local quanto no global, encontram hierarquias incríveis de riqueza, status e poder. Essas hierarquias geralmente carecem de laços relacionais verticais. Rasmussen mostra que, em um mundo assim, a liderança bem-sucedida requer "unir capital social", fortes relações de confiança que constrõe verticalmente vínculos positivos entre as divisões hierárquicas. Ele demonstra como os líderes cristãos africanos de sucesso hoje unem o capital social ao serviço de compromissos comuns maiores. Ele sugere que a formação de liderança deve cultivar todas as 3 formas de capitais sociais e a sabedoria para exercê-las corretamente em nome dos propósitos do Reino.

No capítulo 5, Elisabet le Roux e Yolande Sandoua ilustram muitos dos pontos apresentados no capítulo de Rasmussen sobre como os líderes religiosos usam os seus vínculos, interações e conexões de capitais sociais afim de contribuirem para o bem social. Como mencionado anteriormente, durante a pesquisa do ELA, a RCA se envolveu em conflitos violentos. Com base nas pesquisas feitas, este capítulo explora as maneiras pelas quais as principais organizações cristãs – com um foco particular no papel da FATEB – e os principais líderes cristãos que trabalharam para contribuir para a paz e a reconciliação dentro da sociedade em geral. Os autores examinam como as relações foram formadas e fortalecidas entre denominações e religiões (e aprimoradas com a visita do Papa Francisco), e como foram facilitadas as relações que vinculavam os parceiros globais às necessidades das bases.

Com base na ilustração do capítulo 5 no fato de que a liderança é frequentemente exercida dentro de plataformas de organizações cristãs estratégicas, Nupanga Weanzana apresenta-nos no capítulo 6 as organizações cristãs eficazes, lideradas por africanos que nossa pesquisa descobriu e estudou. Ele explora a história anterior e as maneiras como essas organizações mudaram ao longo do tempo. Embora os ministérios anteriores, especialmente os evangélicos, fossem frequentemente justificados principalmente em termos de resultados e objetivos espirituais, ele sugere que quase todas as organizações contemporâneas que examinamos combinam num foco de "palavras e ações". As lideranças das estruturas dessas organizações devem atender os fins complementares que estão sendo perseguidos.

No capítulo 7, Michael Bowen se concentra em como as organizações baseadas na fé (faith-based organizations – FBOs) promovem o desenvolvimento socioeconômico, algo que quase todas as organizações cristãs que examinamos fazem. Ele mostra que essas FBOs estão promovendo o desenvolvimento humano de várias maneiras. Como esses FBOs e seus líderes recorrem a um forte capital social local (relações de confiança, confiabilidade e valores comuns), são extraordinariamente bem-sucedidos em mobilizar ações de base positivas e alcance dos resultados desejados que se alinham aos Objetivos de Desenvolvimento do Milênio. Assim, essas FBOs e seus líderes ganham confiança dos funcionários do governo e ganham apoio de parceiros mundiais religiosos e seculares. Ou seja, eles alcançam fins estratégicos por meio do que Rasmussen identificou como "união do capital social". No entanto, parcerias estratégicas com diferentes grupos religiosos e não-religiosos não apenas se fortalecem, mas também se restringem, criando diferentes níveis de tensão para as FBOs em sua capacidade de manter um foco priorizado em palavras e ações. Bowen explora as formas variáveis pelas quais os líderes dessas organizações buscam gerenciar seus relacionamentos e resolver essas tensões enquanto buscam os resultados desejados por palavras e ações.

Várias das FBOs identificadas pelos entrevistados como tendo alto impacto eram lideradas por mulheres. Em alguns casos, eram organizações de mulheres. Uma minoria significativa dos principais líderes cristãos nomeados pelos entrevistados eram mulheres. No capítulo 8, Truphosa Kwaka-Sumba e Elisabet le Roux nos apresentam 7 dessas líderes femininas altamente eficazes e 3 organizações de mulheres. Elas descrevem e analisam as oportunidades de liderança que as mulheres têm, bem como as realidades desafiadoras e discriminatórias que enfrentam. Elas descrevem a experiência de liderança das mulheres como a negociação complexa. As mulheres precisam que as realidades estruturais e complexas sejam analisadas e descritas para elas, com orientação estratégica, apoio à educação e incentivo para escrever e publicar. Devemos nos consciencializar e ser zelozos no combate aos obstáculos à liderança feminina, para que elas prosperem na liderança com seus dons dados por Deus. No capítulo 9, Jurgens Hendriks salienta que a liderança cristã em África às vezes foi afetada por antigos e prejudiciais padrões de chefias, patriarcados e relações de servidão colonial. Mas ele relata estar fascinado por descobrir através desta pesquisa que a maioria dos líderes cristãos contemporâneos que foram identificados pelos companheiros africanos como tendo um impacto altamente positivo, estavam, de fato, exemplificando a liderança serva em um grau acentuado, caracterizada por esforços contínuos para capacitar outras. Seu capítulo relata o que ele aprendeu sobre esses líderes e suas várias maneiras de capacitar os outros. Ele comemora o que vê como "um novo amanhecer na liderança cristã africana" e sugere várias lições aprendidas com os líderes que examinou.

No capítulo 10, Robert Priest, Kirimi Barine e Alberto Lucamba Salombongo descrevem e analizam os padrões de leitura (e escrita) de cristãos africanos e seus líderes. Eles examinaram dados sobre os autores favoritos de milhares de entrevistados e mostram que os cristãos africanos têm um elevado nível de leitura, porém mostram também que cristãos africanos lêem poucos autores cristãos africanos. Os autores analisaram as razões e apresentaram suas implicações negativas. Eles perceberam evidências de que os cristãos africanos precisam e desejam mais e melhores (mais relevantes para o contexto) publicações de autores africanos e apresentam várias sugestões de como partes interessadas podem contribuir para uma presença e influência mais fortes das publicações cristãs africanas.

No capítulo 11, John Jusu nos ajuda a reflectir nas implicações de cada capitulo para o treinamento curricular de líderes em escolas teológicas, universidades e outras instituições educacionais e programas formais e informais. Isto é, este capítulo tenciona ajudar todos individuos e instituições envolvidas em treinamento de liderança Africana a considerar as implicações do ELA para os seus próprios programas de formação.

Enquanto que fundações cristãs desempenham papeis estratégicos nos institutos cristãos e iniciativas mundiais, em muitos casos é invisivel ou no mínimo sem reconhecimento público. E ainda assim este projeto não seria possivel sem a parceria com esta grande fundação, a Tyndale House Foundation, e o compromisso pessoal de sua diretora executiva, Mary Kleine Yehling. No capítulo 12, ela descreve o contexto do trabalho da THF em África e os fatores que despertaram e motivaram a decisão de se envolver no ELA. Ela reflecte no significado, propósito, processo e os resultados esperados do ELA do ponto de vista da fundação. No contexto de toda missão e história da THF ela considera os benefícios da parceria de um estudo e pesquisa como esse, não apenas para todos nós, mas também para as próprias fundações cristãs. Ela demonstra como a paixão por Deus e pelo Seu propósito no mundo se aplica na liderança cristã a nível global.

O capítulo conclusivo é uma combinação de contribuição de toda equipa do ELA. Enquanto líamos e relíamos as entrevistas, respostas de pesquisas, e debatíamos os capítulos, sintetizámos alguns resultados importantes da nossa pesquisa. O capítulo 13 identifica e articula de forma breve 17 observações que emergiram da nossa pesquisa.

REFERÊNCIAS CITADAS

Bennett, David. 2002. *India Leadership Study: A Summary for Indian Christian Leaders.*
Bornstein, Erica. 2005. *The Spirit of Development: Protestant NGOs, Morality, and Economics in Zimbabwe.* Stanford,
CA: Stanford University Press.
Carpenter, Joel, and Nellie Kooistra. 2014. *Engaging Africa: Prospects for Project Funding in Selected Fields.*
Grand Rapids, MI: Nagel Institute Calvin College.
Jenkins, Philip. 2002. *The Next Christendom: The Coming of Global Christianity.* New York: Oxford University Press.
Johnson, Todd, Gina A. Zurlo, Albert W. Hickman, and Peter F. Crossing. 2015."Christianity 2015: Religious Diversity and Personal Contact." *International Bulletin of Missionary Research* 39/1: 28–30.
Kalu, Ogbu, ed. 2007. *African Christianity: An African Story.* Trenton, NJ: African World Press.
Phiri, Isabel Apawo, and Dietrich Werner, eds. 2013. *Handbook for Theological Education in Africa.* Oxford, UK: Regnum Books International.
Priest, Robert J., and Robert DeGeorge. 2013. "Doctoral Dissertations on Mission: Ten-year Update, 2002–2011." *International Bulletin of Missionary Research* 37/4: 195–202.
Sanneh, Lamin. 2003. *Whose Religion Is Christianity?: The Gospel beyond the West.* Grand Rapids, MI: Eerdmans.
Tiénou, Tite. 2006. "Christian Theology in an Era of World Christianity." In *Globalizing Theology: Belief and Practice in an Era of World Christianity,* ed. Craig Ott and Harold Netland, 37–51. Grand Rapids, MI: Baker Academic.
Walls, Andrew. 1996. *The Missionary Movement in Christian History.* Maryknoll, NY: Orbis Books.
———. 2002. *The Cross-cultural Process in Christian History.* Maryknoll, NY: Orbis Books.
Wuthnow, Robert. 2009. *Boundless Faith: The Global Outreach of American Churches.* Berkeley and Los Angeles: University of California Press.

2

Características dos Líderes Cristãos Africanos Influentes

David K. Ngaruiya

Existe um profundo interesse no ensino superior cristão africano na preparação de líderes cristãos para um impacto positivo. No entanto, a maioria das pesquisas e escritos sobre líderes, e especialmente líderes cristãos, tem se focado nos líderes do ocidente. Em África, por exemplo, não há nada comparável com a impressionante pesquisa de D. Michael Lindsay (2007, 2014) sobre os principais líderes cristãos da América. O resultado é que, quando os programas e cursos de liderança são ministrados em África, geralmente são baseados na literatura e nos conhecimentos adquiridos através de estudo de liderança feito fora de África. Em uma tentativa de preencher essa lacuna, este livro, começando com este capítulo, destaca pesquisas que examinam líderes cristãos africanos bem-sucedidos que estão exercendo sua liderança em contextos africanos.

Em nossa pesquisa com oito mil cristãos em três países africanos, começamos pedindo aos entrevistados que "nomeassem um homem ou mulher cristã, fora de sua família, que mais o influenciou". Mais de um terço dos entrevistados em Angola e mais da metade no Quênia e na República Centro-Africana (RCA) apresentaram o nome de uma pessoa posteriormente identificada como pastor. Isso sugere que, nas sociedades africanas, os pastores são um tipo de líder que exercem influência estratégica. Também existem outros tipos de líderes cristãos no continente.

Para identificar os principais líderes cristãos em África – clérigos e leigos – pedimos a 8 mil cristãos africanos que nomeassem o pastor cristão que eles achavam que estava tendo o impacto positivo mais significativo em sua comunidade. Assim, 49 entrevistados identificaram Dinis Eurico como o pastor angolano com maior impacto, 111 entrevistados na RCA identificaram Dr. David Koudougueret e 46 identificaram o Bispo John Bosco, do Quênia. Foi solicitado a cada entrevistado que fornecesse informações adicionais sobre o pastor, incluindo uma avaliação da extensão em que esse pastor era conhecido por treinar líderes. Através deste processo, identificamos 31 pastores angolanos, 28 pastores da RCA e 27 pastores quenianos reconhecidos por exercerem liderança importante por cristãos que conhecem suas comunidades (ver Apêndice B, Q.23). Consideramos tanto a frequência com que cada um foi referenciado como líder influente quanto a extensão em que cada um foi considerado como bem sucedido no treinamento de outros líderes; selecionamos 9 pastores para entrevistas e reportagem de acompanhamento (Tabela 2–1).

Em nossa pesquisa, também lembramos aos entrevistados que embora os pastores das igrejas sejam líderes importantes, há muitas outras áreas nas quais cristãos desempenham liderança importante, como educação, negócios, governo, assistência médica ou comunicação e mídia. Algumas pessoas desempenham liderança na abordagem de problemas da pobreza, HIV/SIDA, conflito étnico, conflito religioso ou desemprego. Alguns focam na juventude, outros nas mulheres e outros nos pais ou idosos.

Solicitamos aos entrevistados que identificassem o cristão que mais diferença significativa fazia em sua comunidade local em área que não fosse o ministério pastoral. Foram feitas várias perguntas sobre esse indivíduo, incluindo sexo, etnia, área de influência e idade aproximada. Com base nas informações fornecidas, selecionamos para maior atenção 20 líderes cristãos leigos de Angola, 15 da RCA e 20 do Quênia. Um terço deles era do sexo feminino. Também foi solicitado aos entrevistados que classificassem cada líder em uma escala *Likert* em termos de (1) habilidade em seu trabalho, (2) sabedoria e conhecimento de seu contexto local, (3) integridade ética, (4) amor e serviço ao próximo, (5) boa reputação na comunidade, (6) até que ponto inspiram o trabalho em equipe e mobilizam a comunidade, (7) eficiência no uso de recursos e (8) até que ponto estavam treinando e desenvolvendo outros líderes (informações, consulte o Apêndice B, Q.24 – Q.30). Levando em consideração essas avaliações, ao mesmo tempo em que se buscava maior representação em termos de regiões geográficas, áreas de influência, gênero e etnia, vários líderes importantes foram selecionados para entrevistas e reportagens de acompanhamento (ver Tabela 2–2).

Este capítulo resume um pouco do que aprendemos nas entrevistas com esses líderes. Começa examinando as qualidades identificadas nos líderes cristãos africanos influentes mencionados no estudo, suas áreas de influência e também como a formação desses líderes cristãos africanos contribuiu para o desenvolvimento de suas lideranças.

Tabela 2-1. Líderes Pastores

País	Pastor	M/F	Idade	Etnia	Região	Denominação
Angola	Pastora Adelaide Catanha	F	62	Ovimbundo	Huambo	Igreja Evangélica Congregacional de Angola
	Pastor Dinis Eurico	M	55–64	Nganguela	Huila -Lubango	Igreja Evangélica Sinodal de Angola
	Pastora Luisa Mateus	F	45	Bakongo	Luanda	Igreja Evangélica Reformada de Angola
RCA	Dr. David Koudougueret	M	55-64	Banda	Bangui	Eglise Baptistes
	Pastor René Malépou	M	51-55	Mandja	Bangui	Communauté des Eglises Baptistes Indépendantes
Quênia	Bispo John Bosco	M	56	Kikuyu	Coast	Redeemed Gospel Church
	Bispo Joseph Maisha	M	55-64	Luhya	Coast	Ushindi Baptist Church
	Pastor Edward Munene	M	45-50	Kikuyu	Coast	Kenya Assemblies of God
	Pastor Oscar Muriu	M	51-55	Kikuyu	Nairobi	Narobi Chapel

Tabela 2-2. Líderes leigos

País	Nome	M/F	Idade	Etnia	Região	Profissão
Angola	Eunice Nalamele Alberto Chiquete	F	35	Ovimbundo	Huila	Professora de Teologia
	Diamantino Laurindo Doba	M	46	Bakongo	Luanda	Trabalha com adolescentes/jovens
	Manuel Missa	M	60	Ovimbundo	Kuito	Professor
RCA	Nestor Mamadou Nali	M	69	Mandja	Bangui	Doutor/Médico
	Mme Marie Louise Yakemba	M	55-64	Ngbandi	Bangui	Oficial do Governo/ Ministério com Mulheres
	Evariste Dignito	M	45-54	Ngbandi	Bangui	Engenheiro Civil
	Mme Marie Paule Balezou	M	50-55	Camarões	Bangui	Empresária/ Esposa do pastor
Quênia	Joseph Kimeli	M	40-54	Lalenjin	Rift Valley	Desenvolvedor de Agricultura
	Cosmas Maina	M	40-45	Kikuyu	Coast	Profissional de Adição com Drogas
	Esther Mombo	F	60-65	Kisii	Central	Professor de Teologia
	Isaac Mutua	M	43	Kamba	Eastern	Professora de Educação Sexual
	Patrick Nyachogo	M	26	Kisii	Nyanza	Ambientalista
	Alice Kirambi	F	45-54	Luhya	Western	Administradora -CPDA
	Onesmus Makau	M	45-54	Kamba	Eastern	Juiz
	General Kianga	M	65	Kamba	Eastern	General Militar

QUALIDADES DE LÍDERES AFRICANOS CRISTÃOS EFICAZES
Compromisso com a Igreja

A igreja desempenha, de maneira particularmente cristã, um papel central na resolução dos problemas sociais. Em grande parte de África, a igreja ainda é o primeiro lugar onde as pessoas se dirigem em tempos de necessidade. Como um líder de igreja disse: "A comunidade cristã deve estar enraizada na sociedade em que cresceu e seus membros devem fazer parte dessa sociedade" (Gitari 2005, 169). Os líderes que pesquisamos percebem que, para fazer a diferença em suas comunidades, a igreja é um local adequado para começar, porque muitas pessoas vão lá em busca de ajuda. Embora os africanos tenham sido e continuem ativos na evangelização mundial (Tiénou 2008, 173), muitas vezes sob a liderança do clero, esta seção examina de maneira sintética o importante papel dos leigos na igreja.

Quando os entrevistados foram solicitados a identificar um líder cristão influente que não fosse pastor, muitos deles ainda identificaram indivíduos notáveis por seu trabalho na igreja, como Manuel Missa, de Angola. Foi no papel de mestre do coral e diácono, e não no papel de educador e administrador de uma escola do governo, que ele foi mais reconhecido por ter um impacto significativo. Assim, mesmo os leigos com grande impacto, serviam em alguma posição de liderança na igreja. A maioria dos membros leigos acharam uma maneira de conjugar suas vocações com o ministério na igreja e até de servir em posições de responsabilidade dentro da igreja. Um exemplo disso é o Engenheiro Civil e empresário Evariste Dignito, da RCA, que atua como coordenador de grupos de células em sua igreja e é frequentemente convidado a falar com jovens em contextos religiosos. Da mesma forma, Edouard Nvouni é conhecido e apreciado por contribuir com suas habilidades e recursos como arquiteto na construção de igrejas. Muitas das mulheres nomeadas como líderes leigas exercem sua liderança com as mulheres por meio de estruturas ministeriais ligadas à igreja.

Excelência Profissional

Os líderes identificados com maior impacto são aqueles que se destacaram em suas profissões e que muitas vezes transformaram suas profissões em ministério afim de liderarem pessoas através de valores. O destaques são mais dados naqueles assuntos considerados à parte da missão da igreja. Por exemplo, os líderes da RCA e do Quênia têm abordado questões como diferenças étnicas e religiosas que levam a conflitos políticos e usaram suas habilidades profissionais para ajudar a igreja a enfrentar esses desafios.

Para citar apenas alguns, nesses líderes leigos estão inclusos, um médico (Nestor Mamadou Nali), um ambientalista (Patrick Nyachogo), um general militar aposentado (General Kianga), um professor (Esther Mombo), o fundador de uma grande e bem-sucedida ONG (Alice Kirambi), um instrutor agrícola (Joseph Kimeli), um professor de educação sexual nas escolas (Isaac Mutua), e um diretor fundador de duas organizações que trabalham com viciados em drogas (Cosmas Maina).

Esses líderes são especialistas em suas áreas, com objetivos específicos e estratégicos que vão além do ministério na igreja. Quando o Dr. Nestor Mamadou Nali encontrou Jesus, ele abraçou sua profissão e relatou: "Agora eu entendo tudo o que estou fazendo como ministro de Deus. Eu tenho toda profissão como um chamado especial de Deus." Alguns desses líderes optaram por abordar abertamente questões que são tidas como tabús no contexto da igreja. Devido ao desconforto em discutir abertamente o uso de drogas ou doenças sexualmente transmissíveis em ambientes religiosos, torna limitado o reconhecimento público do trabalho desses influentes líderes leigos. Mesmo com as igrejas crescendo, como geralmente acontece em África, sempre há a tentação do clero ou outros líderes da igreja relegarem essas questões.

Conexão à comunidade

Putnam descreve o capital social como "conexões sociais e normas relacionadas à reciprocidade" (Putnam 2000, 21). O capital social, em outras palavras, é a conexão humana em ambientes informais e formais. A conexão humana é essencial nas comunidades, porque é um meio pelo qual as pessoas encontram para transmitirem ideias e se envolverem em ações que transformam suas comunidades. É através dessa conexão que os líderes exercem influência. Neste estudo, todos os líderes que foram identificados como mais eficazes, foram aqueles que trabalharam em suas comunidades. Se eles estendessem seu ministério a outras comunidades, continuariam trabalhando através de conexões pessoais no nível de base. Os entrevistados mencionaram os líderes que trabalharam e caminharam regularmente com eles.

Todos os 7 líderes da RCA, 5 dos 6 líderes de Angola e 8 dos 10 líderes do Quênia deixaram o país para obter mais formação, mas seus compromissos locais os fizeram voltar. É desses líderes que a comunidade parece gostar, porque permanecem conectados às suas comunidades, retornando para compartilhar os conhecimentos adquiridos com pessoas que não têm condições de pagar pelo mesma formação. Consulte o Capítulo 4 deste livro para um entendimento completo de como esses líderes utilizavam capital social.

Flexibilidade cultural

A liderança é sempre exercida no contexto de normas e restrições culturais, e os líderes às vezes são bem-sucedidos na medida em que habilmente ajustam-se a elas. Considere normas patriarcais. Quando perguntados se em suas igrejas dá-se oportunidades a mulheres na liderança, quase um quarto dos entrevistados do Quênia, mais de um terço de Angola e quase metade da RCA responderam "de modo nenhum" ou "um pouco". Descobrimos evidências significativas de que muitas mulheres estavam a exercer liderança, geralmente de maneiras que não forçam aberta ou diretamente os padrões patriarcais. Às vezes, a liderança era exercida em locais específicos de gênero, isto é, criando sociedades de mulheres separadas por meio das quais exercem influência e impacto. Às vezes, a liderança feminina era exercida por mulheres casadas com pastores influentes ou outros líderes. Por exemplo, enquanto os homens exerciam liderança formal sobre Word of Life and Redeemed Academy, suas esposas, na prática, conseguiram, funcionalmente, exercer liderança significativa nessas organizações. Às vezes, as mulheres alcançavam liderança em contextos políticos, empresariais ou educacionais – e se retiravam de seu status nesses locais para exercer liderança também em locais religiosos. Outras trabalharam estrategicamente para resistir e derrubar as restrições dos padrões patriarcais. Detalhes mais completos e criticos da liderança das mulheres africanas cristãs estão disponíveis no capítulo 8.

Resistência sob dificuldade

Muitos dos líderes que estudamos tinham antecedentes que envolviam dificuldades significativas. Como muitos líderes famosos ao longo da história (Blackaby e Blackaby 2011, 41), esses desafios e dificuldades parecem ter sido as próprias condições das quais emergiu uma liderança significativa. Considere o Bispo John Bosco, do Quênia, que cresceu em duas favelas de Nairobi. Ele foi criado por uma mãe solteira que vendia bebidas ilícitas para ganhar a vida, e ele nunca conheceu seu pai. Quando sua mãe se tornou a segunda esposa de outro homem, Bosco não foi aceite pelo padrasto e teve uma vida "difícil". Outros líderes, como a Sra. Balezou, da RCA, que sofreu nas mãos de um pai alcoólatra, cresceram em casas onde foram negligênciados por causa de circunstâncias adversas ou pobreza. No entanto, suas histórias são histórias de resistência. Em um contexto em que a maioria da população vive abaixo da linha da pobreza e sob grandes dificuldades, os líderes que enfrentaram e superaram desafios semelhantes são profundamente estimados. As histórias desses líderes não são as narrativas "do lixo ao luxo" às vezes propagadas para pessoas marginalizadas, mas relatos de líderes que enfrentam as vicissitudes da vida com determinação e fé.

Aprendizado contínuo

O aprendizado ao longo da vida foi descrito de várias maneiras, e uma delas é sua natureza triádica. Os elementos-chave da "natureza triádica" servem para promover o "progresso e desenvolvimento econômico, desenvolvimento e realização pessoal, inclusão social e compreensão das atividade democráticas "(Aspin e Chapman 2001, 29). Num mundo em rápida mudança, a aprendizagem contínua é um imperativo para os seres humanos. E em nosso estudo, esse aprendizado contínuo foi uma característica dos líderes cristãos africanos.

Dos 23 líderes com os quais realizamos entrevistas de acompanhamento, 22 tinham educação formal além de um diploma do ensino médio. Isso não é surpreendente, porque a educação no contexto africano é frequentemente reverenciada e desejada. Para a maioria dos líderes, a educação formal lhes deu credibilidade e autoridade em suas comunidades. Esses líderes não apenas incentivaram outras pessoas a continuarem seus estudos, mas eles mesmos, de modo a continuarem a se desenvolverem profissionalmente, continuavam a fazer mais cursos, e eles eram leitores ávidos tanto de literatura cristã como secular (ver Capítulo 10). Os líderes relataram que leêm livros motivacionais para si mesmos ou para ajudá-los a encorajar outros.

Não é apenas a educação formal que tem beneficiado esses líderes, mas também os programas informais de aprendizagem tem lhes ajudado a melhorar suas habilidades de liderança. Essas habilidades os tem ajudado na abordagem de questões contextuais que podem não ter sido abordadas nos livros didáticos. A combinação de aprendizado formal e informal provou ser mais eficaz, porque os líderes podem combinar conhecimento em sala de aula e em campo para ajudar suas comunidades. Embora os princípios fundamentais ensinados em sala de aula sejam essenciais, a pessoa comum da comunidade procura uma solução prática, o que esses líderes são capazes de proporcionar. Como eles têm disseminado seus conhecimentos para a comunidade, geralmente de maneira informal, os líderes cristãos africanos conseguiram não apenas elevar seus concidadãos, mas também inspirar outras pessoas a buscar um diploma educacional em um campo específico. Alguns, como o Bispo John Bosco, chegaram a patrocinar a educação das pessoas, para que elas podessem retornar e continuar a influenciar a comunidade.

Mentoria

Em um contexto em que a sucessão de liderança é frequentemente tida como ameaça, é interessante que muitos desses líderes já foram liderados por alguém que serviu habilmente outros. Os líderes tiveram a experiência de ser orientados. "A mentoria é uma experiência relacional na qual uma pessoa capacita outra compartilhando recursos dados por Deus" (Clinton e Stanley 1992, 33).

A maioria dos líderes que entrevistamos enfatizaram a importância da mentoria, indicando que eles eram produto da orientação pessoal de alguém e que agora mentoriam outros. A mentoria parece estratégica no desenvolvimento de novos líderes em África, não apenas porque cria um sistema de prestação de contas, mas também porque fornece uma plataforma para a sucessão da liderança. Sob a liderança do pastor Oscar Muriu, por exemplo, as igrejas da Nairobi Chapel desenvolveram programas de estágio e práticas que fornecem um plano ou modelo para o ministério que os estagiários podem aprender e aplicar em outros ministérios. O pastor Muriu orientou outros pastores que plantaram igrejas, incluindo Muriithi Wanjau, o pastor sênior da Mavuno Chapel, que agora está orientando outros. O pastor Wanjau também foi identificado em nossa pesquisa como um líder eficaz no Quênia. Deve-se notar, no entanto, que daqueles que entrevistamos, apenas Oscar Muriu forneceu uma descrição sistemática e sustentada de como ele mentoreia outros. Enquanto todos os entrevistados afirmaram o valor da mentoria, e muitos contaram histórias de como foram orientados, parece que poucos estavam orientando outros de maneira tão autoconsciente, sistemática e sustentada quanto Muriu.

Uso da tecnologia

Uma dimensão da nossa cultura global atual é a technoscape. Como Apapurai define, um technoscape é a "configuração global, também sempre fluida, da tecnologia, alta e baixa, tanto mecânica quanto informacional, [que] agora se move em alta velocidade através de vários tipos de limites anteriormente impermeáveis" (Appadurai 2002, 51). A adoção e o uso da tecnologia de informação e comunicação (TIC) é cada vez mais valorizada no ensino superior em África (ver Nguru 2012, 65) e também é valorizada por líderes cristãos africanos eficazes.

Os líderes que usavam tecnologia, tendiam ser das cidades ou os que trabalhavam com jovens, como Diamantino Doba, de Angola, que usava a Internet e vários dispositivos para manter contato. Outros líderes que usavam a tecnologia incluem Edward Munene e Isaac Mutua, do Quênia. Seu foco na juventude os levou a adotar as TICs. Esses líderes usam plataformas de mídia social baseadas em televisão, rádio e Internet – especialmente nas regiões onde há fácil disponibilidade de Internet.

Paixão pelo ativismo cívico

Outro aspecto dos líderes eficazes é sua paixão pelo ativismo cívico. Como líderes autênticos, esses homens e mulheres são "indivíduos apaixonados que têm um profundo interesse no que fazem e realmente se interessam com seu trabalho" (Northhouse 2013, 258). Os líderes que estudamos justificaram seus compromissos com ativismo cívico ao fazer referência às Escrituras, como quando o Dr. Koudougueret enquadrou o ativismo cívico como parte de nosso mandato de mordomia: "Quando Deus disse ao primeiro casal para cultivar e cuidar do jardim, já era a responsabilidade que Deus havia colocado em suas mãos."

Os líderes eficazes são resilientes em relação às coisas que transformam suas comunidades, e essa transformação pode ser realizada através de um processo político. Às vezes, a igreja tem dado grande espaço à política, porque é frequentemente associada ao partidarismo, corrupção e nepotismo. Até recentemente, por exemplo, muitos líderes de igreja no Quênia não teriam considerado concorrer aos cargos políticos. Mas agora alguns líderes estão a optar por renunciar a igreja para concorrer a cargos políticos com o apoio de sua congregação. Nossos dados indicam que muitos dos líderes cristãos em África hesitam em adotar explicitamente uma posição política, exceto para ensinar o que Deus deseja dos líderes e cidadãos sobre a participação política. No entanto, a igreja está se saindo melhor em abordar a política, e os líderes com maior impacto geralmente evitam comentários étnicos e partidários, mas dão orientações claras sobre o que Deus espera e sobre como escolher um bom líder. O pastor Dinis Eurico, de Angola, era conhecido por abordar conflitos e corrupção de maneira sútil. Ele e outros traçaram uma linha clara entre a política partidária e a participação política – que é um dever cívico de todos. Ao educar os eleitores, eles foram capazes de trazer mudanças no cenário político de seu país, porque os eleitores poderiam tomar decisões com base nos valores cristãos. Como Northhouse afirma: "Os líderes transformacionais são eficazes no trabalho com as pessoas, ou seja, são ativistas cívicos. Eles constroem confiança e fomentam a colaboração com outras pessoas "(Northhouse 2012, 200).

ÁREAS DE INFLUÊNCIA

"Um verdadeiro líder é capaz de influenciar os outros" (Lunenburg 2012, 5) e, como Hackman e Johnson afirmam, "Exercer influência é a essência da liderança" (Hackman e Johnson 2004, 154). Alguns líderes cristãos são capazes de influenciar outras pessoas em e através de organizações religiosas importantes, enquanto outros são capazes de exercer essa influência em um contexto mais amplo, além dos limites religiosos (Lindsay 2007, 260). Como se costuma dizer, "liderança é influência". Essa liderança é exercida em diferentes áreas e maneiras tangíveis.

Os líderes que estudamos estão causando impacto em várias áreas, desde o desenvolvimento de programas para viciados em drogas e prostitutas até educação para crianças e jovens, educação sexual, desenvolvimento de liderança de igrejas, combate ao HIV / SIDA e ministério de mulheres, música, negócios.

Prevenção de uso de drogas

O uso de drogas no Quênia é reconhecido há muito tempo e, embora homens e mulheres abusem das drogas, homens o fazem com mais frequência (Beckerleg et al. 2006, 1037). Em 2015, o governo do Quênia moveu sua maquinaria administrativa para pôr fim ao uso de bebidas alcoólicas ilícitas que haviam se tornado uma ameaça na região. Em uma área caracterizada pelo vício em drogas entre os jovens, Cosmas Maina, que já era usuário de drogas, aborda os problemas do vício de drogas por meio de duas organizações que ele fundou. A Teens Watch, uma organização comunitária que trabalha com educadores para aumentar a conscientização e trabalhar para a redução de danos do abuso de drogas, alcoolismo e prostituição. A Teens Watch recebe financiamento e apoio de organizações governamentais e outras não-religiosas e, portanto, não se identifica explicitamente como organização religiosa nem realiza atividades religiosas. Separadamente, Maina criou uma organização paralela baseada na fé, denominada Set the Captives Free, que compartilha explicitamente o Evangelho e a necessidade de ter Jesus, e usa o ensino bíblico para incentivar a recuperação completa e a restauração espiritual. Na época de nossa entrevista, ele tinha um plano de adquirir 52 acres de terra para Set the Captives Free e estava arrecadando fundos para construir um centro de reabilitação para viciados em drogas. Após a reabilitação, os jovens recuperados serão equipados com habilidades para o trabalho e para a vida, a fim de serem integrados novamente em suas comunidades.

Educação Infantil e Juvenil

Crianças e jovens compõem a maioria da população em África. Estima-se que a África Subsariana tenha "as piores protuberâncias juvenis" do mundo até o ano 2020 (CIA Fact Book, 2001). E, no entanto, a maior parte da educação teológica e do foco pastoral se dirige aos adultos, embora muitos cristãos africanos estejam profundamente preocupados com seu papel estratégico na educação infantil e juvenil. Portanto, é louvável ver muitos líderes africanos empenhados a instruir crianças e jovens. Por exemplo, Eunice Chiquete é professora de um seminário angolano conhecido por seus projetos focados na evangelização, discipulado e educação de crianças e adolescentes. Em parceria com organizações cristãs, Chiquete coordenou projetos interdenominacionais para milhares de crianças. Edward Munene, do Quênia, concentra-se em influenciar espiritual e socialmente os jovens. Ele estruturou sua igreja de maneira a incentivar os jovens, independentemente de seus antecedentes religiosos, a se sentirem bem-vindos.

Educação sexual e combate contra HIV/SIDA

No passado, muitos africanos teriam passado por ritos de passagem para educá-los para a vida adulta. Isso incluiria educação sexual, mas no mundo contemporâneo se deixou essa prática. Os africanos raramente falam abertamente sobre questões relacionadas ao sexo. Assim, os jovens adquirem hoje compreensão da sexualidade através da mídia, que levando-os a visões negativas e distorcidas sobre o sexo e a comportamentos que contribuem para taxas mais altas de doenças sexualmente transmissíveis, como o HIV/SIDA. De todos os continentes, África tem a maior prevalência de HIV/SIDA, dizimando muitas famílias e deixando órfãos.

Enquanto as escolas quenianas têm a tarefa de oferecer educação sexual, os professores geralmente não são treinados para isso e alguns se sentem desconfortáveis em ensinar sobre o assunto. Assim, quando Isaac Mutua, que possui um mestrado em pastoral comunitária para HIV/SIDA pelo St. Paul's University, desenvolveu um currículo sobre habilidades para a vida e educação sexual, ele estava a atender essa necessidade. Os alunos ficaram encantados com o ensino dele e os professores ficaram movidos a convidá-lo para ensinar em suas escolas. Muitos jovens entrevistados em nossa pesquisa identificaram Isaac Mutua como o líder cristão leigo com maior impacto em sua comunidade. No entanto, quando entrevistamos Isaac, ele relatou que, por razões financeiras, como jovem, pai e marido, ele precisava ter um emprego remunerado em um hospital da administração de saúde comunitária. Portanto, uma das iniciativas de liderança mais populares e influentes que emergem de nossa pesquisa acaba não sendo sustentável ao longo do tempo.

Outro exemplo de um líder cristão africano que se dirige ao flagelo do SIDA é o Dr. Nestor Mamadou Nali, da RCA. Ele foi formado como médico no Canadá e se tornou membro fundador da Faculdade de Medicina de Bangui onde atuou com reitor da mesma faculdade. Ele também atuou como ministro da saúde pública na RCA. Em 2010, a expectativa de vida na RCA foi estimada em 40 anos, em oposição a mais de 70 anos se o SIDA não fosse um fator presente. Em um país e continente onde o flagelo do HIV/SIDA tem sido uma ameaça, o Dr. Nali foi nomeado por seu governo para liderar a luta contra essa epidemia e aconselhar o primeiro ministro.

Empreendedorismo

O Sr. Evariste Dignito, da RCA, é um engenheiro civil identificado como empresário influente em seu país. Ele é o fundador e proprietário da La Semence (a semente), uma empresa especializada em construção e obras públicas. O trabalho que ele vem realizando nesse setor foi reconhecido como excelente e está entre os selecionados por organizações internacionais para obras públicas. Ele relata que seus sucessos como cristão empreendedor incentivaram outros cristãos a perceberem que eles também podem criar e sustentar empreendimentos de muito sucesso. Seu negócio cristão, especializado em construção e drenagem de estradas, emprega centenas de pessoas, capacitando-as para suprir suas necessidades em uma nação que foi devastada pela guerra.

Música

Na história da humanidade, a música tem sido um meio significativo de adoração, conforto, encorajamento e também serve para moldar valores. A influência da música é especialmente difundida em África (Kofi 2003, 8). General Kianga relata que a participação de sua infância no grupo coral foi uma das coisas que "influenciou meu pensamento e formou o que mais tarde se tornaria meus valores". Manuel Missa, de Angola, exemplifica liderança estratégica através da música. Professor de escola primária por profissão, ele é atualmente o director principal de uma escola do governo. Ele é um talentoso cantor e compositor de música cristã. Além de servir em sua igreja como diácono e professor de estudo bíblico, ele serve como diretor de um coral bem conhecido e ensinou muitos jovens a cantar, incluindo sua própria família de cantores. Apesar da idade (60) e dos problemas de saúde, ele continua atuando como diretor de coral e expressou um forte desejo de concluir a formação teológica formal.

Desenvolvimento da Liderança da Igreja

O clero frequentemente estava envolvido de maneira central no desenvolvimento da liderança da igreja. Por exemplo, Oscar Muriu, pastor sênior da Nairobi Chapel, relata que tem uma paixão por investir "sua vida nas gerações que virão depois de mim e viver mais do que apenas minha geração". Ele desenvolveu um programa em sua igreja que treinou mais de quinhentos estagiários para a liderança de ministérios. Ele usou esse canal de liderança para sustentar um movimento significativo de plantação de igrejas. Juntamente com as igrejas irmãs da Nairobi Chapel, eles plantaram igrejas em vários países africanos e europeus e enviaram missionários africanos ao redor do mundo.

O pastor Edward Munene, da International Christian Church, situado em Mombasa, no Quênia, também é apaixonado pelo desenvolvimento da liderança e foi classificado entre os 5 primeiros, em termos de extensão no treinamento de líderes. Uma vez que sua congregação compreende em grande parte pessoas nos seus 20 e 30 anos que têm "fome de informação" e frequentemente a procuram na Internet, seus esforços para ensinar a palavra de Deus e treinar outras pessoas o leva a fazer uso extensivo da tecnologia digital.

O pastor René Malépou, presidente da Communauté des Eglises Baptistes Indépendantes da RCA, é identificado pelos entrevistados como tendo alto impacto por meio da educação teológica formal. Ele ensina regularmente em seminários, como a FATEB, ajudando assim a preparar uma nova geração de líderes da igreja. Consciente da divisão entre as denominações na RCA, ele se esforça para criar unidade entre as igrejas ao desenvolver líderes por meio da educação teológica formal.

FORMAÇÃO DOS LÍDERES CRISTÃOS AFRICANOS

Experiências na infância, formação acadêmica e outras experiências contribuíram estrategicamente para a formação dos líderes cristãos africanos que entrevistamos.

Infância

Os líderes que entrevistamos cresceram em diferentes lares. O pai de Alice Kirambi morreu quando ela era criança. Nestor Nali cresceu em um lar muçulmano polígamo, com pais moral e eticamente rigorosos. O General Kianga cresceu em um lar polígamo, mas com uma mãe cristã devota que insistia que o filho fosse membro de três grupos corais: da escola dominical, igreja e escola. Marie Yakemba também cresceu em um lar polígamo, mas com uma avó que se interessou profundamente por ela e a incentivou a se tornar professora da Escola Dominical.

Alguns cresceram em lares que eram nominalmente cristãos. Por exemplo, os pais de Oscar Muriu, que eram anglicanos, deixavam Oscar e seus irmãos na igreja e os buscavam depois de terminar os programas. Os pais frequentavam a igreja ocasionalmente quando havia uma cerimónia importante. Da mesma forma, Evariste Dignito cresceu com pais que eram católicos nominais. Oscar Muriu e Evariste Dignito mais tarde tiveram uma fé profunda e pessoal. Vários líderes importantes foram criados em lares cristãos fortes. Em Angola, o pai de Dinis Eurico era um catequista evangélico e sua mãe trabalhava em estreita colaboração com ele no ministério. Eunice Chiquete cresceu em uma estação missionária em Angola, onde seus pais estavam a estudar a Bíblia. Mais tarde, acompanhou seus pais ao Brasil, onde recebeu mais educação teológica. Ela frequentou uma escola cristã no Brasil e, portanto, recebia educação cristã dentro e fora de casa. O Dr. David Koudougueret cresceu com um pai que primeiro foi estudante da Bíblia e depois pastor. Ele passou seus primeiros anos em uma estação missionária, frequentando uma escola cristã e se tornou um bom amigo dos filhos dos missionários.

Em muitos casos, os líderes nomeavam um membro da família como tendo desempenhado um papel estratégico em sua vida espiritual. Assim, embora os pais da professora queniana Esther Mombo fossem cristãos, a pessoa que mais a influenciou foi a avó Quaker com quem viveu, a avó viveu até a idade avançada de 101 anos. Sua avó lhe forneceu um forte modelo feminino, pregando em prisões femininas e foi uma maravilhosa narradora de histórias bíblicas, bem como de narrativas culturais. Da mesma forma, Marie Yakemba, da RCA, vinha de uma casa poligâmica, mas morava com a avó – que a instruiu e a motivou a se tornar professora da Escola Dominical em tenra idade. Para Luisa Mateus, de Angola, a influência principal veio de seu avô, o primeiro professor de Bíblia em sua aldeia. Ele ensinou a Luisa as Escrituras, a oração e a doutrina.

Enquanto muitos dos líderes que examinamos cresceram em famílias que vivíam em áreas rurais ou de vilarejos, alguns dos pastores urbanos mais influentes cresceram em casas situadas em ambientes urbanos ou cidades – onde, quando crianças, tinham maior exposição à tecnologia moderna, boas escolas, atendimento médico de qualidade e infra-estruturas urbanas. O pastor Edward Munene cresceu na cidade de Athi River, perto de Nairobi, e mais tarde na cidade de Kiambu, também perto de Nairobi. Quando criança, ele se lembra de assistir o *Six Million Dollar Man* e outros programas de super-heróis da televisão. Ele dizia aos pais que, quando crescesse, queria ser super-herói para poder salvar as pessoas. Essa exposição urbana foi importante em sua formação como líder, que mais tarde utilizou eficazmente a tecnologia moderna no treinamento de outros líderes.

A maioria dos líderes que examinamos cresceram em casas que, em comparação com outras pessoas ao seu redor, eram economicamente estáveis – com a maioria dos líderes mencionados, os pais tinham empregos ou administravam pequenas empresas. Esses trabalhos eram em fábricas, governo, ensino, alfaiataria, alvenaria e pastoreio. O pai de Nestor Mamadou Nali era o alfaiate da vila o que permitia proporcionar uma "vida confortável para a família". Patrick Nyachogo relata que, quando cresceu, mesmo num ambiente rural, "nunca faltou nada". Alguns tinham pais que eram líderes comunitários de destaque (como o pai do general Kianga) ou empresários prósperos (como o pai de Oscar Muriu). Um bom número de líderes relata irmãos que vivem no exterior. O Bispo Bosco, por outro lado, cresceu nas favelas de Kibera, e sua mãe preparava e vendia cerveja para ganhar a vida.

Experiência educacional

"A educação é o processo de socialização através do qual indivíduos e grupos são instruidos a se tornarem membros responsáveis da sociedade" (Mugambi 2013, 119). Como os líderes exercem influência através da dimensão social da vida, sua educação é importante. Todos os líderes cristãos que entrevistamos haviam recebido educação básica e mais além, desde a educação pós-secundária até a aquisição de doutoramento. Muitos deles tinham vários diplomas universitários e haviam estudado tanto em seus países de origem quanto no exterior.

Três deles tinham doutoramento: René Malépou em Teologia nos Estados Unidos da América, Esther Mombo em História da Igreja do Reino Unido e Adelaide Catanha em Psicologia, obtida on-line em Honolulu, Havaí, EUA. Quase metade possuía mestrado ou estava no processo. David Koudougueret possui um mestrado em Teologia obtido na RCA. O general Jeremiah Kianga, do Quênia, possui um mestrado em Artes e Ciências Militares nos Estados Unidos. Eunice Chiquete, de Angola, é mestre em Missiologia no Brasil. Oscar Muriu, do Quênia, é mestre em Divindade. Isaac Mutua possui mestrado em Ministério Pastoral Comunitário para HIV/SIDA. E Patrick Nyachogo, do Quênia, estava a fazer um mestrado em Administração de Empresas. Os líderes com graduação incluíram Evariste Dignito da RCA, com graduação em Engenharia Civil; Edward Munene, com um Diploma de Bacharel em Agricultura; e Diamantino Doba, de Angola, formado em Ciências. Praticamente todos os líderes entrevistados tinham pelo menos algum estudo pós-secundário. Ou seja, a maioria dos que foram identificados como líderes-chave tinham uma quantidade significativa de estudos formais. O nível educacional dos pais desses líderes variou de muito pouco para alguns que haviam concluido os estudos no nível de graduação.

Ampliando experiências

Um provérbio africano diz: "Quem não viaja acha que sua mãe cozinha melhor". O provérbio captura o valor da exposição a viagens entre os líderes pesquisados. Com exceção de dois líderes, todos haviam viajado para outros países, a maioria para mais de um. Os angolanos visitaram com mais frequência outros países de língua portuguesa, como o Brasil. Os líderes da RCA haviam visitado países em que o francês era falado, como a França ou o Canadá, enquanto os líderes do Quênia viajavam com mais frequência para os Estados Unidos, Canadá ou Reino Unido. No entanto, muitos também visitaram outros países de África e da Ásia. A permanência mais longa relatada no exterior foi de dez anos, com a maioria morando no exterior por mais de três meses.

A viagem desses líderes é importante por vários motivos. Primeiro, permite que os líderes estabeleçam relações para a mobilização de recursos. Segundo, essas ligações os ajudam a crescer profissionalmente. Terceiro, a exposição ao resto do mundo fornece ideias aos líderes e aumenta o potencial de inovação ao criar soluções em seu contexto – uma vez que eles viram ou foram inspirados por outros homens e mulheres com ideias semelhantes, lidando com questões semelhantes.

CONCLUSÃO

Este capítulo destacou as qualidades, áreas de influência e formação de líderes cristãos africanos eficazes. Entre as qualidades que o estudo identificou estão: compromisso, aprendizagem contínua, mentoria e capacitação de líderes jovens, bem como cuidado e compaixão. Assim, existem qualidades claras que ajudam a definir um líder africano eficaz; esses podem ser usados como critério para discernir ou nomear líderes para servir aos outros. Líderes africanos eficazes estão tendo um impacto em suas comunidades em áreas específicas de influência. Tais áreas incluem, entre outras, educação infantil e juvenil, empreendedorismo empresarial e desenvolvimento de liderança da igreja. Líderes cristãos africanos eficazes são membros de governos e outras instituições que atendem às necessidades humanas em contextos africanos. Além disso, esses líderes são modelos em diversas áreas e têm sido apoiados por outros na transformação de outros setores, como a educação.

A formação de líderes cristãos africanos reflete as contribuições de diversas esferas. Destes incluem o lar onde cresceram, a formação académica e outras experiências. A maioria desses líderes cresceram em lares economicamente estáveis e muitos em lares cristãos bem fortes. Muitos dos líderes receberam um nível de educação que foi muito além do básico. A maioria deles viajaram para outras nações do mundo e, portanto, tiveram contacto com ambientes que aumentaram sua compreensão do mundo.

Existem várias implicações em relação as descobertas acima mencionadas. Primeiro, os atributos de liderança identificados devem ser empregados na seleção e eleição de líderes. Como no mercado secular, a liderança africana eficaz é sobre ter a pessoa certa no lugar certo. Portanto, a triagem de líderes para cargos particularmente sensíveis precisa ser uma prioridade, para que não ocorra abuso ou negligência, porque a pessoa nomeada não possui as habilidades necessárias para lidar com tamanha responsabilidade.

Segundo, essas características podem ser intencionalmente promovidas e desenvolvidas em novos líderes, tanto por meio de cursos e livros de treinamento de liderança quanto por meio de mentoria eficaz. O feedback dos mentores e dos que estão sendo servidos podem ser obtidos por meio de ferramentas de feedback que apresentam os atributos de liderança desejados e que apontam para áreas de melhoria necessária.

Terceiro, os líderes cristãos africanos devem sair da igreja e se tornar parte da sociedade civil para afetar positivamente suas comunidades. Como nossa pesquisa revelou, os líderes que investiram na vida dos participantes da igreja, bem como aqueles que não frequentaram a igreja, foram vistos como eficazes em seu ministério. Portanto, algo tão simples como organizar uma limpeza mensal de lixo na comunidade, ajudaria muito em um continente onde falta a gestão de resíduos.

No estudo, também foi observado que a liderança cristã eficaz exigia o envolvimento com líderes de opinião da sociedade civil. O envolvimento com esses tipos de líderes ajuda a influenciar a cultura em direções positivas. No entanto, isso não pode ser feito corretamente sem o conhecimento necessário para tomar decisões sábias. Como parte de qualquer curso de desenvolvimento de liderança, boa governação usando princípios bíblicos deve ser incluída. Os líderes africanos eficazes devem saber como funciona o sistema no qual trabalham, a fim de identificar lacunas e propor políticas orientadas por princípios divinos.

Finalmente, líderes cristãos eficazes são aqueles que foram expostos a vários contextos sociais e culturais, dentro e fora de suas esferas imediatas de influência. Portanto, para serem eficazes, os líderes africanos devem valorizar as viagens e a participação em fóruns educacionais, como seminários e workshops. Líderes eficazes terão hábitos de leitura que os expõem ao conhecimento e insights necessários para entender e se envolver em seu mundo. Eles se beneficiarão da tecnologia atual, buscarão o aprendizado contínuo e farão uso efetivo de seu "kit de ferramentas para solução de problemas" de maneiras práticas, aplicadas e apropriadas para os contextos africanos contemporâneos.

REFERÊNCIAS CITADAS

Appadurai, Arjun. 2002."Disjuncture and Difference in the Global Cultural Economy." In *The Anthropology of Globalization: A Reader*, ed. Jonathan Xavier Inda and Renato Rosaldo, 46–64. Malden, MA: Blackwell Publishing.
Aspin, David, and Judith Chapman. 2001. "Lifelong Learning: Conceptual, Philosophical, Values Issues." In *International Handbook of Lifelong Learning*, ed. David N. Aspin, Judith D. Chapman, Michael Hatton, and Yukiko Sawano, 3–34. Dordrecht, Netherlands: Kluwer Academic Publishers.
Beckerleg, Susan, Maggie Telfer, and Ahmed Sadiq. 2006. "A Rapid Assessment of Heroin Use in Kenya." *Substance Use and Misuse* 41: 1029–44.
Blackaby, Henry, and Richard Blackaby. 2011. *Spiritual Leadership: Moving People on to God's Agenda*. Nashville, TN: B and H Publishing Group.
CIA Fact Book. 2001. *Long-term Global Demographic Trends: Reshaping the Geopolitical Landscape*. Central Intelligence Agency.
Clinton, Robert, and Paul D. Stanley. 1992. *Connecting: The Mentoring Relationships You Need to Succeed*. Downers Grove, IL: NavPress.
Gitari, David M. 2005. *Responsible Church Leadership*. Nairobi: Acton Press. Hackman, Michael Z., and Craig E. Johnson. 2004. *Leadership: A Communication Perspective*. Long Grove, IL: Waveland Press.
Kofi, Agawu. 2003. *Representing African Music: Postcolonial Notes, Queries, Positions*. New York: Routledge.
Lindsay, Michael. 2007. *Faith in the Halls of Power*. New York: Oxford University Press.
Lunenburg, Fred C. 2012. "Power and Leadership: An Influence Process. *International Journal of Business, Management. and Administration* 15/1: 1–9.
Mugambi, Jesse N. K. 2013."The Future of Theological Education in Africa and the Challenges It Faces." In *Handbook of Theological Education in Africa*,

ed. Isabel Apawo Phiri and Dietrich Werner, 117–25. Oxford, UK: Regnum Books International.

Nguru, Faith W. 2012. "Development of Christian Higher Education in Kenya: An Overview in Christian Higher Education." In *Christian Higher Education: A Global Reconnaissance*, ed. Joel Carpenter, 43–67. Cambridge UK: William B. Eerdmans Publishing Company.

Northhouse, Peter G. 2013. *Leadership: Theory and Practice*, 6th ed. London: Sage Publications.

Putnam, Robert D. 2000. *Bowling Alone: The Collapse and Revival of American Community*. London: Simon and Schuste.

Tiénou, Tite. 2008. "The Great Commission in Africa." In *The Great Commission: Evangelicals and the History of World Missions*, ed. Martin I. Klauber and Scott M. Manetsch, 164–75. Nashville, TN: B and H Publishing Group.

3

Formação de Líderes Cristãos Africanos: Padrões a partir dos Dados do ELA

Wanjiru M. Gitau

Como os líderes são formados é sem dúvida um conceito contestado. Enquanto alguns assumem que os grandes líderes simplesmente nascem com qualidades inatas de liderança, a maioria dos que estudam liderança concluem que as habilidades e qualidades de liderança são adquiridas através dos processos sociais, contextos de vida e conexões sociais (Avolio, Walumbwa e Weber 2009; Avolio 2004; Johnson et al. 1999; Fourie et al. 2015; Venter 2004; James 2008). Nossa pesquisa com líderes cristãos africanos nos leva à conclusão de que a formação de liderança é uma jornada interativa entre contexto e relacionamentos, em uma jornada dinâmica de crescimento e amadurecimento. Este capítulo considera uma ampla gama de influências que constituem a jornada interativa que moldou os indivíduos que nossa pesquisa identificou como tendo um impacto incomum e significativo na liderança. A análise examina suas conexões sociais ao longo da vida em busca de padrões que os prepararam para a liderança. As narrativas de suas vidas vinculam os líderes à igrejas, escolas e outros tipos de organizações comunitárias, cujas atividades contribuíram coletivamente para o desenvolvimento de um caráter semelhante ao líder neles.

PAIS E PARENTES PRÓXIMOS

A primeira influência significativa sobre os futuros líderes vem dos primeiros cuidadores. Quando perguntamos aos líderes cristãos africanos sobre influências importantes em suas vidas, mais de 70% identificaram os pais ou figuras que têm como pais. Ou seja, a formação de líderes começa na infância com suas famílias (Rogoff 2003, 20). O juiz queniano Onesmus Makau cresceu em uma família de camponeses, mas cita seus pais, um avô por procuração, Mzee Mathuva, e uma mulher piedosa, a sra. Itume, como influências iniciais. General Kianga, um general aposentado do exército mencionou seus pais e seu irmão mais velho como seus influenciadores positivos, enquanto a avó de Esther Mombo teve um efeito sobre suas decisões de estudo desde a infância até a juventude, incluindo sua decisão de permanecer solteira para seguir uma carreira independente servindo a Deus.

A literatura mostra que existe uma relação entre os atributos familiares e as escolhas que as crianças fazem enquanto crescem; os membros da família são vistos como modelos de comportamento ético, responsabilidade e conquista (Madhavan e Crowell 2014). Koudougueret e Nvouni, ambos nomeados líderes importantes da RCA, relatam que aprenderam seus principais valores com seus pais, mesmo que os professores mais tarde também os tenham influenciado. Marie Yakemba, uma autoridade sênior do Tesouro no governo da RCA e uma importante líder no trabalho com mulheres, cresceu em uma família cristã e foi profundamente influenciada por seu pai, que trabalhou com missionários, e por sua avó, uma cristã comprometida. René Malépou, professor na RCA e presidente da Comunidade Independente de Igrejas Batistas, foi criado em uma família guiada por valores bíblicos firmes. Ele cita seu pai como sua principal influência e uma das razões pelas quais ele é um líder de sucesso hoje. Adelaide Cantanha cresceu em um lar cristão nas circunstâncias instáveis do colono Angolano, mas a influência de seus pais moldou-a na líder em que ela se tornou.

A figura paterna de Cosmas Mainha foi um tanto quanto diferente. Quando jovem, Cosmas Mainha fugia da escola com seu irmão e amigos e usava drogas. Enquanto estavam na "rua", foram pegos pelo lendário policial da reserva de 170 kg Patrick Shaw (ver Smith 2013; Zucchino 1988). Ele "os prendeu", deu-lhes chá e pão, levou-os a visitar o Starehe Boys Center, onde atuava como administrador, e os levou de volta à sua própria escola. À noite, Shaw convidava Mainha para acompanhá-lo em seu Volvo para "dar uma volta e lhe mostrar o que ele fazia, alertando as pessoas a não usarem drogas, a não serem ladrões". Mais tarde, quando Mainha desenvolveu seu próprio ministério para usuários de drogas, ele comprou seu próprio Volvo para dirigir e baseando partes de seu ministério no que havia aprendido com Shaw. Por exemplo, ele às vezes dirige à noite para lugares onde álcool, drogas e prostituição podem atrair as crianças, a fim de encontrá-las e levá-las de volta aos seus pais.

AMBIENTES

Outro indicador importante na formação dos líderes é o tipo de cenário em que são criados, educados e chegam a maturidade. Um ambiente acolhedor aumenta as perspectivas de sobrevivência, crescimento saudável e entrada das crianças na alfabetização formal, aumentando assim suas chances de prosperar na vida (Saugstad 2002) e desenvolver capacidades de liderança. Lares saudáveis são o cenário inicial em que uma criança recebe cuidados, proteção, apoio e inspiração e adquire uma variedade de valores da geração mais velha. Em nossas entrevistas, a maioria dos líderes entrevistados apontaram que foram criados num lar que nutria seus sistemas de valores de maneira a afetar diretamente seus pontos fortes de liderança. Louisa Mateus é um exemplo. Quando criança, apesar de ter crescido em uma casa com recursos limitados, seus pais lhe deram amor e carinho. Eles a encorajaram a valorizar os estudos, a se contentar e a respeitar os outros. Ela dedica a seus pais o seu sucesso e enfatiza como ela se orgulha deles.

No entanto, como o Capítulo 2 deste livro ressalta, bons lares não significam necessariamente uma infância livre de estresse ou a ausência de exposição à guerra, pobreza e outras lutas familiares. Marie Yakemba e Esther Mombo foram criadas por avós em situações em que tiveram que trabalhar duro quando crianças para contribuir para o sustento da família, em parte porque seus pais biológicos não estavam presentes. Outros cresceram em condições de dificuldades. Edouard Nvouni, Joseph Kimeli, o Juiz Onesmus Makau e o General Kianga cresceram sob diferentes graus de dificuldade e tiveram que trabalhar duro, entre o horário escolar, para ajudar seus pais a atender as suas necessidades. Em alguns casos, as dificuldades parecem ter contribuído para o crescimento da liderança, à medida que adquiriam capacidade de resolução de problemas, resiliência e determinação para obter sucesso. O Juiz Makau, por exemplo, "faltava regularmente à escola, cuidando do gado do meu pai. Essa experiência de sobrevivência me moldou a ser trabalhador e comprometido com o meu trabalho. E as lutas da vida me fizeram um cristão dedicado."

O papel da educação formal é discutido em uma seção posterior, ainda que as escolas ofereçam outro espaço nutritivo. O suporte escolar capacita a criança a prosperar na escola e, consequentemente, a progredir na sociedade. Por exemplo, a presença da Redeemed Gospel Academy na comunidade de Digo elevou toda a comunidade. John Bosco começou a mesma escola quando se estabeleceu entre os Digo e observando a privação da comunidade. Para transformar a região de maneira permanente, ele percebeu que teria que influenciar uma nova geração; por isso, em 1996, ele começou a academia, crescendo um nível de cada vez. A escola é descrita como um ambiente propício para crianças, comprometido em equipar as crianças de forma holística. No entanto, é mais do que uma escola amiga da criança; tornou-se o ponto focal da comunidade, uma fonte de orgulho para as pessoas, pois muitos de seus filhos concluíram lá o ensino primário e secundário. Os professores da comunidade a utilizam como ponto de partida no desenvolvimento de suas próprias carreiras antes de seguirem para empregos mais lucrativos. Musila, a diretora, diz que a escola instrui não apenas crianças, mas também professores (no trabalho). Quando alguns saem porque a escola não é capaz de pagá-los adequadamente, "eles começam suas próprias escolas". Eles podem fazer isso "porque a Redeemed Gospel Academy lhes deu experiência"; isto é, "esta escola forma não apenas as crianças, mas também os professores – para serem melhores professores e líderes amanhã". O que torna esse ambiente de nutrição único, são os desafios que eles tiveram que superar da hostilidade religiosa, à pobreza endêmica que afeta as finanças da escola, a exploração sexual de crianças através do turismo local e o abuso de drogas. O Bispo colaborou com os líderes locais para superar essas dificuldades e ganhar respeito e proteção para a escola. Embora esta escola permaneça básica em suas instalações e na remuneração dos professores, ela se tornou um ambiente propício para uma comunidade marginalizada.

Alguns líderes apontaram que o ambiente escolar era estratégico para sua formação. Louisa Mateus disse que, durante o ensino médio no Uige, ela criou boas amizades que lhe deram coragem enquanto estudante. Nyachogo atribui sua paixão pelo ativismo comunitário, pelo qual foi citado como um líder significativo, ao ambiente da Nazarene University que moldou seu caráter, competência e potencial de liderança. Munene ressalta que sua escola primária urbana abriu o mundo transcultural para ele. Chiquete conta sua história de uma maneira que mostra que considera a escola um ambiente crítico para moldar o caráter das crianças. Ela e seus irmãos frequentaram escolas cristãs. Eles tinham professores cristãos. Além disso, o ensino que receberam teve como base a ética cristã. Esse ambiente dentro e fora de casa foi decisivo para forjar sua personagem e direcionar sua vida. Atualmente, é professora no Instituto Superior de Teologia Evangélica no Lubago (ISTEL), onde, entre outras coisas, coordena o Curso Bíblico Integral para capacitar outras pessoas a servir melhor suas comunidades.

As igrejas no contexto africano agregam valor à vida das pessoas em crescimento de várias maneiras, desde o canal de serviços essenciais até a educação e, é claro, oferecendo uma comunidade construtiva de amigos e respeitadas figuras de autoridade. As igrejas estão na vanguarda do fornecimento de serviços de educação, desenvolvimento e saúde em África

(Gifford 2009; Gatune 2010). Nossa pesquisa mostrou que os pastores tiveram um papel central na vida dos líderes cristãos africanos. Nossa pesquisa original solicitou as pessoas que identificassem um cristão fora de sua família imediata que tivesse maior impacto sobre eles (Tabela 3-1).

Tabela 3-1. Cristãos que mais o impactaram (exceto a família)

	Angola	RCA	Quênia
Um pastor	35.4%	50.4%	56.2%
Outro líder de Igreja	23.2%	25.3%	13.7%
Um Professor	8.5%	8.1%	10.1%
Um empregador	1.6%	2.0%	2.4%
Um amigo	21.5%	9.5%	15.4%
Outro	9.8%	4.6%	2.2%

Todos os líderes entrevistados foram influenciados por uma igreja ou por líderes da igreja, alguns deles desde a infância até a idade adulta, embora outros apenas como adultos. Um exemplo é o Bispo Bosco, que cresceu nas favelas com um padrasto sem amor, que zombou de sua pele escura e o chamou de "o coxo". Quando jovem, ele conheceu o Bispo da Redeemed Gospel Church, Arthur Gitonga, que se tornou um "pai" para ele. Gitonga, diz ele, "foi quem andou comigo naqueles primeiros dias, quando eu ainda estava tendo essas atitudes de favela e, você sabe, aquele histórico de pecador. Foi ele quem me tornou quem sou agora a ter estas qualidades de liderança cristã. " O Bispo Maisha também descreve como um antigo líder de uma igreja Batista, Elijah Wanje, "me recebeu como seu filho", "me amou enquanto crescia na juventude" e "passou grande parte de sua vida... na minha vida... Ele estava sempre me aconselhando, me instruindo e me ajudando a crescer... até que Deus realmente me trouxe a algum lugar. " Maisha conclui que, sem Elijah Wanje, "eu não seria o que sou hoje".

Além das igrejas, há outros tipos de organizações cristãs que trabalham com jovens oferecendo ambientes saudáveis por meio de ministérios projetados para envolvê-los de maneiras especializadas. Tais organizações fazem muito para ajudar os jovens a desenvolver a individualidade e relacionamentos mais fortes em torno de uma identidade e atividade comum (Madhavan e Crowell 2014). Scripture Union, Fellowship of Christian Unions (FOCUS Kenya) e Kenya Students Christian Fellowship (KSCF) no Quênia; Mocidade Para Cristo em Angola; e Campus pour Christ na RCA, são exemplos disso. Suas atividades são estruturadas em torno de grandes e pequenos grupos, nas escolas primárias ou secundárias (KSCF) ou nos campus das universidades. Esses grupos realizam discipulado, evangelismo, missões, comunhão, interação e desenvolvimento de liderança, todos envolvendo formas de comunidade que criam valores de liderança aos participantes.

Outro tipo de ambiente provém de organizações dedicadas a cuidar especificamente de crianças e jovens. Muitas organizações foram identificadas como impactantes por nossa pesquisa. No Quênia, incluem o Tumaini Children's Home, o Upendo Children's Home, a Redeemed Academy, Plan International, Nyumba ya Mayatima (Casa de Orfãos), Dorcas Aid International, Compassion International, Baobab Christian Home, e a St. Martin's Catholic Social Apostolate em Nyahururu, entre outras. Em Angola, das 20 organizações influentes nomeadas, 6 foram identificadas como trabalhando com jovens em desenvolvimento, redução da pobreza ou educação. Na RCA, das 24 organizações nomeadas como tendo um impacto significativo, 4 (Campus pour Christ, Jeunesse Chrétienne Conquérante, Jeunesse Evangélique Africaine, e a Union des Jeunes Chrétiens) estavam trabalhando principalmente com jovens. O que é significativo nessas organizações é que suas atividades geralmente criam uma família substituta para crianças e jovens, especialmente em contextos com mudanças turbulentas. Todas essas organizações estão desempenhando um papel importante, dando aos futuros líderes um lugar para crescer.

PROGRAMAS DE INSTRUÇÃO PARA A VIDA

Descobrimos que alguns dos que cresceram sob líderes importantes estavam equipados ou envolvidos em equipar outros líderes com programas baseados em currículo que os capacitavam com habilidades positivas para a vida. Esses programas capacitam os jovens para a vida e é especialmente útil para grupos socialmente desfavorecidos (Adams 2011).

Várias organizações foram citadas, porque seus programas instrucionais, ministrados por meio de aulas, seminários e Workshops, oferecem habilidades específicas para ministério e vida aos jovens. O conteúdo vai além das habilidades genéricas de liderança. Tais programas instrucionais podem se concentrar nas necessidades sentidas de grupos-alvo específicos, ou no crescimento pessoal, fortalecimento da fé (instrução religiosa), organização da comunidade, capacitação económica, planejamento e projeção da visão, ação coletiva e assim por diante. Essas organizações incluem a Scripture Union, KSCF, FOCUS Kenya, National Council of Churches of Kenya (NCCK), Transform Kenya, Departamento de Assistência Social, Estudos e Projetos

(DASEP) da Igreja Evangélica Congregacional de Angola, Youth for Christ, Ambassade Chrétienne da RCA, e Adonai Mission International.

Atentemos a Scripture Union no Quênia. A organização foi identificada como tendo um impacto significativo em crianças em idade escolar entre 4 aos 14 anos de idade. A Scripture Union ganhou acesso as escolas primárias públicas selecionadas ao adotar o Programa de Instrução Pastoral (PIP) do governo. Os professores são incentivados a executar este programa como uma atividade extracurricular para ensinar moralidade e caráter entre as crianças. No entanto, como os professores costumam estar sobrecarregados com o trabalho regular da classe, o programa PIP estava sendo negligenciado na maioria das escolas. A Scripture Union se concentrou em apoiar este programa. Nas 3.000 escolas do governo queniano às quais tem acesso, das 31.000 no total, a Scripture Union mobiliza, treina e fornece aos professores cristãos recursos para executar programas dentro das diretrizes gerais do PIP. Usando conteúdo apropriado à idade e ao idioma, a Scripture Union agrega valor à educação formal do Quênia, contribuindo para a formação moral dos alunos e fornecendo apoio psicossocial aos pais e professores durante os primeiros 8 anos de escolaridade. Em países onde a Scripture Union não tem capacidade para chegar às escolas, colabora com organizações que também trabalham com crianças da escola primária, como o World Relief e a Catholic Relief Services. Embora nem todas as crianças influenciadas pela Scripture Union se transformem em líderes, esse modelo tem um potencial significativo para formar algumas das crianças para serem futuros líderes na comunidade.

Um fator-chave no sucesso da instrução baseada em aulas é a preparação dos professores. Professores adequadamente treinados, motivados e com bom apoio têm um impacto positivo nos resultados da aprendizagem das crianças, incluindo sua proficiência em muitas áreas da vida (Fredriksen e Kagia 2013). Considere, por exemplo, educação sexual. No passado, em grande parte de África, a sexualidade teria sido abordada durante os ritos tradicionais de passagem para a vida adulta. No entanto, as sociedades africanas modernas geralmente são reticentes quando se trata de instrução sexual. Nas escolas até se ensina educação sexual, mas raramente os professores estão preparados com o conhecimento e o treinamento especializados necessários. A maioria das crianças obtém informações distorcidas de colegas e da mídia.

Um dos líderes quenianos que teve um impacto significativo, Isaac Mutua, é um instrutor de habilidades para a vida com foco especial na sexualidade. Após sua conversão na adolescência, ele desenvolveu uma forte convicção de que deveria capacitar crianças e jovens com valores para a vida. Na busca de curso com esse objetivo, Mutua foi introduzido em um programa de educação sexual projetado para lidar com o problema crescente do HIV/SIDA. Durante seu estágio nas escolas primárias, ele projetou e ensinou material baseado nas realidades sexuais que cercam o desafio do HIV/SIDA. Mutua chegou a entender que, em vez de simplesmente convencer as crianças a se adaptarem ao comportamento moral, elas precisavam de conhecimento básico sobre as mudanças de seus corpos e dos ambientes sociais. Ele sistematizou a instrução em formatos semelhantes aos do trabalho escolar, mas de maneira a enfrentar seus desafios, curiosidade e comportamento. Seu conteúdo abordava a imagem corporal, identidade, amizade, sexualidade e as consequências do comportamento sexual. Seu material percorreu um longo caminho para ajudar os jovens que, de outra forma, ficariam confusos com seus corpos em crescimento em uma sociedade em mudança. A simpatia de Mutua, as habilidades de comunicação e a proficiência nas questões rapidamente lhe renderam popularidade entre alunos e professores, colocando-o em alta demanda como palestrante nas escolas quenianas. Quenianos entrevistados o identificaram como o líder leigo com mais impacto significativo.

SERVIÇOS VOLUNTÁRIO PARA A COMUNIDADE

Os líderes emergentes precisam de oportunidades para praticar suas habilidades em desenvolvimento antes de entrarem num emprego formal ou se tornarem líderes por direito próprio. Frequentemente, eles realizam várias formas de serviço não remunerado, incluindo projetos de voluntariado, estágios ou serviços de curto prazo. Isso amplia as capacidades do líder em crescimento de várias maneiras. Descobrimos que servir sem remuneração por um tempo fazia parte do "ethos" anterior dos líderes atualmente bem-sucedidos. Para outros, é um modo de vida.

Edouard Nvouni foi identificado como um líder leigo com impacto significativo, porque "ele ajudou a construir muitos edifícios da igreja e serviu como líder em sua igreja local." Nvouni estudou Engenharia Civil e se tornou um dos primeiros africanos na RCA a substituir os europeus como instrutor técnico. Desde 2001, ele trabalha com a Organisation Internationale de la Francophonie (OIF) como representante nacional de formação técnica e profissional. Ele também representa a RCA na UNESCO. No entanto, entre os membros da Igreja Batista, ele é conhecido especialmente por doar voluntáriamente seu tempo e habilidades arquitetônicas para construção de igrejas. "Tudo que ele adquiriu como engenheiro colocou ao serviço da construção das Igrejas Batistas de Sapeke (CEBEC), Kembé (UFEB), Kpetené (EEB), Castor (UEB) e Battalion III." É significativo que ele tenha se voluntariado na igreja de várias outras maneiras desde a juventude e durante os estudos. Da mesma forma, a maioria dos líderes leigos que entrevistamos citam casos em sua juventude estando envolvidos em atividades voluntárias, e mesmo na idade adulta, a maioria serve sem cobrar de suas comunidades. O voluntariado coloca tanto jovens energéticos como desleixados a trabalharem. Por sua vez, a personificação do ideal de serviço permite que os participantes aprendam, socializem, descubram e desenvolvam seus dons, se integrem às suas comunidades e resistam às influências negativas dos amigos (Akintola 2011).

O grupo de jovem Magena Youth Group na área de Kisii, no Quênia, começou em 2006, depois que um coral visitante desafiou os jovens da Igreja Adventista do Sétimo Dia de Magena a servir sua comunidade. Desde suas origens, com 6 membros fundadores, o grupo cresceu para 80 jovens, a maioria ainda no ensino médio ou superior. O grupo identifica necessidades na comunidade e intervém através do serviço em atos como reparar casas ou cuidar de idosos e crianças com necessidades especiais. Para aumentar a renda de suas atividades, eles plantam e vendem árvores e capim de Napier em propriedades de suas igrejas. A transformação dos membros do grupo construiu confiança com os membros da comunidade e motivou outras igrejas na área a iniciar grupos semelhantes. São pessoas a quem uma grande liderança pode ser confiada no futuro.

Nossa pesquisa encontrou estágios como uma maneira de oportunidades de serviços formais e não remuneradas em igrejas e organizações. Nairobi Chapel, Christ Is the Answer Ministries (CITAM), FOCUS Kenya e NCCK in Kenya, todos realizam estágios profissionais de um ano projetados como uma oportunidade de desenvolvimento de liderança. A igreja de Oscar Muriu, a Nairobi Chapel, uma grande igreja urbana de classe média com mais de 3.000 membros em Nairobi, usa estágios para elevar novos líderes para a igreja em crescimento e para plantar novas igrejas. Embora não desconsiderando como formação teológica, Oscar vê esse modelo de aprendizado como uma maneira mais eficiente de atender às necessidades das igrejas de rápido crescimento em África. Sua igreja começou a realizar estágios em 1994. Até o momento, diz-se que eles formaram mais de 300 líderes. Este aprendizado "onde se caminha ao lado de alguém que está a aprender na prática do trabalho", assume várias coisas. Primeiro, essa era a maneira de Jesus preparar seus discípulos para servir. Ele andou com eles por três anos, confiando responsabilidades a eles por medidas. Segundo, o treinamento ocorre no contexto da vida real; estagiários resolvem problemas reais. Terceiro, os formandos aprendem ao lado de uma equipe de colegas e líderes maduros, o que cria espaço para eles aprenderem com os líderes seniores e para os mais velhos capturarem a paixão dos mais jovens. Os mais jovens acabam se tornando os sucessores. A Nairobi Chapel possui 5 grandes igrejas em Nairobi que agora estão plantando outras igrejas e treinando novos líderes usando o mesmo método.

A FOCUS possui um estágio comparativamente estruturado, conhecido como Short Term Experience in Ministry (STEM), que recruta recém-formados para trabalhar sob líderes experientes da organização por 1 ano de aprendizado. Nos últimos 40 anos, a FOCUS desenvolveu líderes de sucesso por meio do STEM, com o programa de estágio sendo continuamente revisado e aprimorado com base na experiência. Simon Masibo, Secretário Geral da FOCUS até 2013, serviu a FOCUS por um total de 21 anos, a partir de uma posição na equipa da STEM. Da mesma forma, o atual Secretário Geral, George Ogalo, e praticamente todo o pessoal já foi estagiário na STEM, passando a ter mais responsabilidades em cada grau. Os ex-funcionários conhecidos da FOCUS estão servindo a sociedade em importantes posições de liderança no Quênia. David Oginde, Bispo da CITAM, uma denominação pentecostal no Quênia que nossa pesquisa identificou como tendo um impacto significativo, começou servindo na FOCUS durante seus dias de estudante. Muitos dos líderes prósperos de igrejas do Quênia tiveram um começo semelhante. Em resumo, a aprendizagem em organizações estruturadas se mostrou influente no desenvolvimento da liderança.

ENSINO SUPERIOR

Em conjunto com outros fatores, o ensino superior contribui significativamente para a formação de africanos que se tornam líderes. O ensino superior se baseia em outras formas de experiência de liderança para melhorar o conhecimento e o entendimento, cultivar habilidades relevantes, gerar conhecimento por meio de novas pesquisas e fazer uso de experiências sociais para uma vida muito mais produtiva (Teal 2010; Bloom, Canning e Chan 2006). As taxas formais de alfabetização estão melhorando em África, crescendo até 70% em partes da África Subsaariana (UNESCO 2013), e em países como o Quênia os recentes desenvolvimentos económicos levaram a um crescimento considerável no setor de ensino superior.

Todos os líderes apresentados em nossas entrevistas têm algum nível de ensino pós-secundário de diversas fontes, incluindo universidades locais e ocidentais, seminários e diploma de faculdades locais. A educação formal contribui com elementos críticos para os pontos fortes da liderança. Em muitos casos, altos níveis de educação desempenharam claramente papéis centrais no posicionamento de indivíduos para posições de liderança de alta visibilidade. O professor Nestor Mamadou Nali, 67 anos, médico da RCA, foi nomeado um dos mais influentes leigos da RCA. Ele recebeu formação médica no Canadá, onde viveu de 1965 a 1975. Além de sua prática médica, ele teve outros papéis significativos. Isso inclui a fundação da Faculdade de Medicina da Universidade de Bangui, a nomeação para o Ministério da Saúde Pública na RCA e a liderança do programa de luta contra o HIV/SIDA. Nos círculos da igreja, ele é diácono da igreja, presidente da Associação de Evangelismo Infantil, presidente do Sindicato dos Trabalhadores Médicos Cristãos e faz parte do conselho da Faculté de Théologie Évangélique de Bangui.

Adelaide Catanha, ordenada em 1978, numa época em que a ordenação de mulheres era rara, foi citada como uma das dez pastoras mais influentes de Angola. Sua educação formal inclui um Diploma de Ciência da Educação em Psicologia pelo Instituto Superior de Ciências da Educação (ISCED), um mestrado em Psicopedagogia clínica de uma universidade on-line na Espanha (2009), o PhD em Honolulu, Havaí (2013), e uma graduação teológica. Seu portfólio de trabalho inclui ensino no Seminário Emanuel do Dondi, bem como liderança em vários locais, desde o Conselho Mundial de Igrejas até o Dia Mundial da Oração, desenvolvimento comunitário através do PROVAJE (Programa de Vida Abundante em Jesus), até a supervisão de 16 Congregações da Igreja Evangélica Congregacional. Significativamente, "ela considera que dar aulas no Seminário Teológico é uma das maneiras de formar líderes" e cita que formou mais de 50 pessoas em posições de alta visibilidade. A professora Esther Mombo, da Universidade de St. Paul, o Juiz Onesmus Makau, René Malépou, o Pastor Dinis Eurico, Edouard Nvouni e David Koudougueret são outros líderes cujas posições de liderança se baseiam, em parte, em seus altos níveis de educação formal.

Existem outros que são menos instruídos e ainda assim dão um alto valor à educação e estão continuamente adquirindo formação adicional, para aumentar suas chances de encontrar emprego remunerado ou adquirir competências em suas funções atuais. Joseph Kimeli participou de vários cursos de curta duração sobre liderança, desenvolvimento comunitário e gestão de negócios, a fim de obter mais conhecimento e habilidades em sua capacidade de gerente do Centro de Desenvolvimento Rural Cheptebo. O educador de habilidades para a vida Isaac Mutua participou de mais de 15 cursos com certificado em questões diversas, como cuidados paliativos profissionais, violência de gênero, formação espiritual, liderança e administração, captação de recursos, capelania, informática, resolução de conflitos e vários outros assuntos.

Oscar Muriu, que tem influência global nos círculos da igreja, embora admita que a formação teológica formal tem seu lugar na formação de homens e mulheres para o ministério "que são experientes em pensar", no entanto, critica a educação teológica formal como um método inadequado de desenvolver líderes para a igreja em África:

> Escolas teológicas não são a resposta africana para a necessidade de liderança. Fornecerá alguns [líderes], mas o processo é longo e consome tempo e recursos... Muito poucas igrejas africanas e muito poucas organizações cristãs africanas podem pagar esse tipo de desenvolvimento de liderança.

Ele então identifica o modelo de aprendizagem (estágio) como um modelo mais eficaz de desenvolver líderes para a igreja. Mesmo assim, o Muriu prefere até que, quem vem à Nairobi Chapel, seja um aprendiz formado na universidade:

> Trabalhar com estudantes universitários é mais fácil, porque eles foram ensinados a pensar, estão familiarizados com livros e materiais escritos, podem trabalhar com um modelo lógico hipotético, de modo que, quando você se senta e conversa, eles percebem facilmente... Eles entendem como se dar bem, como tomar decisões... podem ler livros, porque vamos exigir que eles leiam... [e] são ensináveis, são capazes de analisar problemas e resolvê-los.

O processo de desenvolvimento de liderança da Nairobi Chapel envolve uma longa jornada que se baseia na educação formal e também pode incluir educação formal adicional. É elaborado progressivamente, desde um estágio de 1 ano até 2 anos de treinamento pastoral, após o qual o treinado, de acordo com Muriu, pode ser

> enviado para a faculdade de teologia por um período... porque [agora] eles têm perguntas suficientes... para o qual eles reconhecem não saberem as respostas... Portanto, eles são compelidos a uma clara reflexão teológica, não apenas por uma questão de reflexão teológica, mas porque reconhecem que precisam de ajuda.

Após a faculdade de teologia, a Nairobi Chapel envia estagiários para interação cultural em igrejas parceiras no exterior. Como alternativa, os estagiários recém-formados podem receber mais responsabilidades em suas próprias igrejas. O que Oscar Muriu está recomendando aqui é que o desenvolvimento de líderes não se trata apenas de educação teológica formal; deve ser visto como parte de um processo combinado com outras oportunidades que envolvem acima de tudo serviço na comunidade. A educação formal é parte integrante desse processo, mas não o todo.

MENTORIA

Mentoria, a estreita caminhada entre um estagiário protegido e um líder experiente (Adair 2009, 98, 105), é frequentemente parte integrante de outros fatores de desenvolvimento de liderança citados anteriormente. No entanto, merece consideração em si mesma, pois muitas vezes é central para a formação de liderança, mesmo para aqueles que já passaram por outros processos de formação de liderança. Em todas as disciplinas de pesquisa, a mentoria tem sido associada a uma série de resultados positivos nos treinandos, incluindo resultados de atitudes, relacionados à saúde, relacionamentos e buscas profissionais (Eby et al. 2008). Foi um fator significativo na formação de líderes africanos de influência.

Descobrimos que a mentoria era um tema que percorreu todos os estágios do desenvolvimento de indivíduos que cresceram para ser líderes e que serviu para diferentes funções em cada estágio. Por exemplo, Isaac Mutua foi desafiado por Paul Muladi a adquirir formação teológica para que ele pudesse ser mais competente no envolvimento com jovens. Ron Sonnas treinou Edward Munene para concentrar suas energias em uma única igreja, em vez de buscar ministérios itinerantes sem foco. Munene começou a plantar uma igreja e a focar sua divulgação em um grupo demográfico específico na cidade de Mombaça. Joseph Kimeli foi escolhido a dedo e treinado para executar o Projeto de Desenvolvimento Rural Cheptebo como sucessor dos missionários no centro.

Os programas de treinamento de organizações cristãs como FOCUS Kenya, NCCK, Nairobi Chapel e o grupo de igrejas CITAM estruturam intencionalmente a mentoria em seus programas. A própria estrutura dessas organizações concentra-se na mentoria dos treinados para aprender como administrar as organizações por meio de participação orientada, para que, por sua vez, possam liderar com sucesso quando forem deixados no comando.

OPORTUNIDADES PARA LIDERAR

Criar condições para os jovens emergirem como líderes é ineficaz a menos que eles se afastem da dependência de outros líderes e sejam capazes de resolver por conta própria os problemas do mundo real. Oportunidades estratégicas para liderar são a realização do próprio processo. Por outro lado, eles alcançam mais crescimento na liderança. O impacto e a visibilidade resultantes são relativos ao seu contexto, campo e circunstâncias.

Muitos dos líderes entrevistados neste projeto começaram a servir como assistentes de líderes mais visíveis. Quando John Bosco se mudou para Mombaça, o Bispo Kitonga de Nairobi Redeemed Gospel Church recomendou que o Bispo Lai de Mombaça não permitisse que Bosco permanecesse ocioso. "Na verdade, ele deve ser ordenado diácono imediatamente." Lai prestou atenção a Kitonga. "Fui ordenado diácono ao chegar à igreja e fui encarregado do evangelismo porque era bom em evangelismo." No curso de gestão de eventos ao ar livre de Lai, Bosco viu uma abertura para uma igreja e, eventualmente, uma escola, entre os Digo, e depois encontrou maneiras de superar a hostilidade, as dificuldades e os recursos inadequados para se tornar eficaz na área. Usando um mínimo de recursos, ele iria aumentar a igreja para mais de 3.000 membros, construir uma escola, plantar mais de 40 igrejas e se tornar o Bispo Regional de mais de 90 igrejas. A oportunidade de ajudar um líder experiente se uniu ao reconhecimento de uma lacuna na sociedade. Sua motivação pessoal, visão, caráter e humildade o diferenciam como um dos líderes cristãos mais influentes da região.

Tornar-se reconhecido como líder de impacto significativo em uma área, sem dúvida abre portas para outras áreas de influência na liderança. Além disso, o exercício da liderança em diversas áreas contribui, por sua vez, para ser mais amplamente reconhecido como um líder com impacto. O Dr. David Koudouguerret é o pastor da Ngoubagara Baptist Church, com 7.000 membros. Anteriormente, ele liderou em outros lugares, como reitor acadêmico da FATEB; na World Evangelical Alliance e no Service Chrétien d'Appui à l'Animation Rurale (SECAAR); e como Secretário Geral da Union Fraternelle des Eglises Baptistes. Sua perspicácia de liderança iniciou muitos projetos, incluindo uma escola de fronteira, ministério da saúde para os "pigmeus" e projetos entre os jovens. Todas essas oportunidades o transformaram em um líder altamente classificado por sua liderança.

A oportunidade de liderar pode surgir como uma necessidade repentina, quando alguém é empurrado para uma responsabilidade inesperada, mas a experiência anterior a prepara para o momento. Eunice Chiquete liderou desde tenra idade, oferecendo-se a dar aulas de alfabetização para crianças a partir dos 14 anos de idade. Desde que Angola, devastada pela guerra, expulsara os missionários, Eunice reproduziu o que seus professores lhe haviam ensinado, instruindo as crianças a usar carvão como giz e papel alumínio como quadro-negro. Em 1997, Teresa, uma mulher da Suíça que dirigia o programa de rádio *Yeva Ondaka*, convidou Eunice a treinar outras crianças como parte do programa. Em 1999, essa mulher foi tragicamente assassinada em sua residência, e Eunice ficou profundamente chocada ao continuar o que sua mentora havia começado. Aos 35 anos, ela ocupava um amplo portfólio como professora de crianças, professora de teologia, facilitadora de vários projetos evangelísticos e de discipulado infantil e treinadora de 80% das igrejas de sua província, Huila.

CONCLUSÃO

Este capítulo acompanha a vida de homens e mulheres que foram considerados influentes em suas comunidades locais. Descobrimos que a formação deles é forjada na vida prática, influenciada por aqueles que os criaram e interagiram ao longo da vida, o que aprenderam como parte da socialização e educação e que tipo de exposição de liderança receberam à medida que amadureciam. A rede de relacionamentos foi particularmente vital. Os pesquisadores observam que muitos tratados sobre liderança em África subsaariana enfatizam características, habilidades, estilos e comportamentos dos líderes observados (e às vezes disfuncionais), ignorando a rede de relacionamentos, interações e contextos comunitários únicos dos quais os líderes emergem (Haruna 2009, Venter 2004).

Este capítulo sugere que, se quisermos entender a liderança nas comunidades africanas e recomendar a formação de novos líderes, é importante levar em consideração contextos únicos em que as pessoas crescem e investir nesses contextos para a formação de futuros líderes. O "ethos" comunitário africano de colaboração e cooperação por meio de dependência, interdependência e aprendizado, cuidado, dar e receber ainda é eficaz em grande parte da vida africana. Os participantes – em casa, na escola, na igreja, nas organizações – são as partes interessadas na determinação do que acontece na comunidade, incluindo como os líderes são formados e inseridos. Visto desta maneira, duas observações e recomendações finais são oferecidas aqui.

Primeiro, o desenvolvimento da liderança envolve potencialmente uma jornada de passos incrementais proporcionais ao crescimento biológico, social, estudos e amadurecimento em responsabilidade. Crescer em liderança não é um acto pontual. É proporcional a melhores perspectivas de criação, escolarização e treinamento formal, aprendizagem e mentoria. Este é um processo dinâmico e interativo que depende de muitos investimentos incrementais em um líder em potencial. A aquisição de nova habilidade continuamente revisita e reforçada facilita o futuro aprendizado. Os principais ingredientes são intencionalidade e consistência por parte de todos os integrantes. Por exemplo, os psicólogos infantis sugerem que a primeira infância é o momento ideal para o ensino de valores fundamentais para as crianças, enquanto a infância tardia e a adolescência são mais propícias ao ensino do habilidades. Os jovens adultos estão em um estágio de autodescoberta para trajetórias de liderança e carreira; portanto, é um ótimo momento para expô-los a responsabilidades experimentais por meio de estágios e mentoria. Alguns desses estágios podem ser negligenciados, como crianças que são criadas em um lar problemático. No entanto, se receberem educação e conteúdo instrutivo nos últimos anos, poderão compensar o que foi ignorado na infância e ainda se tornarem líderes. Pais, professores, líderes da igreja, mentores, organizações de jovens e educadores teológicos, no mínimo, devem estar cientes do trabalho um do outro e devem procurar maneiras de colaborar. A influência de cada um pode reforçar a influência dos outros. Uma boa base que oferece segurança, modelagem e pertença prepara a criança para ser mais competente na escola e, portanto, provavelmente ser identificada como líder entre os outros; uma igreja que oferece integração aos jovens minimiza as chances de influência negativa dos colegas em outros lugares.

Segundo, a liderança não é definida no nascimento. Se a liderança envolve o exercício de um conjunto de habilidades observável e úteis que surgem com oportunidades e situações (Adair 2009, 7-33), quase qualquer um pode ser um líder e, de fato, deve procurar ser um líder em algum nível, seja em um pequeno grupo, família, igreja ou organização (Kouzes e Posner 1995, 1-2). As pessoas podem nascer com traços de personalidade de carisma, extroversão e criatividade que as predispõem a papéis específicos de liderança. No entanto, a maioria das características que os líderes possuem podem ser e são aprendidas, como sugere a palavra *desenvolver*. Até pessoas carismáticas precisam aprimorar habilidades críticas de liderança, como competências relacionais, autoconsciência e conhecimento técnico. Na prática, pastores, professores, jovens trabalhadores e educadores devem projetar suas atividades e programas para criar todas as oportunidades para que todas as crianças cresçam acreditando que podem fazer uma diferença positiva no mundo, uma oportunidade de crescer como líder.

À luz das inúmeras crises no continente africano, é necessária uma liderança de princípios, ética, bem treinada e imparcial para provocar mudanças na vida política, social, económica e cultural, ou seja, para transformar o continente. Líderes de renome observaram que África precisa de uma revolução de liderança transversal entre todos os seus habitantes, desde os principais líderes até os cidadãos mais pobres (Maathai 2009, 25). Este capítulo sugere que essa revolução é possível, transformando cada passo da socialização em uma oportunidade de desenvolvimento de liderança.

REFERÊNCIAS CITADAS

Adair, John. 2009. *How to Grow leaders: The Seven Key Principles of Effective Leadership Development*. London: Kogan Page.

Adams, Avril. 2011. "The Role of Skills Development in Overcoming Social Disadvantage." Background paper prepared for the *Education for All Global Monitoring Report 2012*. Paris: UNESCO.

Akintola, Olagoke. 2011."What Motivates People to Volunteer? The Case of Volunteer AIDS Caregivers in Faith-Based Organizations in KwaZuluNatal, South Africa. *Health Policy and Planning* 26/1: 53–62.

Avolio, Bruce. 2004. *Leadership Development in Balance: MADE/Born*. Mahwah, NJ: Lawrence Erlbaum.

Avolio, Bruce J., Fred O. Walumbwa, and Todd J. Weber. 2009. "Leadership: Current Theories, Research, and Future Directions." *Annual Review of Psychology* 60/1: 421–49.

Bloom, David, David Canning, and Kevin Chan. 2006. *Higher Education and Economic Development in Africa*. Boston: Harvard University.

Eby, Lillian T., Tammy D. Allen, Sarah C. Evans, Thomas Ng, and David DuBois. 2008. "Does Mentoring Matter? A Multidisciplinary Metaanalysis comparing Mentored and Non-mentored Individuals." *Journal of Vocational Behavior* 72/2: 254–67.

Fourie, Willem, Suzanne C. van der Merwe, and Ben van der Merwe. 2015. "Sixty Years of Research on Leadership in Africa: A Review of the Literature." *Leadership* 13/2: 221–51.

Fredriksen, Birger, and Ruth Kagia. 2013."Attaining the 2050 Vision for Africa Breaking the Human Capital Barrier." *Global Journal of Emerging Market Economies* 5/3: 269–328.

Gatune, Julius. 2010. "Africa's Development beyond Aid: Getting out of the Box." *The ANNALS of the American Academy of Political and Social Science* 632/1: 103–20.

Gifford, Paul. 2009. *Christianity, Politics, and Public Life in Kenya*. New York: Columbia University Press.

Haruna, Peter Fuseini. 2009. "Revising the Leadership Paradigm in SubSaharan Africa: A Study of Community-based Leadership." *Public Administration Review* 69/5: 941–50.

James, Rick. 2008. "Leadership Development Inside-Out in Africa." *Nonprofit Management and Leadership* 18/3: 359–75.

Johnson, Andrew M., Philip A. Vernon, Julie M. McCarthy, Mindy Molson, Julie A. Harris, and Kerry L. Jang. 1999. "Nature vs. Nurture: Are Leaders Born or Made? A Behavior Genetic Investigation of Leadership Style." *Twin Research* 1/4: 216–23.

Kouzes, James M. and Barry Posner. 1995. *The Leadership Challenge: How to Keep Getting Extraordinary Things*, second edition. San Francisco: Jossey-Bass Publishers.

Maathai, Wangari. 2009. *The Challenge for Africa*. New York: Pantheon Books.

Madhavan, Sangeetha, and Jacqueline Crowell. 2014."Who Would You Like to Be Like? Family, Village, and National Role Models among Black Youth in Rural South Africa." *Journal of Adolescent Research* 29/6): 716–37.

Rogoff, Barbara. 2003. *The Cultural Nature of Human Development*. Oxford, UK: Oxford University Press.

Saugstad, Letten F. 2002. "Third World Adversity: African Infant Precocity and the Role of Environment." *Nutrition and Health* 16/3: 147–60.

Smith, David. 2013. "Investigating Patrick Shaw, Kenya's Most Dreaded Cop." *Daily Nation* (March 25). http://www.nation.co.ke.

Teal, Francis. 2010. "Higher Education and Economic Development in Africa: A Review of Channels and Interactions." *Journal of African Economies* 20 (Suppl. 3): iii50–iii79.

UNESCO. 2013. "Adult and Youth Literacy." UNESCO Institute for Statistics. http://www.uis.unesco.org.

Venter, Elza. 2004. "The Notion of Ubuntu and Communalism in African Educational Discourse." *Studies in Philosophy and Education* 23/2–3: 149–60.

Zucchino, David. 1988. "A Kenyan Lawman: Large in Life, Now Larger in Legend." *Philly.com* (March 13). http://articles.philly.com.

4

Conetado – O Papel do Capital Social para Líderes com Impacto

Steven D. H. Rasmussen

Tudo funciona de forma relacional. Se você quer impactar, precisa de estar cara a caradisse Oscar Muriu, pastor de uma mega-igreja queniana. Na verdade, ele disse que me deu essas horas para uma entrevista em seu dia de folga apenas por causa da nossa relação. Meus próprios 20 anos de experiência na África Oriental confirmam que Oscar Muriu está certo. Posso conseguir inúmeras e incríveis realizações se tiver relacionamento – e quase nada sem relacionamento. A percepção de que as relações sociais têm grande valor é a base da teoria do capital social, que enfatiza que em qualquer sociedade, relações sociais positivas envolvendo confiança mútua e obrigação recíproca são essenciais para o sucesso e o crescimento humano (Putnam 2000, 19). Tais relacionamentos constituem uma espécie de capital, um recurso que permite que coisas significativas aconteçam. Os líderes, para serem bem-sucedidos, devem ser capazes de recorrer, dirigir e fazer uso de quantidades significativas de capitais sociais.

Nossa pesquisa teve como objetivo identificar os principais líderes cristãos africanos reconhecidos com impacto positivo. No entanto, nossa pesquisa nos permitiu simultaneamente identificar aqueles com alto capital social. Pedimos a 8041 cristãos africanos para que compartilhassem quem os influenciou mais e quais líderes e organizações cristãs eles acreditavam terem impacto mais significativo em suas comunidades. Solicitou-se aos entrevistados que classificassem esses líderes por suas habilidades, sabedoria, integridade ética, boa reputação, uso eficiente de recursos, amor e serviço aos outros e sua capacidade de mobilizar os membros da comunidade para fins positivos. Ou seja, os próprios critérios que usamos para identificar líderes estratégicos para o estudo de acompanhamento também os identificaram como ricos em capital social – como tendo confiança social e capacidade de estabelecer relacionamentos por causa de uma boa visão. Das pessoas mais conhecidas, confiáveis e respeitadas identificadas em nossa pesquisa, selecionamos e entrevistamos uma variedade de líderes, clero e leigos, além de líderes das organizações mais eficazes. Nós escrevemos mais de 50 perfis que responderam às seguintes perguntas: O que podemos aprender desses líderes e organizações com alto capital social? Que tipos de capital social sustentam o sucesso da liderança? Como eles desenvolvem esse capital social? Como eles usam esse capital social em seu exercício de liderança?

CUSTOS, BENEFÍCIOS E TIPOS DE CAPITAL SOCIAL

O capital social tem custos e benefícios para os indivíduos envolvidos, mas também para a comunidade em geral (Putnam 2000, 20). Por exemplo, minha entrevista com o Pastor Oscar nos custou tempo, mas também construiu nossa relação. Também teve um custo e benefícios para a Nairobi Chapel, onde ele é o pastor sénior e eu sou membro. Espera-se que isso te beneficie como leitor deste livro. As conexões sociais também promovem "obrigações mútuas" e "normas rígidas de reciprocidade" (Putnam 2000, 20). Esses compromissos geralmente são com indivíduos específicos. No entanto, eles também incluem compromissos mais generalizados, como o compromisso de ajudar qualquer família ou membro da congregação que esteja em necessidade. Tais normas e interações repetidas produzem e demonstram confiabilidade e incentivam ambientes mais eficientes e eficazes (Horsager 2012). Muitos estudos mostraram que o capital social produz efeitos positivos significativos. Putnam, por exemplo, apresenta evidências nos Estados Unidos para mostrar que "o capital social nos torna mais inteligentes, mais saudáveis, mais seguros, mais ricos e mais capazes de governar uma democracia justa e estável" (Putnam 2000, 290).

Os estudiosos identificam três tipos de capitais sociais, refletindo três tipos de relações sociais. Alguns relacionamentos são entre pessoas que são demograficamente semelhantes entre si. Em vez de serem distantes ou diferentes, essas pessoas tendem a estar "próximas" e "semelhantes" (Lin 2002, 39). Eles vivem na mesma comunidade, frequentam a mesma igreja, participam dos mesmos clubes sociais, falam a mesma língua materna, têm estilos de vida semelhantes e têm profundos padrões de relacionamento uns com os outros. Os sociólogos denominam essa forma de relacionamento de *capital social fraternal*. Capital social fraternal é fácil de formar, envolve altos níveis de obrigação e oferece forte apoio social e emocional. O relacionamento entre família e amigos próximos faz parte do capital social fraternal. Capital social fraternal existe dentro de grupos étnicos, religiosos, linguísticos, raciais e tribais.

No entanto, o próprio capital fraternal que cria fortes lealdades em grupo, muitas vezes dificulta o desenvolvimento de relacionamentos positivos nas principais divisões sociais. As sociedades são frequentemente caracterizadas por profundas divisões étnicas, religiosas, linguísticas, raciais ou tribais, em torno das quais frequentemente existem inimizade, preconceito, queixas e ressentimentos, conflitos e violência. Os estudiosos têm aprendido, no entanto, que muitas vezes existem indivíduos com relacionamentos estratégicos que fazem conexão entre essas grandes "divisões sociais," relacionamentos que têm implicações socialmente estratégicas. Eles identificam esses relacionamentos como geradora de outra forma de capital social, a *capital social de relação* (Putnam 2000, 22). Pessoas podem ser impelidas a estabelecer capital social de relação quando se mudam para uma nova comunidade ou país, aprendem outras línguas, ou quando trabalham com pessoas de outras religiões e grupos étnicos. A relação de capital social reduz o impasse dentro do grupo, permite a transferência de novas ideias e recursos, cria confiança e comprometimento entre os grupos e permite cooperação nas principais divisões sociais.

Finalmente, os estudiosos apontam que o mundo não é apenas dividido horizontalmente por divisões culturais, étnicas, linguísticas ou religiosas, mas também verticalmente por enormes diferenças de riqueza, status e poder. Assim, indivíduos ou igrejas que são pobres e impotentes podem ter capital social extensivo com outras pessoas ou igrejas que são pobres e impotentes, mas ainda assim estão em desvantagem. É provável que a situação deles seja muito diferente daquela que também possui laços sociais de natureza vertical – laços sociais com indivíduos ou instituições ricas em capital material e humano. Especialmente em relação a contextos onde existe pobreza comparativa, os sociólogos enfatizam o valor de relações significativas de confiança e obrigação mútua que ligam as pessoas verticalmente através de hierarquias de educação, status, poder, riqueza e influência (Woolcock e Radin 2008, 432; cf Brown 2008, 212–214; Priest 2008, 259–261). Onde existem tais relações verticais, podemos falar da presença de *capital social de conexão*. Nossa pesquisa demonstrou que os líderes cristãos africanos fazem uso efetivo dessas três formas de capital social.

CAPITAL SOCIAL FRATERNAL

Provérbios como "eu sou porque somos" e "é preciso uma vila para criar um filho" expressam a importância do capital social fraternal em África. O capital social fraternal é fundamental para o apoio emocional, social e material (Lin 2002, 41–50). Por exemplo, um estudo recente com 298 famílias quenianas, principalmente pobres, pesquisou a cada duas semanas durante um ano sobre todas as receitas e despesas. Essas famílias dependiam muito de seu capital social fraternal. De fato, 27% de sua renda foi recebida de amigos e parentes (Zollman 2014, 4). "As duas estratégias mais usadas para atenderem suas necessidades tanto grandes como pequenas são: primeiro, pedem contribuições do grupo social e, segundo, emprestam do grupo social" (Zollman 2014, 28).

Às vezes, o capital social fraternal que sustenta as iniciativas estratégicas é étnico. Por exemplo, enquanto a Associação de Bem-Estar Bomaregwa do Quênia (Kenyan Bomaregwa Welfare Association – BWA) se reúne em uma igreja, recebe apoio limitado dela e tem muitos membros que são cristãos, sua rede social principal é o clã. Enquanto a maioria de seus membros vive em Nairobi, seus vínculos sociais estão em um clã que ocupa 5 km² na vila rural da qual eles migraram. O objetivo original da BWA era que eles se ajudassem mutuamente no novo cenário da cidade em tempos de doença e luto. Mais tarde, os membros da BWA perceberam que muitos em sua aldeia natal também enfrentavam desafios. Então, eles criaram um comitê BWA correspondente na vila. Seu objetivo é promover a coesão e o desenvolvimento social. Eles consideram sua unidade com o clã a força e a chave do sucesso. Eles têm ajudado na educação, incluindo a construção de uma escola politécnica na vila.

As igrejas também oferecem muitas oportunidades para as pessoas desenvolverem relacionamentos. Eles ensinam as pessoas a cuidar dos outros, a serem generosas, a servir e a serem voluntárias. Promovem valores que tornam as pessoas confiáveis e, assim, contribuem para a confiança social. Em resumo, as igrejas são um fator significativo na geração de capital social (Cnaan et. Al. 2003, 22). Um estudo na zona rural da Tanzânia mostrou que as igrejas contribuíram mais para o capital social dos tanzanianos do que qualquer outra instituição e que as famílias em aldeias com maior capital social eram materialmente mais prósperas (Narayan e Pritchett 1999). Nossa própria pesquisa consistentemente deu evidência disso. Por exemplo, o Magena Youth Group faz parte de uma Igreja Adventista do Sétimo Dia na cidade queniana de Magena. Foi fundada para ajudar os jovens a crescer espiritualmente e a ficar "longe das drogas, alcoolismo e imoralidade". Logo, porém, seus jovens estavam ajudando a construir casas para idosos, cuidando de crianças com deficiências físicas, visitando os doentes e idosos, ajudando os necessitados e sempre cantando. O grupo arrecada fundos para tudo isso plantando e vendendo árvores e capim de Napier e vendendo CD de músicas que o coral tem gravado. A capital social que o Magena Youth Group promove está dentro de um grupo étnico específico (Kisii), uma cidade específica (Magena) e uma igreja e denominação específica (adventista do sétimo dia). Assim, exemplifica o *capital social fraternal* – um contribuinte essencial para o bem-estar social das pessoas dessas comunidades.

Nossa pesquisa mostrou consistentemente que os líderes cristãos adquiriram capital humano e social através da vida da igreja. A pastora Luisa Mateus, de Angola, relata que quando criança, sua participação no coral ensinou-lhe "união, amor e respeito." Aos 12 anos, foi nomeada líder de seu grupo coral de jovens. Hoje, como pastora proeminente, ela se beneficia de uma vida acumulando extensos laços sociais com uma ampla variedade de grupos religiosos, de grupos corais de mulheres, de homens, de crianças e grupos de jovens. Os pastores que são líderes-chave claramente têm padrões fortes de relacionamento social com pessoas que fazem parte de sua comunidade e são bem-sucedidos como líderes em parte devido à sua capacidade de capitalizar esses relacionamentos para cumprir compromissos compartilhados.

Tanto a etnia quanto a religião podem fornecer o senso de comunidade e relacionamento subjacente ao capital social agrupado. As denominações e os grupos étnicos tomam o capital social fraternal da congregação ou família e o estendem a um grupo muito maior. Um procura laços, casamento com outros dentro do grupo. A vantagem é que uma pessoa pode se mudar para uma nova cidade ou mesmo para um novo país e encontrar alguns de "nós" para pertencer e ser ajudado. Curiosamente, as fronteiras entre etnia e denominação ou religião ocasionalmente coincidem. Os antigos acordos de comunhão missionária dividiam diferentes campos missionários de maneiras que às vezes coincidiam com fronteiras étnicas. Assim, por exemplo, no Quênia, 72% de nossos 389 adventistas do sétimo dia entrevistados eram etnicamente Kisii e 88% dos 78 entrevistados do Exército de Salvação eram Luhya. Em Angola, 95% dos 293 entrevistados batistas (Igreja Evangélica Batista de Angola) eram de etnia Bakongo e 92% dos 589 entrevistados congregacionais (Igreja Evangélica Congregacional de Angola) eram Ovimbundu. Esse padrão foi diferente na RCA. Quando os entrevistados foram solicitados a nomear um pastor que consideravam ter o maior impacto positivo, 77% dos angolanos e 65% dos quenianos nomearam um pastor de seu próprio grupo étnico. No entanto, apenas 37% dos entrevistados na RCA o fizeram do mesmo jeito. Isso ocorre, pelo menos em parte, porque na RCA a língua Sango se tornou um fator unificador central entre igrejas e grupos étnicos. Vale lembrar que não existe uma única África, com todos os países exemplificando os mesmos padrões.

As igrejas são extraordinariamente boas em produzir capital social fraternal, algo que traz benefícios maravilhosos, mas também pode ter um lado sombrio. Qualquer forma de capital, é claro, "pode ser direcionada a propósitos malévolos e anti-sociais" (Putnam 2000, 22). No entanto, a própria natureza do capital social fraternal é "introspectiva e tende a reforçar identidades exclusivas e grupos homogêneos... Ao criar uma forte lealdade dentro do grupo, [ele] também pode criar um forte antagonismo como os de fora do grupo"(Putnam 2000, 22-23). Etnocentrismo, sectarismo e corrupção geralmente acompanham o capital social fraternal, como quando o capital social fraternal étnico desempenha um papel central na corrupção governamental do Quênia, conforme relatado no livro *It's Our Turn to Eat* (Wrong 2010). Quando os limites da igreja e da denominação coincidem com as alianças étnicas dentro do grupo, o resultado do capital social pode ter consequências duplamente infelizes – como ficou evidente na violência pós-eleitoral de 2008 no Quênia, quando alguns líderes de igrejas contribuíram para a inveja e tensão étnica. O problema não é o capital social fraternal em si, mas capital social fraternal com a exclusão do capital social de relação e de conexão. Além disso, como sociólogos e cientistas políticos geralmente associam a religião quase exclusivamente ao capital social fraternal, torna-se especialmente importante considerarmos o papel dos líderes cristãos africanos na promoção do capital social fraternal e de relação.

CAPITAL SOCIAL DE RELAÇÃO

A África não é exceção da realidade que todos nós vivemos em mundos divididos. As pessoas são frequentemente divididas por etnia, denominação e religião. Identidade às vezes é infundida com rancores históricos. Para ser um de "nós", você não deve ser um "deles." Nós "não somos eles". Nós somos melhores que "eles". Lembra como "eles" nos prejudicaram, nos roubaram, nos ignoraram, nos mataram no passado. Portanto, por melhor que o capital social fraternal seja, há uma grande necessidade do capital social de relação a essas várias identidades e grupos. Os líderes e organizações cristãs que examinamos contribuem para essas divisões, reforçando o agrupamento, ou levam as pessoas a criar conexões, normas e até mesmo confiar nessas divisões históricas entre os grupos? Se sim, como eles constroem relações entre grupos étnicos e denominações? Alguns já encontraram maneiras de preencher a lacuna entre cristãos e muçulmanos?

Superando Divisões Étnicas

Enquanto algumas denominações reafirmaram lealdades e identidades étnicas em grupo, outras superaram essas divisões. No Quênia, tanto a Igreja Anglicana quanto a Igreja Católica Romana têm trabalhado em todas as linhas étnicas, ao contrário de algumas das igrejas missionárias mais antigas. O mesmo vale para muitas igrejas mais novas. Após a violência pós-eleitoral do Quênia em 2008, houve um esforço conjunto de numerosas organizações e igrejas para contrabalançar o impacto de tais alianças étnicas. O Transform Kenya foi lançado explicitamente em resposta à violência pós-eleitoral de 2008. Para as eleições de 2013, o Transform Kenya defendeu a oração e fez uma série de sermões em várias igrejas, chamando as pessoas a selecionar líderes por caráter e habilidade, não por etnia. O pastor Oscar Muriu pregou que a tribo é boa, o tribalismo é mau. Ele disse a seus membros que seria melhor marcar a votação aleatóriamente do que votar em alguém simplesmente porque essa pessoa tinha um sobrenome de sua própria tribo. Tais pastores pregaram que nossa identidade mais profunda, fundamentada nas Escrituras, não é étnica (Efésios 3:19–20; 4:3–6).

Além da pregação, muitos desses líderes estão construindo igrejas, coligações e organizações inter-étnicas para desenvolver uma interação entre capitais sociais. As igrejas CITAM e Nairobi Chapel, por exemplo, trabalham intencionalmente para construir congregações multiétnicas com equipes pastorais multiétnicas.

Superando as Divisões Denominacionais

Como mencionado anteriormente, em Angola e no Quênia a etnia e a denominação geralmente coincidem, de modo que ambos os países podem dividir as pessoas com base em animosidades históricas. Um bom número daqueles que entrevistamos enfatizou que frequentemente as denominações contribuíam para a desunião cristã. Eunice Chiquete, de Angola, expressou desta maneira: "Outro desafio reside no espírito denominacional que ainda paira entre muitas denominações – o que não incentiva a cooperação para a expansão do reino de Deus".

E, no entanto, muitos dos líderes e organizações que examinamos obtiveram sucesso extraordinário em criar o capital social de ligação à nível interdenominacional.

Uma maneira fundamental que Putnam (2000) acompanha a ascensão e queda do capital social na América é através do desenvolvimento e participação em vários grupos ou organizações voluntárias. De fato, os presentes em nosso estudo desenvolveram uma relação entre os capitais sociais, construindo grupos e redes de cristãos inter-étnicos e inter-denominacionais. Esses grupos desenvolvem rituais, propósitos e cultura de grupo compartilhados por meio de reuniões regulares e trabalhando conjuntos com fidelidade e amor. Vários tipos de organizações fazem isso, incluindo conselhos de igrejas, seminários interdenominacionais e organizações para-eclesiásticas.

Os conselhos nacionais da igreja, como o NCCK e o Conselho das Igrejas Cristãs em Angola (CICA), tiveram um impacto significativo por meio da interação entre denominações a nível nacional. Um líder da NCCK disse:

> Em termos gerais, nossa visão é uma igreja. Nós somos pela unidade. Cremos no que Jesus ensinou sobre (ser) um... Tem sido a preocupação do país que as questões denominacionais estão se tornando iguais ao tribalismo no país. Então, tentamos derrubar os muros do denominacionalismo construindo pontes através da comunidade. Esse tem sido o nosso foco principal.

Nos seus 37 anos, devido à sua postura de abertura e cooperação com todos, o CICA também conquistou a confiança de suas igrejas membros, do povo angolano, de África e do mundo. Segundo nosso entrevistado, a equipe do CICA inclui todas as principais etnias angolanas. O CICA exemplifica o papel de tais organizações. Durante a fratricida guerra angolana alimentada por potências externas, o CICA uniu forças com a Aliança Evangélica de Angola, a Igreja Católica Romana e outras igrejas independentes para fundar o Comitê Inter-Eclesial para a Paz em Angola (COIEPA). Ao falar com o governo com uma só voz representando todas as igrejas, eles alcançaram um impacto positivo significativo em nome da paz.

As associações interdenominacionais também podem ter influência por meio de ministérios independentes que eles começam – como as escolas teológicas interdenominacionais que observamos em cada país. No final dos anos 70 e início dos anos 80, a Associação de Evangélicos de África (AEA), em um esforço para fornecer educação teológica em nível de pós-graduação a evangélicos em África, iniciou a FATEB para africanos de língua francesa e a Evangelical Graduate School of Theology (NEGST) para africanos de língua inglesa. Ambos oferecem educação de alta qualidade com uma rica mistura interdenominacional, inter-étnica e com professores e estudantes internacionais. O fato de pastores e líderes teológicos de diferentes denominações, países e origens étnicas serem treinados na mesma escola, naturalmente cria relacionamentos interdenominacionais entre os líderes da igreja.

No Quênia, por exemplo, descobrimos que muitos dos líderes das organizações quenianas mais impactantes (como NCCK, FOCUS Quênia, Daraja La Tumaini) e igrejas (CITAM, Nairobi Chapel) foram graduados na NEGST que claramente tinham laços sociais amplos em todo o país, laços que foram fortalecidos com a formação do NEGST. Como alternativa, considere a FATEB, que, em nossa pesquisa, recebeu o maior número de votos como a principal organização cristã da RCA. Como foi relatado em detalhes no Capítulo 5, a FATEB recentemente desempenhou um papel unificador e de construção da paz após as guerras civis da RCA. Foi a única instituição que foi profundamente apreciada e respeitada por praticamente todos cristãos protestantes. Quando o Papa Francisco visitou a RCA e desejou se encontrar com os líderes protestantes, a reunião ocorreu (29 de Novembro de 2015) na FATEB. Em Angola, o ISTEL, a única escola teológica interdenominacional em Angola, também foi nomeada pelos angolanos como uma das principais organizações cristãs em Angola. O seu conselho de governo interdenominacional "representa o Comitê Executivo da Aliança Evangélica de Angola e tem alcance nacional". O ISTEL tem parcerias com muitas denominações que enviam estudantes para lá e também se beneficiam com seus graduados. Contribui para os laços interdenominacionais entre os líderes da igreja em Angola. Distância e diferenças são superadas quando as pessoas estudam, vivem e adoram juntas.

Outras organizações para-eclesiásticas interdenominacionais promovem uma interação entre o capital social entre os futuros líderes leigos. A FOCUS Quênia, por exemplo, reúne 42 mil cristãos interdenominacionais e inter-étnicos em quase todas as universidades do Quênia. O culto semanal, os estudos bíblicos e as atividades de colaboração desenvolvem capital social de ligação dos diversos estudantes. A FOCUS conecta esses muitos grupos de estudantes em uma organização nacional. A FOCUS está conectado a grupos semelhantes em toda África e no mundo através do IFES, incluindo a Intervarsity Christian Fellowship (IVCF) nos Estados Unidos. Calisto Odede, que passou décadas na liderança da FOCUS, foi um dos oradores destacados na Conferência de Missões Urbana da IVCF nos Estados Unidos, assim como o Pastor Oscar Muriu – ilustrando a variedade de laços sociais promovidos. A Kenya Students Christian Fellowship é outra organização não-denominacional, neste caso, focada em jovens de mais de 3 mil escolas secundárias, enquanto a Scripture Union concentra seu ministério em jovens em cerca de 3 mil escolas primárias do Quênia. Muitos jovens encontram Jesus, são discipulados e têm a oportunidade de liderar esses grupos. A maioria dos líderes de igrejas queniana foi discipulada por pelo menos um desses 3 grupos. Isso cria relações de capital social a nível interdenominacional. Da mesma forma, em Angola, a Mocidade para Cristo discípula jovens de muitas denominações. O seu maior sonho "é ver igrejas angolanas trabalhando juntas para a expansão do reino de Deus."

Muitos dos líderes identificados por meio de nossa pesquisa servem em organizações interdenominacionais. Muitos dos líderes do clero identificados em nossa pesquisa servem não apenas a sua igreja em particular, mas também interdenominacionalmente. Atualmente, René Malépou é presidente da Communauté des Eglises Baptistes Indépendantes, mas também é professor na Brethren Theological Bible School, na FATEB, e na escola Batista aberta há dois anos. Ele está profundamente comprometido com a superação de divisões denominacionais. Malépou afirma: "Se continuarmos sempre com nossas diferenças, isso não ajudará nossa salvação. Nossa doutrina bíblica está mais focada em nossos interesses egoístas, [e] nunca alcançaremos a meta. " Mesmo que não sirvam interdenominacionalmente, muitos dos líderes da igreja têm relações interdenominacionais. Por exemplo, Edward Munene está plantando uma igreja com a denominação Assembleias de Deus do Quênia e frequentou a escola denominacional. No entanto, ele também mantém contato próximo com os amigos da FOCUS. Alguns deles são pentecostais, como pastores do CITAM. Outros não são. Por exemplo, ele dirige muitas coisas em sua igreja depois das igrejas da Nairobi Chapel e dos amigos pastores – Mavuno Chapel, Simon Mbevi e Pastor Oscar Muriu.

Munene também constrói capital social de ligação intercultural em seus ministérios. Ele se mudou de Nairobi para plantar uma igreja em Mombaça. Ele discute suas idéias de sermão com não-cristãos e as revisa de acordo com a opinião deles. Como ele aprendeu a se relacionar com pessoas diferentes? Ele mencionou o aprendizado de suas relações interculturais que cresceram na cidade de Nairobi:

> Desde muito cedo, um dos meus melhores amigos era ugandês. Formamos um grupo de 3 amigos. O outro era etíope. Então, eu cresci, minha educação foi um cenário multicultural, o que me ajudou muito cedo a apreciar outras culturas e a perceber que todos passamos pelos mesmos desafios, independentemente dos países. Quando adulto, meu melhor amigo era um asiático (um queniano de descendência indiana).

Munene é um pastor muito aplicado. Ele relata que no ano anterior ele leu 130 livros. Ele bloga e permanece em comunicação com uma variedade de indivíduos. Tudo isso contribui para sua habilidade extraordinária de se relacionar com uma ampla gama de pessoas.

Superando Divisões entre Religiões

Angola, a RCA e o Quênia são todos países maioritariamente cristãos. Tanto a RCA quanto o Quênia têm populações minoritárias que são muçulmanas, mas o número de muçulmanos em Angola é irrisório. Enquanto que fé comum às vezes cria unidade entre diversas pessoas, a religião também pode criar uma identidade de "nós" contra "eles." Em África, o cristianismo e o islamismo têm proporcionado unidade entre os adeptos de cada fé, mas também hostilidade um contra o outro. Nos últimos 2 anos no Quênia, as tensões entre muçulmanos e cristãos aumentaram, em parte porque o grupo terrorista Al Shabaab matou mais de 400 pessoas em ataques em igrejas, shoppings, ônibus e uma universidade, a maioria no litoral. Eles afirmam ter como alvo específico os cristãos. No entanto, a maioria desses terroristas somalis não conhece nenhum cristão. Globalmente, apenas 14% dos membros de outras religiões do mundo conhecem um cristão pessoalmente (Johnson et al. 2015). A distância a ser superada é muito grande.

Em nossa pesquisa, perguntamos aos entrevistados até que ponto sua igreja oferecia algum tipo de ministério de alcance de muçulmanos. Os resultados são apresentados na Tabela 4-1.

Tabela 4-1. Igreja com Ministério aos Muçulmanos

Até que ponto sua Igreja oferece ministério para alcançar Muçulmanos?	Angola	RCA	Kenya
Nenhuma	85.8%	59.8%	41.5%
Pouca	7.5%	20.0%	23.3%
Razoável	3.1%	9.5%	17.1%
Muita	3.6%	10.7%	18.2%

A maioria dos entrevistados indicou que suas igrejas fizeram pouco ou nada focado no islão. No entanto, aproximadamente 11% na RCA e 18% no Quênia indicaram que suas igrejas "fizeram muito" na área de alcance de muçulmanos.

O capítulo 5 conta histórias de como as organizações e líderes cristãos da RCA têm desempenhado recentemente papéis fundamentais na construção da paz em toda a divisão entre muçulmanos e cristãos. Nossas entrevistas no Quênia também revelaram uma impressionante variedade de maneiras pelas quais os cristãos estão construindo relacionamentos saudáveis e se envolvendo com muçulmanos em nome da paz, bem como testemunhos cristãos. Para líderes (como o Bispo Bosco) e organizações (como o Mombasa Church

Forum, Redeemed Academy, Word of Life) na costa do Quênia dominada por muçulmanos, estabelecer relações de confiança com os líderes muçulmanos tem sido a chave do sucesso. Cosmas Maina, que recebeu o segundo maior número de votos no Quênia como sendo o líder leigo com impacto, fez uma parceria com muçulmanos para tratar viciados em drogas. O NCCK e o Fórum de Igreja de Mombasa têm trabalhado para atrair líderes muçulmanos como parceiros de diálogo, fornecendo apoio a candidatos políticos muçulmanos que exemplificam abordagens positivas às relações inter-religiosas e em parceria com o policiamento comunitário contra a violência inter-religiosa.

O Bispo John Bosco recebeu o maior número de indicações dos cristãos quenianos como pastor de maior impacto. Sua habilidades intercultural e linguística o ajudaram a desenvolver um capital social apegado entre muçulmanos e cristãos. Ele cresceu em uma favela em Nairobi e, depois de anos sem emprego, ele se aproximou de seu ex-diretor, que se lembrou dele e o colocou a ensinar em Mombasa. Ele não sabia que este homem era muçulmano de Digo, que o estava enviando para ajudar sua área de origem. Na área totalmente muçulmana de Digo, ao sul de Mombaça, quando ele tentou pregar pela primeira vez, as pessoas atiraram pedras nele. No entanto, ele aprendeu e fez ajustes culturais, tornando-se menos confrontador, utilizando o Swahili costeiro em sua pregação e, por vezes, na língua de Digo. Ele observou que os Digo, apesar da identidade de nascimento como muçulmanos, e apesar do desejo inicial de queimar sua igreja, não eram muito religiosos. Ele observou que as escolas locais tinham " um péssimo desempenho" e concluiu que, se ele pudesse oferecer uma escola excelente que fosse cristã, aberta as crianças de Digo e as ajudasse a obter sucesso acadêmico, os pais mais "sérios" traziam seus filhos para essa escola. Ao criar um "fórum onde as crianças cristãs podem se misturar com crianças muçulmanas," os muçulmanos passarão a "entender que os cristãos não são tão ruins quanto os pais lhes disseram". Bosco relata que sua escola, a Redeemed Gospel Academy, com 350 alunos, "se tornou uma das escolas com melhor desempenho do distrito", com "50% das crianças, muçulmanos". Como muitas crianças de Digo alcançaram um sucesso educacional significativo na escola, a hostilidade se dissipou. A população de Digo considera a escola como sua e não está tentada a queimar a estrutura que também educa seus filhos.

Assim, vemos que muitos desses líderes e organizações influentes estão construindo, não apenas relações étnicas, mas significativo capital social de ligação entre grupos étnicos, denominacionais e até religiosos. Eles fazem isso pregando e demonstrando uma identidade maior, especialmente como irmãos cristãos, mas como vizinhos com desafios comuns aos dos muçulmanos. Eles estão construindo igrejas, relações e organizações inter-étnicas. Os conselhos interdenominacionais e/ou de igrejas inter-étnicas, escolas e organizações para-eclesiásticas oferecem oportunidades para atividades compartilhadas, identidade, propósito, ordem e confiança. Organizações de jovens e escolas que reúnem pessoas de diferentes etnias, denominações e religiões constroem cedo esses vínculos que às vezes produzem relacionamentos ao longo da vida. Líderes têm desenvolvido e usado essas relações. Eles também aprenderam novas línguas e culturas nesse processo. Ao servir os muçulmanos e depois servir com os muçulmanos, relacionamentos e atitudes mais fraternas foram construidas.

CAPITAL SOCIAL DE CONEXÃO

As pessoas são divididas além das diferenças horizontais das culturas e identidades. Nosso mundo está cheio de hierarquias imagináveis de riqueza, status e poder. Nas comunidades que compartilham uma localização sócio-económica específica em sua hierarquia, muitas vezes existem estreitas relações de obrigação, confiança e reciprocidade, em outras palavras, o capital social fraternal. No entanto, geralmente há muito menos laços relacionais na divisão vertical das hierarquias sócio-económicas. Assim, a posição inicial dos indivíduos e de suas igrejas dentro dessas hierarquias fornecem restrições acentuadas aos recursos disponíveis a eles. Com o capital social fraternal, normas de reciprocidade entre os pobres dão acesso aos recursos limitados daqueles que são igualmente pobres. Os estudiosos que mapeiam redes de relacionamento observam padrões densos de relacionamento dentro de grupos sociais e dentro de estratos sócio-económicos, mas também observam que muitas vezes existem *lacunas sociais* nos quais não existem redes de ligações entre grupos com posições sócio-económicas diferentes. E, no entanto, os académicos observaram que, ocasionalmente, existem relacionamentos que atravessam essas divisões sócio-económicas, ajudando a trazer ricos e pobres para relacionamentos através da divisão vertical. Essas relações constituem um tipo diferente de capital social, capital social de conexão (Lin 2002, 69-72: Woolcock e Radin 2008) e permitindo resultados significativos, especialmente nas comunidades caracterizadas por maior pobreza. Pessoas e organizações que fazem as conexões ou se conectam através das lacunas estruturais entre redes isoladas podem beneficiar ambos os grupos, ajudando a transmitir informações e recursos através de divisões, fornecendo orientação estratégica para todos os envolvidos em projetos compartilhados (Lin 2002, 57–77). A pesquisa mostrou que a capital social de conexão pode ajudar as pessoas a conseguir empregos, posições mais altas, avanço económico, ajudar em crises familiares e fornecer acesso a informações sobre educação e saúde, porque abrange divisões verticais de "poder, influência, riqueza e prestígio" (Wuthnow 2002, 670).

De acordo com Jean-François Bayart (2000), África está dentro de uma ordem económica mundial de tal maneira que os africanos alcançam o sucesso da liderança, não apenas por causa dos laços sociais de pessoas próximas, mas também por causa de pessoas com recursos, mas que estão geograficamente distantes. Ele vê essa *sociabilidade*, como ele chama esforços deles para capitalizar em conexões globais, como simples parte de um sistema explorador. Mas outros estudiosos observam que mesmo os líderes americanos exercem uma liderança eficaz por meio de sua capacidade de se conectar com aqueles que administram recursos significativos (capital social associado). Ou seja, enquanto a maioria dos estudiosos do capital social reconhece que pode haver um "lado sombrio" na maneira como qualquer forma de capital social é usada (ver, por exemplo, Wuthnow 2002), a maioria também enfatiza que cada uma das três formas de capital social, o capital é essencial para fins positivos. Além disso, quando os cristãos se conectam globalmente dentro da estrutura de valores transcendentes compartilhados, e dentro da estrutura de confiança e confiabilidade, seus esforços de colaboração podem alcançar muito mais do que qualquer um dos parceiros poderia obter sem essas conexões. As igrejas ajudam pessoas a se conectarem. A pesquisa de Wuthnow demonstra que "pessoas que pertencem a congregações são mais apreciados em comparação àquelas que não, mesmo sendo amigos de líderes políticos, executivos de negócios ou pessoas ricas" (2002, 682). Os relacionamentos entre igrejas podem conectar pessoas e instituições distantes, até mesmo a nível internacional. A pesquisa de Wuthnow (2009) mostra o quanto as igrejas americanas e seus membros estão ligados às igrejas, organizações cristãs e indivíduos em outros países. Dada a distância e a diferença da maioria dos africanos de pessoas, igrejas e organizações com grande poder e influência, riqueza e prestígio; unir capital é especialmente importante. No passado, quando comparado a outras regiões, os africanos eram relativamente isolados um dos outros, bem como do estudo internacional, economia e comunicação. Portanto, as relações internacionais que unem a divisão entre países e igrejas mais ricas e menos ricas merecem consideração especial.

Em África, as redes religiosas globais costumam encontrar relações de confiança e compromisso que cruzam as linhas sócio-económicas – relações que formam a base de uma ação social coordenada. O cristianismo tem grande força em África e na América do Norte, mas a força comparativa do cristianismo africano, com sua energia, dinamismo e números, existe dentro de um espaço sócio-económico radicalmente diferente do cristianismo norte-americano, que, a nível global, tem uma grande proporção de comunidade cristã com recursos materiais. Obviamente, quando os governos da Europa ou da América do Norte pensam em enviar recursos para lugares como África, a falta de vínculos estreitos com os mais necessitados implica a transferência por vias que facilita altos níveis de corrupção e intervenção de intermediários sem escrúpulos. Às vezes, cristãos e igrejas em lugares distantes também desejam direcionar recursos para África de maneiras que promovam fins cristãos. No entanto, eles podem não ter relacionamentos e conhecimentos estreitos nos níveis populares, o que lhes daria a capacidade de administrar sabiamente esses recursos. Igrejas, organizações cristãs e líderes cristãos africanos, no entanto, tendem a promover os valores que contribuem para a confiabilidade (contra a corrupção), mas eles também estão intimamente envolvidos nos relacionamentos com aqueles em situações de grande necessidade. Eles têm a confiança da comunidade. Eles são conhecedores do contexto. Não é de surpreender que mesmo governos seculares ou organizações de ajuda preferem ter como parceiros tais estruturais religiosas (igrejas, outras instituições e líderes) do que instituições locais seculares.

Muitos dos líderes africanos e organizações que examinamos mostram-se capazes e confortáveis em construir capital social entre divisões sócio-económicas e nacionais. Como eles têm desenvolvido e usado conexões internacionais e interculturais e, principalmente, o capital social de conexão? Como eles interagem? Como eles alcançam fins importantes através de suas conexões e intermediários de recursos?

Líderes

Os líderes desenvolvem o capital social de ligação e de conexão através de movimentos, aprendizados, experiências e relacionamentos interculturais e internacionais. No geral, os líderes eficazes que entrevistamos possuíam extensa experiência inter-étnica, intercultural e internacional. A maioria havia morado e/ou estudado fora do país (no Canadá, França, Índia, Itália, Reino Unido, Estados Unidos, Brasil e muitos países africanos). Muitos viajam com regularidade a nível nacional, regional e internacionalmente. Eles superam distâncias e diferenças para expandir as relacões.

No entanto, houve variação entre os países. Todos os 7 líderes da RCA e 8 dos 10 líderes do Quênia haviam adquirido parte de sua formação e estudos fora de seu próprio país. Dos 6 líderes angolanos que entrevistamos, 2 haviam viajado não mais que 15 dias nos países africanos vizinhos; três passaram de 1 a

6 meses estudando fora de Angola (e também viajaram); um morou e estudou 8 anos no Brasil. Os líderes angolanos também tinham menos capital social internacional e interdenominacional. Isto é particularmente verdade entre os protestantes. Uma razão para isso é a língua. O português é um idioma menos global do que o francês ou especialmente o inglês.

A maioria dos africanos fala várias línguas. Além da língua materna (chave para capital social fraternal), todos os entrevistados eram fluentes no idioma do antigo colonizador de seu país (que é essencial para ligar e conetar o capital). Isso lhes permitiu desenvolver capital social em todo o país, região e no mundo. Essa proficiência na língua possibilitou viagens, além de viver e estudar em ambientes multiculturais. Notavelmente, a maioria passou seu tempo no exterior em um país onde a língua colonial era falada. Por exemplo, os quenianos haviam morado nos Estados Unidos, Reino Unido ou Índia. Angolanos estudaram no Brasil. Os líderes da RCA haviam trabalhado e estudado na França, Canadá e outros países francófonos da África.

Devido ao destaque do inglês na educação, e especialmente na educação teológica protestante, os líderes quenianos pareciam ter mais capital social associado internacional do que os líderes de Angola ou da RCA. No entanto, muitos de Angola e da RCA também haviam aprendido inglês, estudado em inglês ou vivido em países de língua inglesa. Por exemplo, Adelaide Catanha visitou a Suíça, os Estados Unidos, Gana, África do Sul e Hungria, mas só viveu no exterior por seis meses no Quênia enquanto aprendia inglês. Mesmo assim, depois de concluir seus estudos em Angola em português, ela fez o seu mestrado on-line na Espanha (espanhol) e doutorado nos Estados Unidos (inglês). Falar o mesmo idioma dos protestantes britânicos, sul-africanos e norte-americanos mais prósperos facilita a comunicação e as parcerias. Também assegura que esses líderes africanos tenham vantagem ao lidar com parceiros estrangeiros.

A educação também desempenha um papel fundamental no desenvolvimento do capital humano, além de conectar e vincular o capital social. A educação formal pode expor uma pessoa através de livros, professores e colegas a várias pessoas com perspectivas diferentes. Isso desenvolve o pensamento crítico e une e/ou estabelece amizades. O próprio conteúdo da educação geralmente apresenta habilidades culturais e relacionais. Assim, por exemplo, René Malépou, da RCA, acredita que seus estudos em Antropologia o ajudaram a entender melhor os outros e o preparou para trabalhar com equipes e desafiar indivíduos em circunstâncias difíceis – incluindo missionários paternalistas e pastores lutando pelo controle de finanças limitadas. Da mesma forma, Eunice Chiquete usou os conhecimentos adquiridos através de estudos missiológicos no Brasil e em Angola para ser uma intermediadora eficaz que lidera entre diversas etnias, denominações, nacionais e sócio-económicas e que mobiliza vários grupos a serviço de uma variedade de iniciativas ministeriais. Os relacionamentos adquiridos durante a escola às vezes são de um tipo vínculo, como quando o ex-diretor do Bosco o ajudou dando-lhe um emprego importante em Mombaça. Muitos de nossos líderes não apenas estudaram no exterior, mas muitos deles estudaram em instituições africanas que tinham vínculos globais. Assim, FATEB, NEGST e ISTEL, todos têm professores do exterior e todos têm professores africanos que estudaram no exterior. A educação teológica em nível de pós-graduação, com a necessidade de bibliotecas, assinaturas on-line e tecnologia da computação, por exemplo, sempre é cara. Quase em nenhum lugar do mundo essas despesas são cobertas apenas pelas mensalidades. Assim, essas escolas africanas alcançam sucesso de alta qualidade educacional, em parte por cultivarem relações com parceiros no exterior que os ajudam com recursos educacionais, tecnológicos, de biblioteca e outros recursos materiais.

O ministério do Bispo Maisha se beneficia de seu capital social associado. Tendo estudado nos Estados Unidos e viajando periodicamente, ele estabeleceu laços com profissionais da América e da Inglaterra e tem intermediado diversas equipes de profissionais que vêm para o Quênia – médicos, enfermeiros, empresários, advogados e magistrados. Essas equipes servem de várias maneiras, como prestação de serviços médicos ou conversas com colegas profissionais em instalações de hotéis. Quando Maisha trouxe um chefe de polícia dos Estados Unidos para o Quênia, e esse chefe de polícia ofereceu à polícia queniana a oportunidade de visitar e estudar na América, isso foi naturalmente muito apreciado. Além disso, como esse visitante se identificou explicitamente como cristão quando Maisha o apresentou a todos os tipos de altos funcionários, Maisha simultaneamente construiu respeito pelo impacto de seu próprio ministério no Quênia. Ele desenvolveu parcerias nos Estados Unidos que lhe permitiram treinar líderes de igrejas, dar bolsas de estudos, oferecer assistência médica, plantar igrejas e ajudar órfãos e outras famílias menos afortunadas. Em suma, o impacto no ministério de Maisha cresce bastante ao conetar os laços sociais, com os menos ou mais afortunados.

Da mesma forma, o pastor Oscar Muriu constrói capital social de ligação e de conexão. Ele vincula igrejas e instituições nos Estados Unidos, Austrália, Alemanha e Índia, principalmente para juntos plantarem igrejas no Quênia e em outras cidades da África e para realizar ministérios de justiça social. A Nairobi Chapel providencia valores para pagar mensalidade e orientação para mais de 300 estudantes de baixa renda. O pastor assistente assumiu a liderança de milhares de membros na igreja local, para que o pastor Oscar possa dedicar tempo em viagens para se conectar com parceiros globais e com as 60 congregações que a Nairobi Chapel plantou.

Organizações

Organizações cristãs eficazes e seus líderes também fazem uso significativo do capital social de conexão (bem como o capital fraternal e de ligação), que eles usam para ministrar, construir unidade e confiança, e acessar recursos: financeiro, treinamento, habilidades e conselhos. Eles se conectam internacional e localmente para ajudar os menos afortunados. St. Martin tem uma organização parceira na Itália e estagiários internacionais, mas uma grande influência vem de milhares de voluntários locais comprometidos com os que trabalham com os marginalizados de suas comunidades. Além deste exemplo, todas as organizações que operam sob capital social de ligação também buscam internacionalmente o capital social de conexão. Por exemplo, CICA e NCCK se conectam a organizações internacionais como o World Council of Churches (CMI) e a doadores internacionais. Eles também conectam igrejas ao governo. As políticas governamentais têm sido influenciadas pela voz unida do CICA, NCCK e pelo Regional Mombasa Church Forum.

Focamos nossas entrevistas e reportagens nas organizações lideradas localmente. Mesmo assim, missionários ou outros estrangeiros investiram um tempo considerável estabelecendo muitas delas. Algumas eram organizações internacionais que foram fundadas fora e mantinham conexões externas, embora agora tenham liderança local (Campus Crusade, Mocidade para Cristo). Algumas ainda estavam sendo lideradas pelo primeiro líder africano que tiveram, por exemplo, Cheptebo, St. Martin, Word of Life, Nairobi Chapel e Tenwek Community Health and Development (TCHD). Outras eram lideradas por líderes africanos que haviam substituído anteriores líderes africanos e, portanto, haviam sido lideradas por muito tempo, por exemplo, NCCK, FOCUS Kenya, Scripture Union e a maioria das igrejas. Nos dois casos, tendiam a haver laços significativos com contactos e parceiros internacionais. Alguns foram iniciados por habitantes locais com boas habilidades na construção de conexões e confiança externas, como Alice Kirambi e a Kenyan Christian Partners Development Association. A maioria dessas organizações possuíam líderes de longa data, perseverantes, comprometidos e confiáveis que haviam construído capital social fraternal, de ligação e conexão. A sucessão da liderança é um desafio, incluindo como o sucessor mantém ou desenvolve contatos de conexões e capital social.

O TCHD possui forte capital social com comunidades locais, igrejas, governo queniano e financiadores internacionais. Os atuais líderes quenianos do TCHD elogiaram o missionário anterior que treinou e trabalhou com eles por anos, além de levar cada um deles em uma viagem à América para estabelecer relacionamentos com doadores. Embora a maioria dos funcionários trabalhe principalmente nas aldeias, esses líderes passaram a maior parte do tempo compartilhando a visão do TCHD com os missionários visitantes, enviando relatórios por e-mail para organizações patrocinadoras como a Samaritans Purse e o PEPFAR (conetado). Eles têm mais trabalho agora, pois precisam abordar mais financiadores, cada um dos quais dá menos. A USAID foi seu principal financiador, mas procurou outras agências de financiamento porque a USAID não permite o uso de nenhum de seus recursos para fins religiosos. Isso entrou em conflito com a própria visão de integrar o cuidado à fé cristã. O capital social do TCHD nas aldeias também significa que os moradores geralmente pedem às organizações mais novas que cooperem e se coordenem com o TCHD. Mesmo quando eles se conectam, o TCHD tem enfatizado cada vez mais o incentivo ao capital social fraternal por meio de processos de propriedade pessoais e a trabalhar mais com as igrejas.

Outro padrão é que líderes e organizações atuam como intermediários, conetando pessoas com certos recursos a outras com necessidades. Esses recursos ou necessidades podem envolver um entendimento mais profundo de Deus, literatura, educação ou um senso de significação/significado. Os missionários fundadores não africanos costumavam usar conexões de uma base de apoio mais rica no país de origem para beneficiar o ministério em seu novo lar africano, que foi o que o padre italiano que fundou St. Martin fez. No entanto, muitos desses líderes africanos usam suas conexões com pessoas diferentes do local mais rico para beneficiar sua terra natal e pessoas que vivem onde servem atualmente. Por exemplo, o juiz Onesmus Makau, e especialmente sua esposa, ganharam capital social internacional e habilidades específicas enquanto moravam no Reino Unido. Eles usaram isso para iniciar uma organização que ajuda as pessoas em suas aldeias de origem. Seu relacionamento com as mulheres desses grupos é igualmente importante (assim como o capital fraternal entre elas).

Em suma, caso após caso, observamos que líderes africanos eficazes têm relações que envolvem confiança e compromisso com a população local que lideram e servem, bem como com pessoas de outras correntes étnicas, denominacionais e religiosas. No entanto, é especialmente verdade que esses líderes podem mobilizar ações conjuntas em nome de uma visão de bem comum, ação conjunta que aproxima as pessoas de forma colaborativa, através de diferenciais marcantes de riqueza, poder e status. É por causa dos valores transcendentes que são compartilhados e por causa de um senso de parceria no evangelho pelo corpo global de Cristo, que esses líderes, eles mesmos confiáveis por causa de sua sabedoria e integridade, são capazes de mobilizar e canalizar energia e recursos significativos em direção ao bem comum. Conetar o capital social é uma parte essencial da liderança cristã africana no mundo contemporâneo.

CONCLUSÃO

"Invista em África! Os tigres agora estão mansos, investa nos leões," afirmam os economistas. Muitos tentaram ajudar África com doações. Outros com mais previsão investiram em finanças, infraestrutura, natureza (ambiente), capital humano (educação) e capital social. Mas dos "cinco grandes", o mais valorizado e usado pelos líderes africanos e mais esquecido pelos estrangeiros é o capital social. Os líderes e organizações cristãs africanas estudados tendem a ter um capital financeiro ou extrutura modesta, mas com alto capital humano e, às vezes, com um capital social muito alto.

Espera-se que os líderes cristãos africanos que são reconhecidos como sábios e confiáveis por uma grande variedade de pessoas forneçam liderança e orientação em empreendimentos colaborativos que promovam propósitos do reino em África. O que podemos aprender ouvindo-os?

1. Invista em relacionamentos. Desenvolva e use o capital social fraternal, de ligação e conexão. Apesar de competirem facilmente, uma combinação complementar cria mais impacto. Investir em famílias e igrejas locais constrói bases e abençoa toda a comunidade; no entanto, investir na dificuldade do capital social apegado e associado é crucial em nosso mundo dividido.

2. Investa em capital humano por meio da educação formal e mentoria. Faça do desenvolvimento do capital social um objetivo-chave e parte do currículo. Treine habilidades interculturais, aprendizado de idiomas e construa relacionamentos com pessoas diferentes. Esse treinamento pode ajudar aqueles que vão de Angola ao Brasil, da Itália ao Quênia ou de uma favela de Nairobi à costa de Mombaça. Pode dar habilidades para se relacionar com missionários paternalistas ou com pessoas de diversas denominações ou etnias. Incentive o estudo, as viagens e o ministério em contextos interculturais, seja em outra nação ou em um dos seminários internacionais de África. Ative a leitura e a escrita de livros, email ou mídia social. Não deve haver duplo padrão. Tanto os africanos quanto os estrangeiros precisam de tudo o que foi mencionado acima. Wuthnow (2009) está certo: em nosso mundo interconectado, o capital social internacional é importante para os cristãos americanos e africanos. Precisamos um do outro e de nosso capital social compartilhado para construir o reino de Deus. Precisamos especialmente de uma conexão/vínculo inteligente entre pessoas e agentes de recursos. Precisamos deles de todas as raças, nacionalidades, idiomas e status. É preciso muitos tipos diferentes de conexões para se preencher as imensas lacunas e disparidades em nosso mundo.

3. *Invista não apenas em indivíduos, mas em igrejas e organizações que podem criar todos tipos de capital social.* Fortaleça e investa nas relações e associação entre essas organizações e igrejas, nacional e internacionalmente. Língua e cultura criam barreiras adicionais que exigirão mais esforço para superar. Encontramos muitas conexões até internacionalmente nas esferas anglófona, lusófona e francófona, mas poucas conexões entre elas. Os Quenianos têm muito mais probabilidade de ir para a América ou a Grã-Bretanha do que para Angola ou a RCA. Isso leva a disparidades significativas de capital social. Os líderes quenianos tinham mais capital de associação internacional do que os líderes da RCA ou de Angola. A construção de uma ligação entre o capital social e os líderes e organizações cristãs influentes em África merece investimento.

4. *Invista em pesquisa.* Como em qualquer lugar, África, além das boas, tem sua parcela de líderes e organizações cristãs ineficazes e ruins,. A pesquisa pode ajudar a garantir que a sabedoria seja a base das parcerias. Os métodos de pesquisa que usamos detectaram e investigaram mais de 50 líderes e organizações extraordináriamente eficazes e confiáveis em 3 países. Estão agora disponíveis relatórios sobre cada um deles e, é claro, este livro analisa e apresenta os resultados da pesquisa. Expandindo este estudo para os outros 50 países da África poderia revelar muitas organizações e líderes mais eficazes e respeitados localmente, nos quais valeria a pena investir.

Sem nosso questionamento, muitos entrevistados acreditavam que o principal motivo de seu impacto era o relacionamento. Eles deram glória a Deus. Eles alegaram serem inspirados e capacitados por Jesus e pelo Espírito Santo. Esta pesquisa mostra que, através de diversas pessoas, Deus está construindo Seu reino e abençoando África.

REFERÊNCIAS CITADAS

Bayart, Jean-François. 2000. "Africa in the World: A History of Extraversion."*African Affairs* 99/395: 217-67.

Brown, Carl M. 2008."Friendship Is Forever: Congregation-to-Congregation Relationships." In *Effective Engagement in Short-Term Missions: Doing It Right!* ed. Robert J. Priest, 209–238. Pasadena, CA: William Carey Library.

Cnaan, Ram A. Stephanie C. Boddie, and Gaylor I. Yancey. 2003. "Bowling Alone But Serving Together: The Congregational Norm of Community Involvement." In *Religion as Social Capital: Producing the Common Good*, ed. Corwin E. Smidt, 19–31. Waco, TX: Baylor University Press.

Horsager, David. 2012. *The Trust Edge: How Top Leaders Gain Faster Results, Deeper Relationships, and a Stronger Bottom Line.* New York: Free Press.

Johnson, Todd M., Gina A. Zurlo, Albert W. Hickman, and Peter F. Crossing. "2015. Christianity 2015: Religious Diversity and Personal Contact." *International Bulletin of Missionary Research* 39/1: 28–29.

Lin, Nan. 2002. *Social Capital: A Theory of Social Structure and Action.* Cambridge: Cambridge Univ. Press.

Lindsay, D. Michael, and M. G. Hager. 2014. *View from the Top: An Inside Look at How People in Power See and Shape the World.* Hoboken, NJ: Wiley.

Narayan, Deepa, and Lant Pritchett. 1999. "Cents and Sociability: Household Income and Social Capital in Rural Tanzania." *Economic Development and Cultural Change* 47/4: 871–97.

Priest, Kersten Bayt. 2008. "Women as Resource Brokers: STM Trips, Social and Organizational Ties, and Mutual Resource Benefits." In *Effective Engagement in Short-Term Missions: Doing It Right!*, ed. Robert J. Priest, 209–38. Pasadena, CA: William Carey Library.

Putnam, Robert D. 2000. *Bowling Alone: The Collapse and Revival of American Community.* New York: Simon and Schuster.

Woolcock, Michael, and Elizabeth Radin. 2008. "A Relational Approach to the Theory and Practices of Economic Development." In *Handbook of Social Capital*, ed. Dario Castiglione, Jan van Deth, and Guglielmo Wolleb, 411–38. New York: Oxford University Press.

Wrong, Michela. 2010. *It's Our Turn to Eat: The Story of a Kenyan WhistleBlower.* New York: Harper Perennial.

Wuthnow, Robert. 2002. "Religious Involvement and Status-Bridging Social Capital." *Journal for the Scientific Study of Religion* 41/4: 669–84.

———.Wuthnow, Robert. 2009. *Boundless Faith: The Global Outreach of American Churches.* Berkeley and Los Angeles: University of California Press.

Zollman, Julie. 2014. "Kenya Financial Diaries: The Financial Lives of the Poor." *FSD Kenya.* http://fsdkenya.org.

5

Respostas Da Liderança Durante Conflitos Armados

Elisabet Le Roux e Yolande Sandoua

No passado, a experiência de conflitos violentos foi uma realidade para muitos países do continente africano, como Angola, Quênia e República Centro-Africana (RCA), possuindo experiências recentes com vários tipos de conflito. Angola sofreu uma guerra civil prolongada; o Quênia passou por repetidas crises de violência eleitoral e inter-religiosa; e o RCA está atualmente no meio de um conflito sério. Neste capítulo, focamos na RCA, pois fornece uma oportunidade única e oportuna para estudar como os líderes e organizações cristãs africanas são afetadas e respondem ativamente a esse conflito. Os conflitos neste país começaram enquanto a pesquisa sobre ELA ainda estava em andamento, o que permitiu aos pesquisadores entrevistar muitos dos mesmos indivíduos antes e durante o conflito.

Um histórico breve sobre o conflito na RCA: A violência que ocorreu durante nossa pesquisa do ELA foi apenas a mais recente de uma série de golpes e conflitos. Apenas uma vez a RCA teve uma transferência pacífica de poder, quando conquistou a independência em 1960 (Herbert, Dukham e Debos 2013, 2; Carayannis e Lombard 2015). A RCA é um estado fraco situado em uma região instável. Seu modelo concessionário de política significa que os que estão no poder praticam políticas de exclusão, que produz um mentiroso diálogo, falso processo de paz e de partilha de poder (Brown e Zahar 2015, 14; Berg 2008; Zoumara e Ibrahim 2014). Assim, era de se esperar que se levantasse oposição militar ao presidente Bozizé. Os Séléka – uma coligação de grupos rebeldes – lideraram um golpe violento em Dezembro de 2012, o que lhes permitiu ocupar a capital Bangui expulsando Bozizé e instalando seu próprio líder, Michel Djotodia, o primeiro líder da RCA a vir do nordeste, uma região maioritariamente muçulmana (Herbert, Kukham e Debos 2013, 2–3; Carayannis e Lombard. 2015; Debos 2014). Os combates continuaram, no entanto, com a coligação Anti-balaka que se opõe aos Séléka. Djotodia renunciou e foi substituído por Catherine Samba-Panza. A paz ainda não foi restaurada na RCA.

Enquanto nossa pesquisa inicial sobre o ELA foi realizada antes do conflito chegar a Bangui, entrevistas de acompanhamento foram subsequentemente conduzidas para os propósitos deste capítulo. Essas entrevistas foram realizadas com os líderes principais e organizações direcionadas em nossas pesquisas anteriores, mas com nosso foco agora em suas experiências e respostas ao conflito. Embora desejássemos entrevistar todos os líderes e funcionários da organização que havíamos entrevistado na primeira vez, só pudemos realizar entrevistas em Bangui, uma vez que as condições perigosas de viagem impediam pesquisas de acompanhamento em outras partes do país. Além disso, alguns dos líderes deixaram o país e algumas organizações fecharam. Conseguimos entrevistar novos líderes para substituir aqueles que não conseguíamos alcançar.

Os seguintes líderes cristãos e funcionários da organização que foram entrevistados, com foco em suas experiências e respostas a conflitos armados são: Sra. Marie-Louise Yakemba, inspetora tributária governamental que também esteve envolvida em duas organizações não-governamentais, Aglow International e a Samaritan's Purse; Dr. David Koudougueret, pastor da Union Federation of Baptist Churches; O pastor Ferdinand Gregonda, vice-diretor do Perspectives Réformées Internationales (que foi fechada desde então); Sr. Edouard Nvouni, funcionário público e engenheiro que apoia financeiramente e materialmente várias igrejas; Pastor Rodonne Clotaire, presidente da Federation of Brethren Evangelical Churches e também presidente do GAPAFOD (Action Group for Peace and Training for Transformation, uma ONG nacional. Representantes de várias organizações cristãs importantes também foram entrevistados, incluindo o diretor da estação de rádio Voix de l'Evangile; o diretor da Adonai Mission International (AMI); o diretor da Association Centrafricaine pour la Traduction de la Bible et l'Alphabétisation (ACATBA); o coordenador da Mission pour l'Évangélisation et le Salut du Monde (MESM); o diretor da Sociedade Bíblica na RCA; e o diretor nacional do Campus pour Christ.

Em nossa pesquisa inicial, a organização que recebeu o maior número de indicações por ter o impacto mais positivo foi a FATEB – Faculté de Théologie Evangélique de Bangui (Faculdade de Teologia Evangélica de Bangui. Como a FATEB posteriormente desempenhou um papel central e visível nas respostas dos cristãos protestantes ao conflito violento, optámos por focar um pouco mais nessa organização. Foram entrevistados os seguintes indivíduos associados à FATEB: Dr. Weanzana Nupanga, presidente da FATEB; Dr. Enoch Tompte Tom, Reitor Acadêmico e Director de Pesquisa; Pastor Matoulou, Director Administrativo; Sra. Marcelline Rabarieolina, Directora da Escola Feminina da FATEB; e o Dr. Malépou, professor de três escolas de graduação, incluindo a FATEB.

A DIMENSÃO RELIGIOSA

Na imprensa internacional, o conflito na RCA é geralmente rotulado como religioso (Onyulo 2015; Vinograd 2015; Al Jazeera e agências 2015). No entanto, esse rótulo simplifica demais e distorce o assunto. Compreender a dinâmica religiosa presente, exige uma compreensão da história da RCA.

A precisão da composição religiosa da RCA é contestada.[1] No entanto, todos concordam que a RCA é predominantemente cristã, com 10 a 15% da população sendo muçulmana (Arieff 2014, 2; Brown e Zahar 2015, 15; Kam Kah 2014a, 34). Históricamente, as partes do norte do país são em grande parte muçulmanas, e o sul, cristão, com brechas entre os dois (Carayannis e Lombard 2015; Kam Kah 2014a, 34). Durante o período pré-colonial, grupos muçulmanos invadiram grupos não muçulmanos no sul em busca de escravos, resultando em uma visão hostil dos muçulmanos que dura até hoje e que os colonialistas franceses tendiam a incentivar (Kam Kah 2014b, 33). Desde a independência, os cristãos no sul dominaram a política, resultando em ressentimento entre muitos nortistas muçulmanos e na crença de que sua região é negligenciada e sujeita a discriminação (Berg 2008; Kam Kah 2014a).

No entanto, apesar da crónica instabilidade política e económica desde a independência, a religião nunca foi a causa de conflitos graves. Isso ocorre em parte porque o estado é laico desde a independência (Carayanis e Lombard 2015; Debos 2014; Kane 2014, 313). No entanto, durante o governo do presidente Bozizé, a religião foi usada como arma política, e o fluxo de capital e o controle dos recursos naturais foram direcionados para o benefício de grupos religiosos específicos. O desenvolvimento e a prestação de serviços governamentais

---

1. Algumas fontes argumentam que os grupos religiosos indígenas representam cerca de 35% da população; Protestantes, 25%; Católicos, 25%; e muçulmanos, 15%. Outras fontes argumentam que a RCA é composta por 76,3% de cristãos e 13% de muçulmanos. Segundo as Nações Unidas, 80% da população é cristã. Entre estes, 51% representam igrejas protestantes e 29%, católicos. Os muçulmanos representam 10% e os "animistas" outros 10% (Arieff 2014, 2; Kam Kah 2014b, 34).

foram predominantemente direcionados às comunidades cristãs (Kane 2014, 312). Durante esse período, a violência contra as comunidades muçulmanas aumentou e a retórica anti-muçulmana foi estabelecida e mantida ao enquadrar os muçulmanos como estrangeiros (Kam Kah 2014b, 35). Assim, o governo Bozizé lançou as bases para o separatismo religioso que se seguiu a partir de 2009 (Berg 2008; Kam Kah 2014b, 35).

É importante observar, no entanto, que a atual violência religiosa na RCA não é primariamente o resultado de diferenças religiosas. A crise é indicativa de uma luta pelo poder político e também tensões complexas sobre o acesso e controle de recursos, comércio e falta de identidade nacional (Arieff 2014, 1; Kam Kah 2014b, 35; Boré 2014, 60). A religião costuma ser usada para dividir um país para fins políticos: mobilizar resistência a mudanças políticas ou criar um movimento para essas mudanças, ou ganhar poder político ou económico (Kasomo 2010, 24; Welz 2014, 604; Zoumara e Ibrahim 2014). Por exemplo, após a saída de Hosni Mubarak no Egito, a violência aumentou entre a maioria muçulmana sunita e a minoria cristã copta. Antes da queda de Mubarak, ocorriam apenas confrontos ocasionais. Da mesma forma, o governo de Assad, na Síria, usou a retórica partidária para mobilizar minorias sírias alawitas, drusas e cristãs contra os principalmente manifestantes sunitas (Kam Kah 2014a, 32). A religião na RCA não é, portanto, a fonte do conflito, mas uma abusada ferramenta por líderes ansiosos por poder e luxúria (Kane 2014, 314; Welz 2014, 606). Os Séléka – frequentemente rotulados como uma facção rebelde muçulmana – incluem muitos rebeldes não-religiosos. Mais importante, apenas aproximadamente 10% dos Séléka são tidos sendo da RCA – o restante são do Chade e do Sudão (Giroux, Lanz e Sguaitamatti 2009, 13; Kam Kah 2014b, 35). Enquanto algumas das facções da coligação afirmam que seu objetivo é estabelecer um estado islâmico independente, a composição de Séléka evidencia o erro de entender o conflito e os objetivos do movimento como primariamente religioso (Kam Kah 2014b, 35-43).

Os anti-balakas se originaram como uma resposta à coligação de Djotodia e Séléka que assumiu o poder em 2013 (Kam Kah 2014b, 36; Vlavonou 2014, 321). Tomar a declaração de que Anti-balakas é uma resposta dos cristãos a Séléka é, no mínimo, enganosa (Tomolya 2014, 466). Os anti-balaka ("antifacão") é um tipo de poder supostamente concedido pelos encantos que pairam no pescoço da maioria dos membros (Kam Kah 2014b, 36). Enquanto muitos membros Anti-balaka se identificam como cristãos, sua dependência dos encantos animistas tradicionais e fetiches os distingue da maioria dos participantes da igreja cristã. Além disso, rotular o grupo rebelde de cristão também ignora o facto de que muitos, se não a maioria, se juntaram ao

Anti-balaka por razões políticas e económicas (Bøås 2014, 4; Giroux, Lanz e Sguaitamatti 2009, 16).

Os principais líderes religiosos muçulmanos e cristãos da RCA criticam que o conflito esteja sendo rotulado como religioso. Tanto o imã muçulmano quanto o arcebispo católico romano de Bangui se opõem publicamente ao conflito e às afiliações religiosas atribuídas aos grupos rebeldes, e imploram apaixonadamente por tolerância religiosa. Muitos líderes religiosos ecoam a mensagem de que as religiões devem incentivar a paz, coesão e tolerância, e que a violência actual é resultado de indivíduos que usam o discurso religioso para promover suas ambições políticas e ganhos económicos (Kane 2014, 314; Kisangani 2015). Também foi de opinião dos líderes entrevistados pelo ELA que o conflito não começou por motivos religiosos. O Pastor Rodonne Clotaire argumentou que começou por causa da extrema pobreza e da má governação. Ele apoiou seu argumento referindo-se a um projeto de ONG que recrutou voluntários para trabalhar por aproximadamente cinco dólares (EUA) por dia. O interesse foi enorme:

> Deixe-me dizer-lhe que quase todas as pessoas envolvidas na guerra, em posse de armas, deixaram as armas para virem trabalhar juntas pela sobrevivência. Os lutadores mais extremistas deixaram suas armas onde costumavam usá-las, para pegar nos arados e carrinhos de mão para trabalhar. Ou seja, esta crise é principalmente uma crise de pobreza e liderança. De fato, se todos esses jovens conseguirem emprego, tenho certeza de que não perderão mais tempo em conflitos armados.

Ao mesmo tempo, o pastor Clotaire reconheceu que, embora o conflito não tenha começado por causa da religião, certamente agora tem uma dimensão religiosa. Aumentaram as percepções de que o conflito é religioso, principalmente devido às notícias da mídia, e, portanto, aumentou o ódio entre cristãos e muçulmanos. Essa percepção alimenta um ciclo de violência retaliatória entre cristãos e muçulmanos. Por outro lado, em comum com outros líderes, Edouard Nvouni é rápido em apontar que "um verdadeiro cristão" não pode saquear e destruir a propriedade de outra pessoa e afirma que "essas pessoas não eram cristãs... [mas sim] bandidos que se aproveitaram da situação para destruir e roubar os pertences de outras pessoas."

Muitos dos principais líderes e organizações identificadas por meio do ELA estão abordando activamente a dimensão religiosa do conflito, enfatizando mensagens religiosas de perdão e reconciliação e participando de atividades inter-religiosas. Edouard Nvouni, por exemplo, aconselhou jovens de sua região a não entrar no conflito. O pastor Clotaire fala de jovens cristãos que alojaram muçulmanos em suas casas para evitar que fossem apedrejados, enquanto o Dr. Malépou abrigava três muçulmanos.

Marie-Louise Yakemba trabalhou directamente com colegas muçulmanos pela paz e reconciliação entre os dois grupos religiosos. Tanto em seu trabalho com ONGs quanto como parte da Associação de Mulheres pela Paz, ela se reúne regularmente com mulheres e crianças muçulmanas. Eles oferecem um ao outro incentivo e apoio mútuos e, juntos, realizam actividades na comunidade. A ONG em que ela está envolvida também distribuiu caixas de presente para mulheres e crianças muçulmanas que buscaram refúgio na mesquita central. Juntas como muçulmanas, católicas e protestantes, essas mulheres estão se manifestando contra o conflito, usando vários fóruns, incluindo a rádio, para exigir que os beligerantes parem as hostilidades.

Yakemba também trabalha activamente para a reconciliação entre cristãos e muçulmanos por meio de conferências e cultos, bem como aconselhando famílias enlutadas. Ela compartilhou a seguinte história como um exemplo do trabalho que agora realiza regularmente:

> Os Sélékas lançaram granadas em uma igreja e quatro crianças tiveram seus pés arrancados e amputados. Quando fui ao hospital visitá-los, o médico me disse para trabalhar com os pais. Ele disse, "Você que é cristão, trabalha com os pais dessas crianças para evitar ciclos de violência. Porque o que essas crianças experimentaram continuará." Um tio de uma das crianças se tornou um Anti-balaka por causa do que aconteceu com o sobrinho. Ministrei a pais e filhos, que agora estão muito perto de mim, e o espírito de vingança agora está desaparecendo. As quatro crianças com membros amputados (nove anos mais novos) vieram para a conferência [uma conferência sobre reconciliação que ela organizou na FATEB duas semanas antes da entrevista] e fizeram uma apresentação. O que tinha dezoito anos falou com os presentes o que lhes aconteceu. Ele disse: "Nós também éramos como vocês, mas agora partes do nosso corpo estão cortadas. No entanto, perdoamos aqueles que nos fizeram todo esse mal." Ele exortou a platéia também a perdoar. Aquilo foi profundo. As pessoas na sala de conferências choraram. O difícil desafio para mim é fazer com que essas pessoas entendam que devem perdoar. Eles não devem se vingar.

Muitas dessas organizações também estão envolvidas em atividades inter-religiosas. A FATEB faz parte da Plataforma de Grupos Religiosos, que representa os grupos religiosos da RCA. A Plataforma é composta pelo arcebispo católico de Bangui, o imã da mesquita de Bangui e o presidente da Associação dos Evangélicos da RCA. Em termos de comunicação com o Anti-balaka, a FATEB comunica suas ideias e respostas à Plataforma, que por sua vez se comunica diretamente com o Anti-balaka e outros grupos públicos.

EFEITOS DO CONFLITO ARMADO

Obviamente, os conflitos armados afetam as pessoas a nível individual, e os líderes cristãos não são exceção. O pastor Rodonne escapou de três sequestros e foi forçado a sair de casa e procurar asilo na FATEB. O Dr. Enoch Tompte Tom acomodou em sua casa membros da família que foram forçados a fugir de outras áreas, alimentando-os e cuidando deles, enquanto ainda tinha que prover para seus dois filhos, que estudam no exterior. Malépou, a certa altura, abrigava 72 pessoas, incluindo muçulmanos.

Cuidar e prover para outras pessoas em tais circunstâncias é um fardo emocional pesado. O Dr. Nupanga, presidente da FATEB, confessou que ficou traumatizado por ser responsável pela segurança da comunidade da FATEB e de todas as pessoas deslocadas que vivem lá, na medida em que sofria de insônia. A sra. Marie Louise Yakemba foi afetada de maneira semelhante quando os Anti-balaka mataram o sobrinho. Com os membros de sua família querendo vingança, ela teve que aconselhá-los a não vingar o assassinato, além de ter que lidar com sua própria dor.

O conflito afetou bastante a condução das organizações identificadas pelo ELA e também as organizações às quais os principais líderes pertenciam. A perda mais óbvia e direta para essas organizações tem sido as pessoas. Funcionários e membros foram torturados e morreram. O pastor Clotaire fala de uma bomba que caiu em uma de suas igrejas em 14 de abril de 2013, matando 4 pessoas e ferindo 27. Em muitas organizações, alguns membros da equipe deixaram o país devido ao conflito, enquanto outros tiveram que ser despedidos, pois a organização não podia mais pagar. Por exemplo, a maioria dos funcionários da Campus pour Christ está desempregada, enquanto a AMI teve que fechar várias estações missionárias e remover seus missionários.

Também foram perdidos recursos significativos. Prédios foram destruídos, carros e motos roubados, computadores e material de escritório saqueados. O Director do Campus pour Christ explica que perdeu quase tudo: "os móveis, três veículos, motocicletas, computadores, o equipamento do filme Jesus, o rádio e todos os acessórios... foram roubados e o local vandalizado." Como resultado, o grupo agora está em escritórios temporários localizados no campus da FATEB, o que também é frustrante:

> Esse alojamento forçado da Directoria nacional do Campus pour Christ da República Centro-Africana teve um impacto terrível em nosso plano de acção. O Director nacional compartilha um pequeno escritório na FATEB com outros serviços. Essa mudança em nosso plano de acção inicial teve um efeito negativo em nossas vidas, instituições e também nas igrejas parceiras do Campus pour Christ.

As implicações financeiras do conflito foram graves. Muitas organizações perderam seu financiamento externo, com parceiros recusando ou incapazes de contribuir durante o conflito, enquanto o apoio financeiro local também secou. O Director da ACATBA explica que agora têm poucas atividades, já que 95% do financiamento da organização vem de fora da RCA. Algumas organizações, como a FATEB, também estão enfrentando desafios financeiros devido às despesas adicionais de seu trabalho humanitário relacionado aos conflitos. A certa altura, a FATEB estava acomodando mais de duas mil pessoas em seu campus e precisou fornecer comida, abrigo e serviços de apoio a todos eles.

O resultado óbvio da perda de recursos humanos, materiais e financeiros é que todas as organizações tiveram que reduzir suas actividades. Por exemplo, a Sociedade Bíblica da RCA não pôde distribuir Bíblias conforme planejado e teve que limitar o número de aulas de alfabetização. A FATEB teve que mudar alguns de seus programas académicos para os Camarões e teve grande dificuldade em concluir o ano académico. A Perspectives Réformées Internationale fechou, e GAPAFOD teve que suspender o trabalho em sua sede. O Campus pour Christ relata que todos os seus projetos planejados falharam. A ACATBA interrompeu suas atividades nas regiões ocupadas pelos rebeldes e agora é "forçada a ficar em um local como se estivesse na prisão esperando por dias melhores." Todas as organizações estão frustradas por não conseguirem implementar suas atividades planejadas.

RESPOSTAS AO CONFLITO ARMADO

Conforme destacado na seção anterior, o conflito na RCA, e em Bangui especificamente, afetou e desafiou severamente os líderes e organizações cristãs. No entanto, a pesquisa também mostrou que esses líderes e organizações encontraram várias respostas positivas e empoderadoras nesse contexto. O comprometimento e o sacrifício da equipe da organização e dos voluntários foram fundamentais para permitir respostas positivas ao conflito. Por exemplo, a existência contínua da estação de rádio Voix de l'Evangile se deve unicamente ao comprometimento de seu pessoal. Como o Director-gerente explicou:

> Falando sobre material, todo o equipamento que dispomos foi fornecido por nós. Todos os funcionários tinham que trazer o que tinham em casa – microfones, cabos e outros itens. Mesmo nossas antenas não foram compradas pelo preço normal, pois um poste custa entre 3.000.000 e 4.000.000 CFA [aproximadamente US $ 5.130 a US $ 6.840]. Diante desse desafio, o pessoal foi à rua e coletou ferro que serviu para fazer o poste. Pagámos apenas a mão de obra com 200.000 CFA [aproximadamente US $ 340].

O Director da ACATBA também reconheceu consistentemente o compromisso de sua equipe em continuar o trabalho da organização. 56 dos 60 funcionários ainda estão trabalhando:

> As pessoas que trabalham para a ACATBA não são apenas funcionários com vagas, mas são antes de tudo missionários. Estes são homens e mulheres comprometidos com o reino de Deus. Eles contribuem para a salvação de almas e a formação de discípulos neste país. Portanto, tudo o que aconteceu pode ser comparado à cruz que eles carregam para a realização deste ministério. Essa é a principal razão pela qual a equipe está motivada.

Líderes e organizações responderam de várias maneiras positivas ao conflito, incluindo trabalho de ajuda humanitária, parceria com organizações e indivíduos locais e internacionais, realizando novos treinamentos e ensinamentos e participando de atividades de construção da paz, que resultaram em um aumento da coesão social e um aprofundamento da fé.

Respostas humanitárias

Várias organizações estão envolvidas em atividades de resposta humanitária. O Dr. Malépou relata que um posto missionário batista em Bambari abrigava 900 pessoas. Ele teve a oportunidade de deixar o país, mas recusou, porque estava preocupado com os cristãos que ele deixaria atrás. Assim, ele escolheu "sofrer junto com os outros, e o Senhor tem nos sustentado até agora". A Adonai Mission International apoiou viúvas e continuou a construção de uma escola nas colinas do povo Ndri. Tanto a Sociedade Bíblica quanto a ACATBA organizaram seminários sobre a cura de traumas. A Sociedade Bíblica relata que esta intervenção foi muito bem recebida. A Sociedade Bíblica também distribuiu alimentos fornecidos pelo Barnabas Fund (uma organização sediada nos Estados Unidos).

A resposta humanitária lançada pela FATEB foi a mais abrangente de todas as organizações que examinámos. De uma maneira muito prática, o seminário se engajou em ajuda humanitária. Isso não foi planejado, mas surgiu como resultado da localização geográfica da FATEB, da natureza segura do próprio campus e do fato de ser uma instituição altamente respeitada, bem conhecida em toda RCA.

Figura 5-1. Papa Francisco ao lado do Dr. Nupanga Weanzana, presidente da FATEB

A FATEB foi fundada em 1977 pela Associação de Evangélicos em África, para equipar homens e mulheres para o ministério eclesiástico em África francófona central e ocidental. É frequentemente reconhecida como a principal instituição teológica evangélica pós-secundária na África francófona. Estrategicamente localizada em Bangui, seus ex-alunos servem em todos os 17 países de língua francesa subsaariana. A importância e o significado da FATEB foram implicitamente reconhecidos quando o Papa Francisco a incluiu em sua visita de 26 horas à RCA em novembro de 2015 (Sherwood 2015). Seu discurso à comunidade evangélica foi apresentado na FATEB.

Pessoas deslocadas chegaram à FATEB porque está localizada em uma área razoavelmente segura e com menos conflitos do que o resto de Bangui. Além disso, todo o campus é cercado e tem guardas de segurança. Assim, as pessoas simplesmente vieram, imploraram para serem autorizadas, e a FATEB respondeu ao pedido de ajuda. A FATEB não apenas permitiu que as pessoas entrassem no complexo, mas também fornecia moradia, aconselhamento e alimentação.

O Dr. Tompte Tom foi responsável pela administração desses refugiados. Ele montou uma equipe de pessoas para ajudá-lo e também consultou os deslocados para ver quais serviços e ajuda eles precisavam. Em relação à moradia, todas as salas de aula foram ocupadas durante a noite, com dez a doze pessoas por sala de aula. Também foram montadas tendas, doadas pelo Conselho Dinamarquês para os Refugiados. Os funcionários da FATEB que moravam no campus levavam pessoas para suas casas. Os alimentos foram fornecidos, primeiro pela FATEB e posteriormente por organizações de ajuda internacional, incluindo Tearfund, World Vision e World Food Programme. A Cruz Vermelha forneceu apoio médico enviando trabalhadores de primeiros socorros, assim como a JUPEDEC (uma ONG local), que enviou médicos para vacinar crianças e fornecer mosquiteiros. Com relação ao aconselhamento, o Dr. Tompte Tom treinou os membros de sua própria equipe, enfatizando que eles deveriam ouvir em vez de fazer perguntas, pois as pessoas traumatizadas precisam expressar o que lhes aconteceu. Também foi fornecido apoio espiritual na forma de sessões de oração e cultos de domingo para os deslocados. Em dezembro de 2015, muitos dos deslocados ainda viviam na FATEB. Como explicou o Dr. Nupanga, "[precisamos] reconhecer que a FATEB se tornou um asilo."

Atividades de Parceria

Como se destaca a resposta humanitária da FATEB, as parcerias têm sido fundamentais para permitir que os líderes respondam positivamente ao conflito. Várias ONGs locais e internacionais ajudaram a FATEB a responder as necessidades dos deslocados que estavam alojados no campus. A situação de conflito também permitiu à FATEB formar novas parcerias, neste caso com a World Vision e a Tearfund, esperando-se que esse desenvolvimento ofereça outras oportunidades significativas de longo prazo. As parcerias de outras organizações também foram fundamentais para fornecer ajuda humanitária. Por exemplo, o GAPAFOD através do financiamento da Agência de Obras de Interesse Público (uma agência governamental do RCA), conseguiu fornecer trabalho e renda para 718 jovens. Outras organizações, como Campus pour Christ e AMI, conseguiram continuar seu trabalho devido ao apoio financeiro de seus parceiros internacionais. Também é importante observar que as parcerias com instituições e indivíduos locais têm sido tão importantes quanto aquelas com organizações internacionais. A estação de rádio Voix de l'Evangile explicou que os pastores locais têm sido seus maiores apoiadores:

> Nossa grande ajuda e alívio durante esses tempos de crise vieram de pastores que Deus havia reservado para nós. A estação de rádio foi trabalhando principalmente com homens de Deus que acreditam que Deus está presente e que Ele tem o poder de fazer qualquer coisa para honrar Seu Nome. Esses homens de Deus nunca deixam de me dar um conselho como Director e também para todo o pessoal.

O Dr. Nupanga enfatizou que o conflito também os fez reconhecer a profundidade e a força de seus relacionamentos com os parceiros existentes: "Outro impacto positivo é que a FATEB também percebeu o quanto seus parceiros realmente estavam com ela durante esse período difícil. Alguns parceiros reagiram espontaneamente enviando dinheiro para comprar comida; mas mais importante, eles nos cobriram com suas orações." Muitas das outras organizações também comentaram a importância das orações dos parceiros. O Campus pour Christ, ACATBA, AMI e Voix de l'Evangile declararam que contavam com o apoio emocional dos parceiros. O pastor Sana, da AMI, explicou: "Deus não deixou a República Centro-Africana sozinha. Muitos cristãos no exterior manifestaram seu apoio através de orações, palavras de encorajamento, telefonemas e e-mails."

Iniciativas de Treinamento e Ensino

O conflito criou oportunidades para algumas organizações se envolverem em treinamento. Como mencionado anteriormente, a Sociedade Bíblica e a ACATBA estão apresentando seminários sobre a cura de traumas, enquanto o Campus pour Christ facilitou seminários sobre coesão social com professores do ensino médio, funcionários de universidades, líderes religiosos e líderes de jovens.

A FATEB respondeu ao conflito aumentando e diversificando o treinamento que oferece. Marcelline Rabarioelina, Directora da Escola Feminina da FATEB, explicou que o conflito as forçou a reavaliar a maneira como administraram a escola no passado e a se tornarem mais inovadoras. Por exemplo, embora a escola fosse exclusivamente para as esposas dos alunos matriculados no seminário, agora foi aberta a todas as mulheres da cidade. Este é um desenvolvimento muito positivo, pois agora é capaz de treinar muito mais mulheres e ter mais influência na comunidade.

A própria FATEB sempre teve um mandato e visão pan-africanos, mas agora respondeu ao conflito acelerando seus planos de abertura de filial em outros países. O campus camaronês da FATEB foi aberto mais cedo do que o planejado, e a abertura de um campus de Kinshasa é agora uma prioridade ainda maior. Por ter esses campus fora do país, a FATEB pode continuar ensinando mesmo se o conflito atrapalhar o campus de Bangui.

Construção da paz

Líderes e organizações também estão se engajando ativamente na construção da paz. Como mencionado no capítulo anterior, Marie-Louise Yakemba está envolvida – através de várias ONGs e esforços pessoais – na promoção da paz, especialmente através do diálogo inter-religioso. Ela sente um chamado para isso, mesmo que seja muito desafiador e, às vezes, desanimador:

> Quando os eventos começaram, especialmente com a chegada dos Anti-balakas, fui eu quem falou em paz. Falar sobre paz com mulheres católicas e muçulmanas e minha família foi muito encorajador para mim. Às vezes o medo estava lá. Minha família me disse para ter cuidado. Eu disse a eles que estava a fazer para a glória de Deus. E se eu não fazer, quem fará? Minha família só poderia me incentivar e orar para que eu continuasse.

A GAPAFOD vem promovendo a paz por meios mais indiretos. Tem colocado adesivos em táxis e ônibus. Esses adesivos proclamam citações e provérbios locais que promovem a paz, como "Queremos paz," "Chega de guerra" e "Vamos nos mobilizar pela paz." O pastor Clotaire disse que a reação tem sido muito positiva:

> O feedback de nossos amigos taxistas e dos habitantes de diferentes bairros é realmente positivo. Esses escritos provocaram diálogos entre os passageiros ao longo do caminho e permitiram que alguns contribuíssem, resolvendo a questão da paz na República Centro-Africana.

Ulrich Marida, Director da Voix de l'Evangile, afirmou que a estação de rádio também está promovendo e construindo a paz. Ele explicou que uma estação de rádio tem um poder considerável em uma nação. Portanto, ele acredita que essas mensagens estão fazendo a diferença:

> Usamos nosso poder para trabalhar na consciência, mente e coração das pessoas. A prioridade hoje é, antes de tudo, desarmar

os corações, antes de pensar em um desarmamento físico e uma desmobilização eventual. Integramos em nosso programa de rádio uma transmissão cívica sobre unidade e concordância, enfatizando frequentemente a Palavra de Deus. Mesmo sendo uma nova estação de rádio, podemos garantir que a rádio está ganhando impulso dentro da capital e o eco é bastante promissor.

Outra maneira pela qual a paz é promovida é através do envolvimento de líderes e organizações com líderes políticos e rebeldes. O Dr. Malépou já pregou para oficiais políticos e líderes Anti-balaka, e uma vez para oficiais políticos, incluindo a Presidente Catherine Samba-Panza. O Campus pour Christ, a Sociedade Bíblica, ACATBA e AMI têm frequentemente interagido com Anti-balaka, evangelizando. No entanto, o pastor Sana, da AMI, acha que esse trabalho geralmente não afeta o grupo rebelde como um todo, porque os rebeldes com os quais a organização interage não são os que têm poder. Portanto, é difícil se envolver em discussões construtivas sobre a restauração da paz, porque são simples intermediários.

Coesão social

O conflito também permitiu o desenvolvimento de uma maior coesão social dentro de Bangui. As parcerias locais assumiram a liderança na contribuição para a coesão social. Com a FATEB se tornando um refúgio para toda a cidade, seus relacionamentos com as igrejas foi fortalecido. O Dr. Nupanga argumentou que "a FATEB era o único lugar onde igrejas, denominações e congregações podiam se reunir e discutir a vida da igreja." Isso significa que o conflito permitiu a FATEB se aproximar não apenas de diferentes igrejas, mas também da comunidade em geral. Através da oração e encorajamento mútuos, o senso de comunidade, bem como a confiança mútua, foram fortalecidas.

Dentro da FATEB como organização, o conflito também levou a um aumento do senso de unidade e coesão. O pastor Matoulou sente que a equipe da FATEB reagiu ao conflito e ao fluxo resultante de pessoas e responsabilidades de maneira brilhante. Isso, ele argumentou, é porque a equipe tem atuado com união e sempre estava disposta a ouvir instruções. Isso significa que a equipe tem conseguido implementar rapidamente todas as diretrizes da administração. A capacidade de lidar com esses desafios, por sua vez, fortaleceu a sensação de ser uma equipe coesa.

Marcelino Rabarioelina afirmou que o conflito levou a um aumento da coesão social. Através do incentivo mútuo, as pessoas se apoiam especialmente através da oração. Ela sente que em tais contextos de crise, a união e a comunhão com os outros são muito importantes. A importância da coesão social para sobreviver o conflito e, por sua vez, o fato de que o conflito oferecer uma oportunidade para desenvolver a coesão, foram as maiores lições que ela aprendeu.

Devido ao conflito, maior interconexão e unidade se desenvolveram entre muitas igrejas. O pastor Clotaire explicou que em áreas onde há muitas pessoas deslocadas ou onde as igrejas foram forçadas a fechar devido ao conflito, pessoas de diferentes denominações estão adorando juntas. As igrejas da RCA tendem a proteger suas fronteiras confessionais com ciúmes e, portanto, esse foi um resultado surpreendentemente positivo.

> Como líderes, ordenamos que os líderes de nossas igrejas situadas em províncias onde há pessoas deslocadas a colaborarem com outras confissões religiosas próximas. De fato, no leste e nordeste do país, precisamente em cidades como Bria, Bambari, Batangafo, onde todas as igrejas estão fechadas, as comunidades de lá praticavam uma espécie de ecumenismo para manter sua fé. Isso nunca é comum na República Centro-Africana, pois sabemos que nossas comunidades geralmente têm uma mente fechada, mas durante a crise ocorreu uma reconciliação e continua com um testemunho muito reconfortante.

Aprimoramento da fé

O conflito parece ter trazido uma nova consciência da importância da oração. Ao contarem como eles foram (e são) capazes de sobreviver ao conflito e seus desafios resultantes, todos os líderes afirmaram que a oração tem sido a salvação. Marcelline Rabarioelina afirmou que, para ela, "a oração era de grande consolo. A oração individual, a oração com a equipe e com outros grupos foi realmente uma das primeiras soluções para todos os nossos problemas e também para minha liderança." Isso foi ecoado pelo pastor Matoulou e pelo Dr. Tompte Tom. Orar sozinhos, com a família, amigos ou colegas, bem como as orações de familiares e amigos fora da RCA, apoiar organizações parceiras e a comunidade de fé em geral é o que sustentou esses líderes e seus ministérios.

O poder dessas orações é testemunhado pelo fato de que a FATEB nunca ter sido infiltrada por nenhum grupo rebelde e nenhum edifício foi danificado. Apenas um telhado sofreu danos leves por balas. Os funcionários da FATEB acreditam firmemente que foi Deus quem impediu qualquer destruição no campus. Nas palavras do pastor Matoulou: "Quando o conflito começou, podemos afirmar que a FATEB estava zelosamente protegida por Deus. Ninguém foi sequestrado ou foi vítima de pilhagem ou de qualquer violência. Até nossas famílias estavam protegidas. "

Dessa maneira, o conflito enriqueceu o relacionamento da equipe da FATEB e a experiência com Deus. O Dr. Nupanga declarou:

> A situação em Bangui nos permite ter uma boa experiência com Deus. Vimos como Deus nos protegeu em um momento em que não havia polícia e exército; somente Deus nos protegeu. A situação fortalece nossa confiança em Deus.

Alguns líderes argumentam que essas experiências renovadas e abundantes de Deus são uma das razões pelas quais Deus permitiu o conflito. Dr. Malépou argumenta que o conflito na RCA era a vontade de Deus. Como o Director da Sociedade Bíblica explica, durante a crise as pessoas buscam Deus. Assim, o conflito é realmente uma oportunidade para a Sociedade Bíblica. O pastor Sana, o profeta Wato e o Director da ACATBA argumentam que o conflito é realmente uma coisa boa, pois desperta a consciência das pessoas e as leva de volta a Deus.

CONCLUSÃO

Esse conflito na RCA é o mais recente de uma história nacional repleta de respostas armadas à oposição política. No entanto, esse conflito é indiscutivelmente diferente porque é visto, local e internacionalmente, como tendo raízes religiosas, pelo menos em parte. No entanto, a interpretação religiosa é sem dúvida a que foi dada após o fato. O que originalmente começou como uma luta por poder e recursos ainda é isso, mas agora tem o poder de fogo adicional da retórica e das interpretações religiosas.

Muitos líderes religiosos estão trabalhando duro para denunciar atos de vingança e retaliação e promover o diálogo e a tolerância entre as religiões. Por um lado, isso pode ser visto simplesmente como uma maneira de tentar acabar com o conflito; por outro lado, pode ser interpretado como um esforço conjunto para combater a dimensão religiosa do conflito. O conflito na RCA permanece, no fundo, um conflito que se baseia em uma luta por poder e recursos. Embora os esforços dos líderes cristãos sejam muito necessários e louváveis, é importante observar que o fim do conflito também precisará depender de encontrar meios justos e certos de administrar recursos. Isso não foi expresso explicitamente como uma preocupação central dos entrevistados, embora, para ser justo, nosso protocolo de entrevistas não tenha investigado explicitamente a questão da justiça e da retidão na governação. Portanto, infelizmente, não podemos descrever com confiança a extensão e as maneiras pelas quais esses líderes podem estar trabalhando activamente para abordar questões estruturais de justiça e de igual acesso aos recursos.

O conflito contínuo na RCA está pressionando significativamente o trabalho dos líderes e organizações cristãs que o ELA identificou como influentes. Indivíduos, assim como organizações, sofreram reduções consideráveis em recursos materiais, humanos e financeiros. Os indivíduos estão emocionalmente esgotados e traumatizados pelo que estão a experimentar. As organizações ficam frustradas por não conseguirem implementar suas actividades planejadas e obrigatórias.

No entanto, apesar dessas circunstâncias difíceis, os líderes, assim como as organizações, estão respondendo de muitas maneiras novas e positivas. Os líderes, como indivíduos, estão compartilhando seus poucos recursos e arriscando sua própria segurança ao abrigar pessoas deslocadas, incluindo muçulmanos. Organizações como a FATEB estão fazendo um grande trabalho humanitário – abrigando, alimentando e mantendo milhares de pessoas deslocadas em segurança. Ao ajudar a população deslocada, as organizações são assistidas por novos parceiros e existentes, que fornecem comida ou outros recursos necessários. Essas parcerias fornecem não apenas provisão material, mas também apoio emocional e espiritual. Para esses líderes e organizações, palavras de encorajamento e oração os sustentam, fornecendo força para continuar.

O conflito também criou outras oportunidades para servir. As organizações estão oferecendo novos tipos de treinamento ou estão disponibilizando o treinamento existente para outros grupos e em outros ambientes. Eles também estão envolvidos em atividades de construção da paz.

Inesperadamente e um tanto paradoxal, o conflito permitiu o desenvolvimento da coesão social, pelo menos entre alguns grupos dentro de Bangui. A FATEB tornou-se muito mais conectada às igrejas e à comunidade de Bangui em geral, oferecendo refúgio a indivíduos e organizações. Ao trabalhar em conjunto para enfrentar vários desafios, a equipa e os voluntários de diferentes organizações também estão se tornando mais interconectados. As igrejas estão se tornando mais ecuménicas, permitindo mais coesão entre os cristãos como um grupo de fé.

O conflito permitiu um crescimento da fé e do relacionamento com Deus. Em situações tão vulneráveis, os líderes foram forçados a confiar totalmente em Deus, e isso levou a um aprofundamento de seu relacionamento com Deus.

É também indiscutivel o motivo pelo qual tantos interpretam o conflito como estando na vontade de Deus.

Assim, aprendemos muito observando como os líderes e organizações cristãs da RCA estão respondendo a conflitos armados. Embora esse conflito seja desnecessário, horrível e indesejável, o bem, pode e está, vindo através dele. Através desses indivíduos e organizações dispostos e comprometidos, um excelente trabalho está sendo realizado.

REFERÊNCIAS CITADAS

Al Jazeera and agencies. 2015. "CAR's Bangui Tense as Communal Strife Kills Scores." http://www.aljazeera.com.

Arieff, Alexis. 2014. *Crisis in the Central African Republic.* Congressional Research Service.

Berg, Patrick. 2008. The Dynamics of Conflict in the Tri-Border Region of Sudan, Chad and the Central African Republic." Washington DC: Friedrich Ebert Foundation.

Bøås, Morten. 2014. "The Central African Republic – A History of a Collapse Foretold?" The Norwegian Peacebuilding Resource Centre.

Boré, Henry. 2014. "Did You Say, 'Central African Republic'?" *Air and Space Power Journal* 4: 57–67.

Brown, Michael J., and Marie-Joëlle Zahar. 2015. "Social Cohesion as Peacebuilding in the Central African Republic and Beyond." *Journal of Peacebuilding and Development* 10/1: 10–24.

Carayannis, Tatiana, and Louisa Lombard. 2015. *Making Sense of the Central African Republic.* London: Zed Books.

Debos, Marielle. 2014. "'Hate' and 'Security Vacuum': How Not to Ask the Right Questions about a Confusing Crisis." *Cultural Anthropology.* http://production.culanth.org.

Giroux, Jennifer, David Lanz, and Damiano Sguaitamatti. 2009. "The Tormented Triangle: The Regionalisation of Conflict in Sudan, Chad, and the Central African Republic." Center for Security Studies, ETH, and Swisspeace. Working Paper no. 47. http://eprints.lse.ac.uk.

Herbert, Siân. Nathalia Dukham, and Marielle Debos. 2013. *State Fragility in the Central African Republic: What Prompted the 2013 Coup?* Rapid Literature Review. Birmingham, UK: GSDRC, University of Birmingham.

Kam Kah, Henry. 2014a. "History, External Influence, and Political Volatility in the Central African Republic (CAR)." *Journal for the Advancement of Developing Economies* 3/1: 22–36.

Kam Kah, Henry. 2014b. "Anti-balaka/Séléka, 'Religionization,' and Separatism in the History of the Central African Republic." *Conflict Studies Quarterly* 9: 30–48.

Kane, Mouhamadou. 2014. "Interreligious Violence in the Central African Republic: An Analysis of the Causes and Implications." *African Security Review* 23/3: 312–17.

Kasomo, Diane. 2010."The Position of African Traditional Religion in Conflict Prevention." *International Journal of Sociology and Anthropology* 2/2: 23–28.

Kisangani, Emizet F. 2015. "Social Cleavages and Politics of Exclusion: Instability in the Central African Republic." *International Journal of World Peace* 32/1.

Onyulo, Tonny. 2015. "Christian-Muslim Conflict in the Central Africa Republic Has Refugees Afraid to Leave Camps." http://www.washingtontimes.com.

Sherwood, Harriet. 2015. "Pope Francis Visits Besieged Mosque in the Central African Republic." http://www.theguardian.com/.

Tomolya, János. 2014. "Crisis in the Central African Republic: Is It a Religious War in a Godforsaken Country or Something Else?" *Academic and Applied Research in Military Science* 13/3: 457–76.

Vinograd, Cassandra. 2015. "CARCrisis: UNICEF Says Teens Were Targeted in the Central African Republic." http://www.nbcnews.com.

Vlavonou, Gino. 2014. "Understanding the 'Failure' of the Séléka Rebellion."
African Security Review 23/3): 318–26.

Welz, Martin. 2014. "Briefing: Crisis in the Central African Republic and the International Response." *African Affairs* 113/453: 601–10.

Zoumara, Babette, and Abdul-Rauf Ibrahim. 2014. "Genesis of the Crisis in the Central African Republic." http://www.pambazuka.net/.

6

Palavra e Ação – Padrões de Organizações Cristãs Africanas Influentes

Nupanga Weanzana

O apoio organizacional é um elemento-chave na promoção do treinamento e desenvolvimento de líderes, mas as organizações também desempenham outro papel crucial: fornecem a estrutura institucional na qual líderes bem-sucedidos alcançam objetivos importantes. Por esse motivo, era importante que o projeto ELA incluísse um foco central nas organizações cristãs.

Em nossa pesquisa, pedimos a 8.041 cristãos africanos que identificassem uma "organização, programa ou iniciativa cristã" que julgavam ter um impacto extraordinariamente positivo em sua área ou região local (ver Apêndice B, Q.56). Os entrevistados forneceram os nomes de centenas de organizações. No Quênia, as três principais respostas foram World Vision (191), Compassion International (55) e Cruz Vermelha (44). Em Angola, as três principais respostas foram Mocidade para Cristo (57), DASEP – Departamento de Assistência Social, Estudos e Projetos (35) e Associação dos Escuteiros de Angola (34). E na República Centro-Africana (RCA), os três primeiros foram a FATEB – Faculté de Théologie Évangélique de Bangui (186), Caritas (185) e Campus pour Christ (161).

Inicialmente optamos por considerar apenas as 25 organizações de cada país citadas com mais frequência. Não foi possível fazer um estudo aprofundado de cada uma delas, por isso trabalhamos para filtrar nossas listas e selecionar com cuidado um número menor no qual pudéssemos focar em maior profundidade. Algumas das organizações nomeadas (como USAID, Cruz Vermelha ou AMREF Health Africa) não tinham identidades cristãs explícita e, portanto, não se encaixavam no nosso foco pretendido. Nosso questionário solicitou aos respondentes que fornecessem informações adicionais sobre cada organização, incluindo o foco e a natureza de seu trabalho, e informações de contato para os líderes da organização. Os entrevistados também avaliaram cada organização usando uma escala Likert de quatro pontos (de 1 = "Nada" a 4 = "Muito") em termos da extensão em que a organização treina líderes, trabalha com sabedoria no contexto local, tem uma boa reputação local, recebe forte apoio das igrejas locais e permite que as mulheres participem da liderança.

Nossa equipe de pesquisa sênior em cada país usou essas informações para selecionar um subconjunto de organizações-chave para futuras pesquisas qualitativas e de acompanhamento. Como nosso foco era a liderança cristã africana, estávamos particularmente interessados em organizações lideradas por africanos e em estudar organizações que ainda não eram conhecidas internacionalmente. Assim, optamos por não fazer pesquisas de acompanhamento em algumas das organizações internacionais frequentemente listadas e proeminentes, como Caritas, Compassion International e World Vision, que eram mais propensas a já terem sido estudadas detalhadamente por outras pessoas (veja, por exemplo, Bornstein 2005). Aproveitamos ao máximo as informações que coletamos em cada organização para selecionar um subconjunto para a pesquisa de acompanhamento. Levamos em consideração a frequência de menções e classificações em vários critérios e também tentamos selecionar uma ampla variedade de tipos de organização em diferentes regiões geográficas. Considerações práticas, como o custo da viagem para os entrevistadores e a disponibilidade de líderes para serem entrevistados, também afetaram a seleção final.

Para cada organização selecionada, uma a seis entrevistas gravadas foram realizadas com líderes da organização e essas entrevistas foram transcritas posteriormente. Também foram coletadas informações adicionais de cada organização. Foi preparado um relatório seguindo um protocolo pré-estabelecido em cada uma das organizações listadas abaixo. A Tabela 6–1 inclui informações sobre (1) com que frequência cada organização foi nomeada como tendo maior impacto, (2) sua classificação na medida em que a organização especificada treina os líderes e (3) uma classificação composta para cada (com base na extensão em que eles têm uma boa reputação localmente, se as igrejas locais são favoráveis ao seu trabalho, e se eles sentem que funcionam sabiamente no contexto local). As classificações variaram de 1 a 4, sendo 4 a mais alta possível. Esta pesquisa sobre organizações específicas sustenta este capítulo.[1] Este capítulo parte dos dados das entrevistas nas trinta e duas organizações acima e procura identificar vários atributos dessas organizações que levaram outros a avaliá-las como particularmente eficazes. Apesar da distância geográfica entre si e da natureza muito diferente de suas atividades, existem alguns padrões amplos que a maioria ou todos parecem compartilhar.

IDENTIDADE PÓS-COLONIAL

Durante o período colonial, houve poucas oportunidades para os africanos desenvolverem organizações lideradas por africanos. As organizações cristãs que existiam frequentemente refletiam padrões coloniais, com expatriados na liderança.

Tabela 6-1. Organizações Cristãs com Impacto

Organizações com Impacto	Angola			
	Indicações	Treinamento de líderes	Escala de composição	Ano de fundação
Conselho de Igrejas Cristãs em Angola (CICA)	25	3.54	3.33	1977
Departamento de Assistência Social Estudos e Projectos (DASEP)	35	3.53	3.45	1991
Formação Feminina (FOFE)	28	3.05	3.03	2010
Instituto Superior de Teologia Evangélica no Lubango (ISTEL)	11	3.91	3.64	1981
Mocidade para Cristo (Youth for Christ)	57	3.29	3.23	1993
Mulher da Igreja Evangélica Reformada de Angola (MIERA)	9	4.00	3.69	2006

---

1. Para o relatório completo sobre cada organização, consulte www.AfricaLeadershipStudy.org.

República Centro-Africana				
Adonai Mission International	110	3.73	2.99	1996
Ambassade Chrétienne (Radio Evangile Néhémie)	148	3.36	3.12	2001
Association Centrafricaine pour la Traduction de la Bible et l'Alphabétisation (ACATBA)	22	3.48	3.04	1993
Campus pour Christ	161	3.73	3.30	1987
Faculté de Théologie Évangélique de Bangui (FATEB)	186	3.87	3.48	1977
Mission pour l' Évangélisa- tion et le Salut du Monde (MESM)	32	3.35	3.27	1997
Perspectives Réformées	62	3.75	3.27	2002/ 2007
Quênia				
Bomaregwa Welfare Association	6	4.00	3.83	2010
Cheptebo Rural Development Centre	10	3.25	3.46	1986
Christian Partner's Development Agency	6	3.83	3.61	1985
CITAM (Christ Is the Answer Ministries)	7	3.29	3.70	1959/ 2003
Daraja La Tumaini	15	3.62	3.44	2006
FOCUS Kenya	21	3.89	3.54	1958/ 1973
KSCF (Kenya Students' Christian Fellowship	17	3.86	3.38	1959
Kwiminia Community Based Organization	13	3.62	3.35	2006
Magena Youth Group	16	3.20	3.47	2006
Mombasa Church Forum	10	3.10	2.85	2010

Mothers' Union	24	3.63	3.52	1918
Narok Pillar of Development Organization	11	3.80	3.56	2000/ 2010
NCCK (National Council of Churches of Kenya)	10	3.87	3.61	1966/ 1984
Redeemed Academy	29	3.69	3.60	1996
Scripture Union	32	3.55	3.51	1967
St. Martin's Catholic Social Apostolate	21	3.50	3.55	1997
Tenwek Community Health & Development Programme	13	3.25	3.19	1983
Transform Kenya	15	3.93	3.72	2011
Word of Life	18	3.50	3.40	1971

Depois da independência, essas estruturas mais antigas muitas vezes eram corretamente vistas como problemáticas, tanto porque suas estruturas de poder não apoiavam adequadamente a liderança africana, porque muitas vezes, tinham um foco excessivamente restrito nos objetivos espirituais e religiosos, com exclusão de uma visão mais abrangente do desenvolvimento humano. Com a independência, o otimismo inicial relacionado à mudança social se concentrou principalmente em novas estruturas governamentais. Porém, como líderes e estruturas políticas falharam em cumprir a promessa de uma vida melhor (Gifford 1998, 2, 4), tornou-se cada vez mais comum os africanos fundarem novas organizações não-governamentais em resposta a necessidades urgentes. Muitas vezes, foram os cristãos africanos que desenvolveram e lideraram essas novas organizações.

A maioria das organizações identificadas como impactantes que estudamos foram fundadas ou transformadas e reinventadas profundamente após a independência. Somente a Anglican Mothers' Union (1918) do Quênia parece ter sido organizada e mantida a sua identidade e estrutura organizacional desde os dias coloniais. Os três países onde realizamos pesquisas conquistaram sua independência em momentos diferentes. A RCA conquistou a independência da França em 1960, enquanto o Quênia ficou independente do Reino Unido em 1963. Angola conquistou a independência de Portugal em 1975. A maioria das organizações cristãs influentes foi fundada após o ano da independência política, embora muitas tenham raízes em um período anterior. Em muitos aspectos, esses três países podem ser vistos como representativos de grande parte da África política, linguística e culturalmente.

Poucos entrevistados nomearam uma organização missionária expatriada – como a Africa Inland Mission ou a World Gospel Mission como organizações de alto impacto, mesmo onde essas organizações se concentraram extensivamente em saúde ou educação, e mesmo onde tiveram uma longa história e presença contínua de missionários no país. Ao mesmo tempo, muitas das organizações citadas, mesmo que fundadas após a independência, eram, no entanto, devedoras dessas organizações anteriores. Por exemplo, a Tenwek Community Health and Development (TCHD) foi fundada em 1983 no contexto de iniciativas apoiadas pela World Gospel Mission. A Cheptebo Rural Development Centre (1986) foi desenvolvida com o apoio inicial da Africa Inland Mission. Em Angola, a denominação Igreja Evangélica Reformada de Angola foi fundada por Archibald Paterson na década de 1920. Em 1956, iniciativas e esforços para organizar as mulheres estavam presentes, mas não foi até 2006 que essas iniciativas anteriores finalmente culminaram na sociedade das mulheres totalmente oficial e organizada Mulher da Igreja Evangélica Reformada de Angola. Novamente, a Kenyan Alliance of Protestant Missions (1918) era um grupo de sociedades missionárias expatriadas que gradualmente fizeram a transição para incluir as igrejas quenianas. Eventualmente (1966), uma nova organização foi formalizada cujos membros constituintes eram igrejas quenianas, não sociedades missionárias. Hoje é conhecido como National Council of Churches of Kenya (NCCK). Na atual NCCK, líderes e organizações de expatriados não exercem mais um poder de tomada de decisão, como foi o caso da Alliance of Protestant Missions, mas os líderes quenianos das igrejas quenianas. Essa história representa um padrão comum para essas organizações.

Deve-se reconhecer que várias das organizações citadas acima, como Daraja La Tumaini, Word of Life, Mocidade para Cristo, Campus pour Christ, e Perspectives Réformées, são ramificações de organizações internacionais específicas de cada país. Essas ramificações específicas do país foram fundadas após a independência e todos têm liderança local. Assim, pelo menos em parte, refletem padrões pós-coloniais. Eles também refletem padrões forjados em lugares distantes e mandatados do exterior. Como ramificações locais de organizações internacionais, elas frequentemente enfrentam restrições significativas na flexibilidade local e na tomada de decisões. O diretor queniano da Word of Life, por exemplo, declarou abertamente que os estrangeiros haviam estabelecido e ordenado padrões que refletiam seus preconceitos culturais e perspetivas, e isso criou desafios significativos para ele em seu papel de liderança no contexto queniano. Da mesma maneira que as instruções médicas às vezes alertam: "Não dê o medicamento prescrito para você a outras pessoas, mesmo que seus sintomas se pareçam semelhantes, porque pode prejudicá-lo," as estruturas organizacionais projetadas em resposta a um contexto social não funcionam automaticamente bem quando exportados para um contexto diferente – e podem até ser prejudiciais. Obviamente, essas organizações internacionais permitem graus variados de flexibilidade local.

Embora apenas uma minoria das organizações acima seja uma ramificação local de uma organização internacional, todas elas existem em um mundo conectado globalmente caracterizado por grandes diferenças de riqueza e pobreza. Como Bowen e Rasmussen demonstram nos capítulos 7 e 4, respectivamente, os líderes desse tipo de organização alcançam sucesso, em parte, por meio de laços sociais globais e recursos compartilhados. E isso, é claro, leva a outros desafios relacionados à relação com os doadores e seus valores.

A maioria das organizações citadas na Tabela 6-1 são lideradas por africanos com identidades africanas. Por exemplo, a FATEB foi planejada e fundada em 1977 pela Associação de Evangélicos em África, com a visão de que este seminário proporcionaria educação teológica de qualidade na África francófona. Desde o início, a visão emergiu dos líderes teológicos africanos e, na maior parte de sua história, foi liderada por africanos. Muitas das organizações acima, desde o Mombasa Church Forum até a Redeemed Academy, foram fundadas muito depois da independência, com visão e lideranças africanas desde o início. Vários líderes africanos, homens e mulheres, jovens e idosos, alcançaram o sucesso da liderança por meio de organizações que eles fundaram ou lideraram. Quando pedimos aos entrevistados para nomear líderes com maior impacto, esses eram frequentemente citados.

A maioria dessas organizações exemplificou não apenas os padrões de liderança pós-colonial, mas também um forte apoio popular. Eles mobilizaram participação e apoio locais significativos e refletiram uma visão comunitária em vez da visão de um indivíduo solitário, uma visão local e não a de estrangeiros distantes. A Mombasa Church Forum foi muito sensível às dinâmicas inter-religiosas e políticas locais. O Magena Youth Group mobilizou os jovens em nome daqueles que os cercavam. A FOCUS Kenya, magistralmente, atraiu seus alunos de todo o país e em diferentes esferas da vida para orientar os alunos e forneceu estágios em uma ampla variedade de empregos. A Catholic Social Apostolate de St. Martin mobilizava regularmente mais de 1.000 voluntários locais para ajudar com programas para pessoas com deficiência ou HIV/SIDA e trabalhar pela paz.

VISÃO ALARGADA DO DESENVOLVIMENTO HUMANO

Em uma época anterior, as organizações missionárias em África geralmente priorizavam a alfabetização e a educação básica, e às vezes tinham ministérios médicos. Ocasionalmente, os missionários desempenharam papéis significativos no combate à injustiça social (Thompson 2002). Pesquisas recentes demonstraram que, historicamente, "missionários protestantes conversionistas" tiveram um impacto positivo significativo no bem social amplo (Woodberry 2012). E, no entanto, também é verdade que os missionários nessa época geralmente justificavam as ênfases na educação e saúde, ou outro envolvimento social, como pretexto das verdadeiras prioridades do evangelismo, plantação de igrejas e desenvolvimento da liderança da igreja. Às vezes, fins espirituais e bem-estar social eram vistos como prioridades concorrentes e alternativas, em vez de se encaixarem em uma visão abrangente do desenvolvimento humano.

Pessoas em muitas culturas africanas, no entanto, rejeitam qualquer dicotomia entre as chamadas necessidades espirituais e físicas ou sociais. Para muitos africanos, a presença de Deus no meio deles deve se manifestar em uma preocupação pelo desenvolvimento humano, que inclui saúde, paz, segurança e prosperidade.

E, no entanto, durante o período do colonialismo tardio e da independência inicial, muitos cristãos no Ocidente, e até em certos pontos de África, continuaram a enquadrar fins espirituais e bem-estar social como prioridades concorrentes e alternativas. Os cristãos frequentemente insistiam que era preciso escolher entre priorizar o evangelismo ou priorizar a ação social. Um ponto de virada inicial para os evangélicos ocorreu com o Congresso de Lausanne, em 1974, sobre evangelização mundial, que afirmou que "palavra e ação" devem andar juntas, que junto com a comunicação do evangelho deve haver uma preocupação com justiça social, reconciliação e libertação da opressão. Enquanto alguns continuaram a usar a metáfora da "semente e fruto" para sugerir a prioridade do evangelismo, os cristãos afirmaram cada vez mais que a dicotomia entre palavra e ação não era útil. Finalmente, em uma consulta de 1983 da World Evangelical Fellowship em Wheaton, focada na igreja em resposta às necessidades humanas, uma declaração clara de um corpo evangélico internacional insistiu que a dicotomia fosse rejeitada. O parágrafo 26 da *Wheaton Statement de 1983* declara: "A missão da Igreja inclui tanto a proclamação do Evangelho quanto sua demonstração. Devemos, portanto, evangelizar, responder à necessidade humana imediata e pressionar por uma transformação social "(Samuel e Sugden 1986). Nas últimas décadas, a missão holística ou integral que reúne palavra e ação se tornou a norma para a maioria dos evangélicos, como evidenciado em *2010 na Cidade do Cabo*.

A maioria das organizações cristãs lideradas por africanos que examinamos combinam ênfase no evangelismo e testemunho cristão com grandes preocupações relacionadas ao desenvolvimento humano. A Mocidade para Cristo em Angola concentra-se no evangelismo juvenil, bem como nos ministérios sociais que envolvem campanhas de limpeza, de ajuda alimentar, hospitalar e um centro psiquiátrico e de reabilitação. Association Centrafricaine pour la Traduction de la Bible et l'Alphabétisation (ACATBA) da RCA foca na tradução da Bíblia, juntamente com a alfabetização e o desenvolvimento da comunidade. Daraja La Tumaini, no Quênia, combina evangelismo com diferentes ministérios sociais voltados para o alívio da pobreza, aconselhamento, empreendedorismo e microfinanças.

Mesmo as organizações que começaram com um foco principal no evangelismo ou ministérios "baseados na palavra" se expandiram claramente para combinar palavra e ações. A Adonai Mission International na RCA foi fundada como uma organização missionária focada em evangelismo e plantação de igrejas (palavra). Porém, ao trabalhar com meninas cuja pobreza as pressionava para a prostituição, a organização ampliou seu foco para incluir treinamento de trabalho e habilidades para essas meninas vulneráveis. The Scripture Union no Quênia começou com o foco em alcançar crianças e adolescentes através da literatura bíblica. No entanto, ao cuidar dessas crianças e adolescentes, sua vulnerabilidade ao HIV/SIDA tornou-se clara, e a Scripture Union respondeu desenvolvendo um ministério social focado na prevenção e intervenção em HIV/SIDA. Para a maioria das organizações que examinamos, o evangelismo que proclama a salvação por meio de Jesus Cristo não foi abandonado, mas acompanhado pela preocupação social pelas pessoas a quem o evangelho é pregado.

Muitas das organizações cristãs mais influentes foram fundadas ou revisadas como uma resposta orientada pela fé a necessidades locais muito específicas. Um encontro casual com Thomas, uma pessoa vivendo com deficiência e presa durante toda a vida, apresentou o Padre Pipinato à situação das pessoas com problemas físicos em Nyahururu. A necessidade de cuidar dos deficientes físicos tornou-se assim a visão animadora inicial da fundação do Catholic Social Apostolate of St. Martin. Violência inter-religiosa e conflito político em Mombasa, Quênia, foram as realidades que um grupo de pastores trabalhou para abordar por meio da formação do Mombasa Church Forum. A

Formação Feminina (FOFE) foi fundada para educar meninas no contexto de um país devastado pela guerra, onde as meninas geralmente tinham poucas oportunidades de educação e treinamento. Cheptebo Rural Development Centre in the Kerio Valley (Quênia), trabalha para ajudar as pessoas a lidar com insuficiência de chuvas nessa região árida e semi-árida. Através do treinamento em irrigação e agricultura, melhora a vida das pessoas, atendendo a necessidades específicas. Além disso, as organizações com histórico anterior revisaram suas prioridades em resposta às necessidades humanas que encontraram. Ambassade Chrétienne na RCA, desenvolveu um programa para fornecer treinamento profissional em informática a adolescentes em um país com uma taxa de desemprego de 60%. A ACATBA priorizou a alfabetização em um país onde a população rural é amplamente analfabeta. Como um seminário teológico, a FATEB representa um ministério "baseado em palavra". E, no entanto, em resposta às recentes crises na RCA, ele forneceu proteção e atendimento a refugiados, liderança em iniciativas de paz e treinamento para atendimento a trauma. (O capítulo 5 deste documento fornece uma análise detalhada do ministério da FATEB nesta crise.)

Finalmente, essas organizações eram amplamente baseadas na comunidade. O foco não estava no bem-estar dos indivíduos isoladamente da comunidade. Em vez disso, os indivíduos foram tratados no contexto da comunidade com o objetivo de desenvolver na comunidade. Culturalmente, isso corresponde à característica comum da maioria das sociedades africanas, como exemplificado no ideal africano do Ubuntu – "Sou porque somos". Sem comprometer a natureza pessoal da salvação, os indivíduos estão sempre localizados dentro de sua comunidade. A transformação de toda a comunidade foi uma prioridade para muitas dessas organizações.

Além disso, as organizações cristãs mais influentes recebem seu apoio "moral" da comunidade por meio de contribuições e participação de indivíduos ou grupos. No caso do Cheptebo Rural Development Centre, a comunidade local deu 50 acres de terra ao Centro, mostrando claramente sua percepção de que este Centro estava servindo a comunidade. Outras organizações relataram um grande número de voluntários ajudando a realizar seu programa. O TCHD no Quênia informa que recebeu 70% de seu apoio da população local, o que permite que suas várias escolas e centros de saúde funcionem. Esses dois aspectos das organizações comunitárias são essenciais para o impacto e influência organizacional. A organização não busca o bem-estar de um indivíduo ou grupo, mas o bem-estar de toda a comunidade. A comunidade precisa alcançar algum senso de propriedade da organização através do envolvimento direto ou indireto no gerenciamento e suporte financeiro da organização. Em resumo, as organizações que examinamos combinam palavra e ação. Elas enfatizam a reconciliação com Deus e também um com o outro. Elas enfatizam o desenvolvimento da comunidade. Uma visão ampla e contextualmente responsiva do desenvolvimento humano ajuda a definir o foco de muitas dessas organizações.

CONCLUSÃO

Este capítulo identifica dois grandes atributos das organizações que estudamos. Elas são caracterizadas, primeiro, por identidades e padrões pós-coloniais, e segundo por uma visão ampliada do desenvolvimento humano. Isso não significa que não haja legados remanescentes do colonialismo ou novas formas de neocolonialismo que devam ser reconhecidas e resistidas. Tão pouco significa que a missão holística que caracteriza o trabalho dessas organizações está sempre equilibrada com bases teológicas adequadas. Embora este capítulo tenha enfatizado que essas organizações são contextualmente responsivas às necessidades humanas, o fato de tais organizações frequentemente exigirem apoio financeiro também pode implicar que elas devem responder às preocupações dos doadores. E, naturalmente, isso levanta outros tipos de problemas possíveis (consulte o Capítulo 7).

Em um corpo de Cristo globalmente conectado, onde existem grandes disparidades económicas em todo o mundo, claramente será importante para os líderes cristãos africanos e as instituições educacionais que os treinam a continuarem a lidar com padrões saudáveis de liderança pós-colonial no mundo moderno. E em um mundo onde os cristãos estão envolvidos com grande foco no desenvolvimento humano, será importante que os pastores e teólogos cristãos sustentem teologicamente essa questão. Os seminários e as escolas bíblicas em África não devem simplesmente replicar o currículo encontrado na educação teológica ocidental, mas devem integrar os tópicos e disciplinas (incluindo as ciências sociais) que ajudarão os líderes das igrejas e das organizações a envolverem-se com conhecimento e sabedoria em seus próprios contextos. O currículo deve fortalecer as duas alas da missão, sustentando ministérios de palavra e ação. Ou seja, os cristãos devem ser treinados para articular a fé cristã e agir com sabedoria em uma grande variedade de arenas relacionadas ao desenvolvimento humano.

As organizações cristãs devem combinar palavra e ação. Devem garantir que o conhecimento teológico e contextual seja o fundamento das avaliações das necessidades locais e das respostas priorizadas. Elas devem trabalhar com parcerias que respeitem a comunidade local e seus líderes. Padrões de lideranças coloniais ou neocoloniais não saudáveis devem ser rejeitados. Os esforços de improvisação para atender às necessidades humanas devem ser apoiados por insights teológicos e pesquisas locais. Todo projeto deve estar ancorado na comunidade e deve servir tanto para fins individuais quanto para fins comunitários.

O crescimento do cristianismo em África às vezes tem sido caracterizado como "uma milha de largura e uma polegada de profundidade". África tem sido frequentemente retratada como um continente sombrio, sem esperança, como exemplificado na reportagem de capa do *The Economist* de 2000, intitulada "Continente sem esperança/ The Hopeless Continent" (11 de maio). E, no entanto, essas percepções estão mudando, como visto na reportagem de capa do *The Economist* 2011 (3 de Dezembro), intitulada "África em desenvolvimento/ Africa Rising", e repetida em uma reportagem de capa com o mesmo título na revista *Time* (Dezembro de 2012). Este capítulo relata a mudança de face das organizações cristãs recém-formadas ou reenergizadas que estão equilibrando palavras e ações, apresentando a mensagem do evangelho e atendendo às necessidades das pessoas. Esta é a nova face de uma África bem-sucedida e de uma igreja bem-sucedida.

REFERÊNCIAS CITADAS

Bornstein, Erica. 2005. *The Spirit of Development: Protestant NGOs, Morality, and Economics in Zimbabwe*. Stanford, CA: Stanford University Press.

Gifford, Paul. 1998. *African Christianity: Its Public Role*. Bloomington, IN: Indiana University Press.

Samuel, Vinay, and Chris Sugden. 1986. "Evangelism and Social Responsibility: A Biblical Study on Priorities." In *Word and Deed: Evangelium and Social Responsibility* (1986): 199–202.

Thompson, T. Jack. 2002."Light on the Dark Continent: The Photography of Alice Seeley Harris and the Congo Atrocities of the Early Twentieth Century." *International Bulletin of Missionary Research* 26/4: 146–49.

Woodberry, Robert. 2012. "The Missionary Roots of Liberal Democracy." *American Political Science Review* 106: 244–74.

7

Organizações Cristãs Africanas e Desenvolvimento Socio-económico

Michael Bowen

Como podem as instituições religiosas contribuir para a promoção do desenvolvimento socio-económico? Em sua contribuição para o bem comum, as organizações cristãs não existem no vazio. Mesmo ao nível da expressão religiosa, elas fazem parte de um grupo mais amplo de instituições conhecidas como organizações baseadas na fé (OBF[1]). Julia Berger (2003) define as OBFs como organizações formais cuja identidade e missão são derivadas dos ensinamentos da tradição religiosa e que operam sem fins lucrativos para promover ideias articuladas sobre o bem público em diferentes níveis. As OBF geralmente estão conectadas à comunidade da fé por meio do pessoal e têm declarações de missão com orientação religiosa (Wuthnow 2004, 2009). Clarke e Jennings (2008) oferecem uma definição mais ampla de uma OBF como "qualquer organização cujas atividades têm como fonte de inspiração ensinamentos e princípios da fé."

Segundo Pew (2010), a maioria das pessoas na África subsariana se identifica como adeptos do cristianismo ou do islamismo e aproximadamente 75% dos africanos confiam em seus líderes religiosos. Essas descobertas indicam oportunidades para alavancar a influência de líderes religiosos e religião na promoção do desenvolvimento socio-económico.

Os Objetivos de Desenvolvimento do Milênio articulam sucintamente os objetivos do desenvolvimento socio-económico: erradicar a extrema pobreza

---

1. Traduzido do inglês "faith-based organizations (FOBs)"

e a fome; atingir o ensino básico universal; promover a igualdade de gênero e empoderar as mulheres; reduzir a mortalidade infantil; combater doenças; e garantir a sustentabilidade ambiental, entre outros. Este capítulo se concentra em alguns deles e deriva seus temas dos Objetivos de Desenvolvimento do Milênio. Em nossa pesquisa, pedimos a mais de oito mil cristãos africanos que identificassem as organizações cristãs lideradas por africanos que achavam ter grande impacto em suas comunidades. Com base na frequência com que os entrevistados os listaram, identificamos várias dezenas de organizações como tendo um impacto positivo significativo. Destas, selecionamos 32 para pesquisa de acompanhamento, realizando entrevistas com líderes e coletando informações suplementares on-line e impressas sobre cada uma. Uma dessas organizações (BWA) acabou não sendo baseada na fé. Outra (CITAM) era mais uma igreja do que uma OBF, e a pesquisa em uma terceira (FATEB) não estava disponível até depois que este capítulo foi concluído. Das 29 restantes, 5 focaram exclusivamente em assuntos espirituais, enquanto 24 (82,8 por cento) se concentraram em uma ou mais preocupações socio-económicas. Este capítulo se concentra nessas 24 organizações.

Nossos dados de entrevistas indicam que mais da metade dessas OBF (54,2%) fornecem serviços de saúde com a mesma percentagem, fornecendo serviços de geração de renda/emprego, e também educação e desenvolvimento de liderança, os quais, para os fins deste capítulo, foram incluídos apenas se a educação e desenvolvimento de liderança focassem mais amplamente em áreas sociais e/ou económicas, em vez de áreas propriamente espirituais. Um terço inclui um foco central no meio ambiente e/ou agricultura. Um número menor (17,2%) prioriza o abastecimento de água da comunidade. Quase metade (45,8%) das OBF prioriza outros serviços sociais, como construção da paz, equidade de gênero, boa governação, direitos humanos, serviço aos vulneráveis, como pessoas com deficiência física e idosos, conscientização e apoio aos viciados em drogas, treinamento em habilidades para a vida, ou envolvimento na política.

A maioria das OBF que examinamos não limita seu foco a uma única área socio-económica. Das 24 OBF com foco socio-económico, 12 focam em 3 ou mais áreas distintas. Esse foco em várias áreas de serviço pode ser devido à complementaridade das atividades ou à necessidade de um escopo e impacto mais amplo. Alternativamente, esse padrão também pode responder às expectativas daqueles que financiam as OBF.

OPORTUNIDADES E VANTAGENS NO DESENVOLVIMENTO SOCIO-ECONÓMICO

As organizações cristãs são instituições morais que promovem o desenvolvimento socio-económico. Com o tempo, essas organizações conquistam a confiança das comunidades com base no desempenho passado e nos ensinamentos e práticas resultantes de sua fé. A motivação da fé dessas OBF é uma força motriz na realização de suas atividades de desenvolvimento e é uma resposta ao mandamento de Jesus Cristo de servir aos outros, especialmente os pobres e desfavorecidos.

Hefferan, Adkins e Occhipinti (2009) são de opinião de que as organizações cristãs trazem uma perspectiva distinta ao desenvolvimento adotando uma abordagem filosófica e contextualizando a pobreza dentro das estruturas religiosas. Essas organizações percebem o desenvolvimento como salvando pessoas de acordo com os ensinamentos bíblicos, que vai além do simples salvá-los da pobreza para salvar suas almas e promover a dignidade humana. Para as organizações cristãs, portanto, o desenvolvimento vai além das condições materiais de pobreza e se estende à dimensão espiritual.

Além disso, organizações cristãs têm algumas vantagens sobre outras instituições para promover o desenvolvimento. Algumas dessas vantagens incluem a capacidade de mobilizar comunidades e recursos locais no nível mais baixo da sociedade. Tais organizações geralmente têm contatos locais e internacionais que lhes dão uma vantagem nas atividades de desenvolvimento. Outra oportunidade importante para as organizações cristãs que se envolvem no desenvolvimento socio-económico é a confiança que a sociedade deposita nelas. Essa confiança é normalmente conquistada durante um período de operação. Sua presença popular é outra vantagem distinta. Isso lhes permite identificar com precisão as necessidades da comunidade e propor intervenções apropriadas. Abaixo, apresento cada uma dessas vantagens distintas, começando com a literatura de outros estudiosos e apoiando-a com os dados das organizações cristãs que pesquisamos.

Mobilização

As organizações cristãs podem mobilizar recursos e operar mesmo nos níveis mais baixos da sociedade, com fortes vínculos com as bases (Lunn 2009). Elas podem mobilizar adeptos, incluindo aqueles que podem se sentir afastados dos programas de desenvolvimento secular. Um exemplo, neste caso, vem dos dados coletados de uma das organizações. O Apostolado Social Católico de St. Martin é uma organização religiosa de base que foi criada em 1999 perto

Tabela 7-1. Serviços socioeconômicos-socio-económicos fornecidos por cada Organização Baseada na Fé

	Organizações	Saúde	Ambiente e agricultura	Geração de Ativos e emprego	Educação e desenvolvimento de Liderança	Abastecimento de Água	Outros recursos sociais
ANGOLA	Conselho de Igrejas Cristãs em Angola	√			√		√
	Departamento de Assistência Social Estudos e Projectos	√			√		√
	Formação Feminina	√		√	√		
	Instituto Superior de Teologia Evangélica no Lubango				√		
	Mocidade para Cristo	√	√		√		
	Mulher da Igreja Evangélica Reformada de Angola	√					
RCA	Adonai Mission International			√			
	Ambassade Chrétienne (Radio Evangile Néhémie)	√		√	√	√	
	Association Centrafricaine pour la Traduction de la Bible et l'Alphabétisation				√		√
	Campus pour Christ	√			√		√

	Cheptebo Rural Development Centre	✓		✓	✓		✓
	Christian Partners Development Agency	✓	✓	✓	✓	✓	✓
	Daraja La Tumaini		✓	✓	✓		
	Kwiminia Community-Based Organiza- tion	✓	✓	✓		✓	
QUÉNIA	Magena Youth Group		✓	✓			✓
	Mombasa Church Forum			✓			✓
	Mothers' Union of Kenya	✓		✓			
	Narok Pillar of Development Organization	✓					
	National Council of Churches of Kenya		✓	✓	✓		
	Redeemed Gospel Academy				✓		
	Scripture Union						✓
	St. Martin's Catholic Social Apostolate	✓		✓			✓
	Tenwek Community Health & Develop- ment		✓	✓		✓	
	Transform Kenya				✓		✓
	TOTAL	**54.2%**	**33.3%**	**54.2%**	**54.2%**	**20.8%**	**45.8%**

da cidade de Nyahururu para mobilizar e treinar comunidades para apoiar pessoas vulneráveis em seu meio. Começou com um programa para pessoas que vivem com deficiência. Em seguida, expandiu-se, iniciando um programa para crianças carentes, como as que vivem nas ruas. Ela se expandiu ainda mais com um programa comunitário para a não-violência ativa e a defesa dos direitos humanos, passando a desenvolver programas para HIV e viciados em drogas e, finalmente, criando uma organização de poupança e microcrédito em 2002. St. Martin concentra-se em desenvolver a capacidade dos membros da comunidade para que possam cuidar adequadamente dos vulneráveis entre eles. A organização alista e treina mais de mil voluntários anualmente; eles formam o núcleo da força de trabalho da comunidade. A abordagem de St. Martin concentra-se em envolver a comunidade na busca de soluções.

Contatos

Muitas OBF têm uma presença de longo prazo já estabelecida nas comunidades, dando a elas conhecimento de contextos e contatos locais. As OBF normalmente desfrutam de bons contatos locais e internacionais, baseando-se nas estruturas e vínculos com a comunidade religiosa à qual pertencem.

Eles também podem aproveitar esses contatos para financiamento e captação de recursos, tornando-os menos dependentes de doadores que outras ONGs (Leurs 2012; Pereira, Angel e Angel 2009). Esses pontos fortes da organização significam que as OBF geralmente podem ser bem eficazes no terreno.

Um exemplo de uma organização com tais forças de contato é o National Council of Churches of Kenya (NCCK), que tem uma história de cem anos no Quênia. O NCCK procurou melhorar a vida dos quenianos por meio de programas nas áreas de advocacia, justiça e equidade, alívio da pobreza, mediação política, educação e criação de constituições. Essa organização ecumênica reúne como membros 27 igrejas protestantes, 9 igrejas fraternas e 6 organizações para-eclesiásticas. O NCCK possui parceiros e contatos nacionais e internacionais – alguns dos quais são muito influentes em termos de finanças e recursos intelectuais. Isso inclui a East Africa Venture Company, que foi constituída em conjunto com o Christian Council of Tanzania para publicar dois jornais cristãos; e o Small and Micro Enterprise Programme (SMEP), organização de microfinanças da NCCK, que recebeu reconhecimento e apoio da USAID. Outros contatos e parceiros da NCCK incluem a Christian Churches Educational Association, a Christian Health Association of Kenya, o Christian Student Leadership Centre (Ufungamano House), Kenya Ecumenical

Church Loan Fund, Public Law Institute, e o St. Paul's University in Limuru O NCCK também é membro da All African Conference of Churches (AACC), uma comunidade ecumênica de igrejas e instituições que trabalham juntas para o testemunho comum do evangelho. O NCCK tem uma lista de cerca de 30 doadores; inclui a World Vision, o The World Council of Churches, UNHCHR, UN Women, USAID, Diakonia e German GTZ. Dado esse conjunto significativo de contatos globais e locais, a NCCK pode efetivamente utilizar recursos financeiros, técnicos e humanos para cumprir sua missão, mesmo nos níveis local e de base.

Confiança

As organizações cristãs são frequentemente confiadas e percebidas como legítimas e honestas (Rivlin 2002). Como o NCCK, o CICA (Conselho das Igrejas Cristãs em Angola) é uma organização abrangente para muitas denominações protestantes que adquiriram confiança como resultado de seus esforços para criar uma Angola pacífica. Durante a guerra em Angola, o CICA uniu forças com outras instituições religiosas para a construção da paz. O CICA escreveu diretrizes para preparar líderes e comunidades para as eleições de 1992 e também preparou um documento para a paz e a resolução de conflitos. As diretrizes e documentos do CICA foram grandemente utilizados, e sua ampla aceitação construiu confiança entre vários líderes políticos.

O NCCK usa a confiança que tem com o governo do Quênia e o público para influenciar os que têm poder de decisão (incluindo, mas não se limitando aos políticos) sobre questões de ética e governança democrática e formulação de políticas. Ao longo dos anos, o NCCK criou uma reputação de defensor respeitado em nome dos cidadãos quenianos em questões de interesse nacional, como transições políticas, insegurança e economia nacional. O NCCK desempenhou um papel significativo na contribuição de gestão da transição para a política multipartidária no Quênia. Isso foi feito através de diplomacia silenciosa e comunicados de imprensa.

Motivação da fé

As organizações cristãs como parte de um grupo mais amplo de organizações religiosas têm um compromisso de servir as comunidades com base em sua motivação de fé (Occhipinti 2013). Consequentemente, elas podem aproveitar e se apegar ao compromisso e entusiasmo com base religiosa para servir às pessoas e comunidades que reúne muitas pessoas. As OBF são percebidas como distintas pelos estudiosos e doadores, não apenas porque se baseiam em valores espirituais e morais compartilhados, mas porque influenciam instituições que inspiram valores, como escolas e famílias (Leurs 2012; Berger 2009). Isso foi visto na visão e missão de várias organizações cristãs que examinamos. Por exemplo, a Perspectives Réformées Internationales (Perspectivas Reformadas Internacionais) na República Centro-Africana (RCA) é ajudar homens e mulheres a serem verdadeiros discípulos de Cristo, engajados ativamente em suas igrejas locais e capazes de influenciar positivamente seus ambientes sociais. De acordo com sua visão e missão, esta organização possui os seguintes ministérios: programas de rádio, cruzadas evangelísticas e programas de discipulado, todos com o objetivo de levar as pessoas a Cristo e afetar suas vidas de maneira positiva. Há uma conexão clara entre fé e influência social na visão desta organização. Uma visão semelhante é vista no Instituto Superior de Teologia Evangélica no Lubango (ISTEL), em Angola. Sua visão é ter líderes treinados – servos e discípulos – que vivem e ensinam a sã doutrina e promovem liderança, unidade na diversidade e engajamento social. O ISTEL busca educação integral, onde conhecimento, caráter e habilidades são formadas para a melhoria da sociedade. O resultado tem sido que muitos ex-alunos do ISTEL estão assumindo papéis de liderança sênior em suas denominações e comunidades. Seu engajamento social é claramente informado pela fé fundamentada na sã doutrina bíblica. Todas as organizações cristãs que examinamos conectam sua motivação de fé ao seu envolvimento em atividades socioeconômicas.

Presença de Base

As OBF geralmente são caracterizadas por independência, flexibilidade e criatividade (James 2009). Isso lhes permite fornecer serviços de desenvolvimento eficientes, alcançar os mais pobres em nível de base, realizar seu trabalho com objetivos de longo prazo e, finalmente, obter um serviço motivado e voluntário que incentive a defesa da sociedade civil. As organizações religiosas são frequentemente vistas como receptivas às necessidades locais, flexíveis, honestas e promovendo o desenvolvimento do capital social.

A Kenyan Christian Partners Development Agency (CPDA) exemplifica uma organização que tem forte apoio e mobilização popular. A CPDA foi formada por um grupo de cristãos para lidar com os efeitos da seca no leste do Quênia. Ela cresceu de uma organização cristã em 1985 para uma ONG em 1993, com prioridades além do foco original, mas baseadas nas necessidades das pessoas. Especificamente, a CPDA possui um programa de gênero e governação que prioriza as questões de gênero, com foco mais amplo no aprimoramento da governação participativa nos níveis local e nacional, por meio de mecanismos aprimorados e pelo fortalecimento das capacidades das comunidades de base. Tais mecanismos incluem o fortalecimento de assembleias de bairros que atuam como fóruns onde a comunidade se reúne para deliberar sobre problemas e propor soluções. A CPDA também possui um programa de capacitação de jovens que se concentra no desenvolvimento de governança e liderança, capacitação para governação participativa e educação cívica e eleitoral. Tudo isso é realizado em nível de base, usando o modelo de desenvolvimento participativo.

ÁREAS DE IMPACTO SOCIO-ECONÓMICO

As várias organizações que examinamos priorizam várias áreas de foco socio-económico que incluem saúde, educação e treinamento, atividades de geração de renda e emprego, redução da pobreza, meio ambiente e agricultura e água. Estes são discutidas abaixo.

Saúde

A Organização Mundial da Saúde (OMS) estima que 30 a 70 por cento da infraestrutura de saúde em todo o continente africano é de propriedade ou administrada pelas OBF (OMS 2007). O primeiro censo em África do setor de saúde sem fins lucrativos, realizado no Uganda em 2001, por exemplo, mostrou que 70% de todas as unidades de saúde privadas sem fins lucrativos no Uganda são de dioceses e paróquias autônomas (Ministério da Saúde / Igreja Católica da Uganda 2001). Uma amostra aleatória de dispensários do governo e da igreja e centros de saúde na Tanzânia mostrou que os dispensários da igreja prestavam serviços curativos e de prestação de serviços de melhor qualidade, enquanto os dispensários do governo ofereciam serviços de educação e imunização em saúde de maior qualidade para mulheres e crianças (Gilson et al. 1995). Essas estatísticas atestam o importante papel que as organizações cristãs desempenham no campo da saúde.

Os dados coletados nas entrevistas destacam uma organização cristã que está executando programas de saúde inovadores e abrangentes na zona rural do Quênia. O Tenwek Community Health and Development (TCHD) é uma organização pioneira de base comunitária (OC) que está em operação desde 1983. É um braço de divulgação do Tenwek Hospital, anteriormente registrado como OBF e iniciado pela World Gospel Mission em 1961. O TCHD foi formado em resposta a um aumento de doenças evitáveis. No momento da sua formação, 80% das pessoas que visitavam o hospital sofriam de doenças evitáveis. A organização foi formada para implementar uma estratégia de saúde comunitária. Cada local administrativo foi dividido em três sub-locais, onde uma equipe de marido e mulher foi treinada por três semanas para fornecer serviços de saúde em sua aldeia como auxiliares de saúde da comunidade. O modo de operação de cada ajudante era servir três dias por semana e chegar a vinte famílias sob o lema "é melhor prevenir do que remediar."

A visão do TCHD é capacitar as comunidades a serem capazes de identificar e atender às suas necessidades de saúde. Sua missão é servir a Cristo, facilitando a mudança por meio de cuidados de saúde na comunidade e desenvolvimento apropriado nas comunidades carentes. A organização se expandiu construindo fortes relacionamentos com comunidades, igrejas e outras partes interessadas, como departamentos governamentais. No âmbito geográfico, o programa se expandiu para uma agência de desenvolvimento líder na South Rift Valley, cobrindo os municípios de Bomet, Kericho, Narok, Transmara e Nakuru.

A TCHD oferece vários programas, incluindo cuidados de saúde materno-infantil; prevenção e tratamento de HIV/SIDA; segurança alimentar; e programas de água, higiene e saneamento. O projeto incentivou os moradores a realizar atividades de geração de renda relacionadas principalmente à nutrição, ou seja, hortas, produção de laticínios e criação de aves. Também são fornecidos filtros de água de bio-areia nas comunidades, juntamente com a construção de 25 mil tanques de água da chuva e atividades de proteção de nascentes. O programa de segurança alimentar é aprimorado por meio de bancos comunitários de alimentos. A organização faz parceria com as comunidades para armazenamento de alimentos pós-colheita e armazenamento de alimentos recebidos do governo. Durante os períodos de escassez, esses alimentos armazenados são vendidos aos comerciantes com lucro. A organização também administra um projeto de cabras leiteiras.

As principais realizações incluem uma redução de 90% na incidência de doenças, imunização de crianças e atendimento pré-natal por meio de clínicas móveis, melhoria na nutrição e redução de infecções relacionadas à nutrição em 90% e expansão de um a cinco municípios. A TCHD forneceu um modelo para outras igrejas. As seguintes igrejas adotaram esse modelo: Africa Inland Church, Catholic Church, Deliverance Church, Seventh Day Adventist Church, e a Full Gospel Church of Kenya. A TCHD liderou um processo de propriedade de pessoas. Ela conseguiu alcançar áreas marginalizadas e treinou entre trinta e trinta e cinco líderes comunitários em cada vila. Atualmente, a TCHD tem setenta funcionários, com alguns dos líderes servindo por 30 anos.

A TCHD também foi capaz de impedir a dependência por meio do desenvolvimento da comunidade e projetos de emprego remunerado. Atualmente, 70% do financiamento é fornecido pela comunidade local, com a TCHD oferecendo apenas 30% do apoio financeiro a projetos de água e segurança alimentar. Na maioria dos projetos, a TCHD auxilia apenas a comunidade na capacitação. Desde 2011, as comunidades onde a TCHD opera têm sido capazes de desenvolver e possuir quase 10 projetos no valor de 690.000 USD. Os projetos incluem dispensários e escolas.

Outras organizações cristãs que prestam serviços de saúde incluem CPDA, Kwiminia CBO e Narok Pillar of Development Organization, para mencionar algumas. Suas atividades vão do combate ao HIV/SIDA à conscientização e educação sobre várias doenças, saneamento, nutrição e envolvimento na geração de políticas de saúde.

Em nossa pesquisa sobre organizações cristãs consideradas como tendo um impacto positivo importante, 13 estão envolvidas em programas de saúde. Destes, sete (54%) prestam serviços especificamente no campo do HIV/SIDA. Essa ênfase reflete a seriedade do problema do HIV/SIDA em África. Além disso, mostra que as organizações cristãs enfrentaram esse desafio e estão enfrentando o problema.

Educação, Treinamento e Desenvolvimento de Liderança

Woodberry (2004) aponta que a educação leva à acumulação de capital humano, o que contribui diretamente para um maior crescimento e desenvolvimento económico. O valor da educação foi reconhecido por muitas organizações cristãs. Quando os primeiros missionários cristãos chegaram em África, eles se envolveram direta ou indiretamente em projetos educacionais. O primeiro grande impacto da atividade cristã na África subsaariana foi a introdução da educação formal e da alfabetização (Okpala e Okala, 2006). Segundo Jack Goody (1968), uma vez introduzida a alfabetização em uma sociedade tradicional, ocorrem mudanças nos padrões de pensamento que modificam o status socio-económico de toda a sociedade. Na África Subsaariana, a taxa de alfabetização de adultos é de 59%, com a taxa de jovens de 70% (UNESCO 2013). África carece de muito trabalho no setor da educação.

Os dados coletados em nossa pesquisa sugerem que muitas organizações cristãs estão amplamente envolvidas no setor educacional. Ou seja, as organizações cristãs indígenas construíram sobre os fundamentos lançados pelos missionários anteriores e substituíram as organizações educacionais lideradas por missionários, por organizações africanas. Por exemplo, o

Cheptebo Development Center, uma das organizações cristãs que examinamos, em conjunto com o Ministério da Educação, patrocinou palestras anuais de motivação com candidatos a exames nacionais. Este patrocínio causou supostamente melhoria medida no desempenho acadêmico. Usando o financiamento de parceiros, o Cheptebo Development Center ajuda no pagamento de propinas para estudantes carentes da comunidade. Ele também oferece aos estudantes universitários oportunidades de estágio na área de agricultura em terra seca e está no processo de iniciar uma faculdade especializada em agricultura em terra seca.

Outro exemplo é o NCCK, que estabeleceu escolas politécnicas nas aldeias que fornecem treinamento de habilidades para jovens que abandonam a escola. O NCCK também oferece bolsas de estudo, com mais de 5 mil estudantes se beneficiando diretamente dos prêmios.

A Redeemed Academy é uma escola fundada pela Redeemed Gospel Church in Ukunda, Mombasa, Quênia. Seu principal objetivo é fornecer educação de baixo custo e alta qualidade para a comunidade local. Ela fornece educação da creche ao ensino médio para 350 crianças, das quais pelo menos metade são muçulmanas. A escola também oferece bolsas de estudo para alunos carentes do ensino médio.

O Ambassade Chrétienne na RCA ajuda os jovens a obter habilidades profissionais, como formação em informática, com 232 pessoas formadas até o momento. Esta OBF também doa computadores para escolas. O CICA em Angola forma pessoal em administração, finanças e alfabetização, enquanto o Departamento de Assistência Social, Estudos e Projetos (DASEP) da Igreja Evangélica Congregacional em Angola construiu dois internatos. Além disso, as Mulheres da Igreja Evangélica Reformada de Angola procura motivar as mulheres a participar de programas de alfabetização.

Em Angola, a organização Formação Feminina treina meninas (e mais recentemente meninos também) nas áreas de agricultura, bordado, decoração, culinária e educação domiciliar. Os jovens são treinados em economia doméstica para se tornarem pessoas produtivas em suas comunidades.

Claramente, a maioria das organizações cristãs que examinamos tem um profundo envolvimento em questões de educação em seus respectivos países. Esse envolvimento abrange todo o espectro educacional, do ensino básico ao superior, além de habilidades e capacitação.

Geração de Renda, Emprego e Redução da Pobreza

As organizações cristãs passaram a ser parte integrante da realidade social em África, com impacto significativo no desenvolvimento. Ellis e Ter Haar (2007; 2004) argumentaram que a religião "agora forma a conexão mais importante" que a "África subsaariana [tem]... com o resto do mundo." A religião é um elemento central no pensamento da maioria dos africanos, e é cada vez mais evidente no domínio público e na política. É compreensível que tenha sido dada atenção à necessidade de considerar o futuro do desenvolvimento em África, no âmbito de uma mudança mais ampla, de um estreito paradigma económico para algo mais amplo, que inclua dimensões espirituais e religiosas.

"Historicamente, os grupos religiosos prestam serviços sociais e outras atividades de desenvolvimento comunitário que promovem o empoderamento da comunidade" (Littlefield n.d.). As OBF, portanto, não são novas no campo do desenvolvimento. Elas têm sido atores importantes na vida social, económica e política dos países em desenvolvimento desde o período colonial, quando prestavam serviços de educação e saúde em conjunto com os governos coloniais.

O Banco Mundial agora reconhece que a guerra contra a pobreza não pode ser vencida sem olhar para a dimensão espiritual e suas muitas manifestações em instituições e movimentos religiosos (Marshall e Keough 2004). A Beijing Platform for Action de 1995 (citada em James 2009) reconhece que a religião desempenha um papel central na vida de milhões de mulheres e homens. Isso levou a uma reavaliação positiva do papel da fé no desenvolvimento. A experiência nigeriana mostrou que as OBF são importantes agentes de desenvolvimento em África (Olarinmoye 2012). Seu escopo e flexibilidade de programação inspiram confiança entre as comunidades em que operam. O estado exige o apoio das OBF, dado os vários desafios que enfrenta. A cooperação entre o estado e as OBF é necessária para a execução efetiva dos programas afim de garantir que o desenvolvimento ocorra.

O Cheptebo Development Center gere uma instalação de conferência que foi construída em 1997. Ele gera fundos para administrar o centro e suas atividades. O centro tem capacidade para cem camas e duas salas de conferências. Atualmente, existem trinta e dois funcionários. Esses funcionários têm vários dependentes que se beneficiam do emprego criado pelo centro. Além disso, o CPDA capacitou os jovens a serem auto-suficientes e a se envolverem em empreendimentos empresariais no condado de Vihiga. Outra organização cristã (Daraja La Tumaini) estabeleceu um esquema de microfinanças que ajuda seus membros com empréstimos iniciais para pequenas empresas. Muitas pessoas locais iniciaram pequenos negócios em áreas de favela como resultado desse esforço.

As mulheres do Sindicato das Mães Anglicanas formam sociedades cooperativas onde os membros se apoiam mutuamente no desenvolvimento. O Sindicato das Mães apresentou propostas a doadoras como Act Alliance, Action Aid e World Vision. O financiamento dessas fontes é usado para melhorar os padrões de vida. Muitas filiais do Sindicato das Mães também construíram salões paroquiais que são contratados por uma taxa, gerando renda. O Sindicato das Mães também construiu as Torres dos Bispos em Nairóbi, um prédio que abriga o escritório nacional e gera renda com o aluguel de escritórios para muitas empresas.

A NCCK fez a vida dos quenianos melhor através de uma série de programas. Um deles é o SMEP que é a organização de microfinanças da NCCK. Em 2010, o SMEP foi licenciado pelo Banco Central do Quênia como uma agência nacional de microfinanças para recebimento de depósitos. Atualmente, ele está sendo preparado para crescer e se transformar em um banco. Atualmente, o SMEP está executando um orçamento anual de 22.988.505 USD. A NCCK também possui propriedades em locais privilegiados que incluem hotéis e escritórios nas principais cidades do Quênia. Essas propriedades geram uma renda anual combinada de cerca de 6.896.551 USD, permitindo a NCCK para empregar milhares de quenianos. Da mesma forma, o Apostolado Social Católico de St. Martin iniciou seu Programa Comunitário de Economia e Microcrédito em 2002.

A Ambassade Chrétienne na RCA busca aliviar a pobreza treinando mulheres; 3 mil haviam sido formadas no momento desta pesquisa. A organização criou aproximadamente 352 associações de mulheres que gerenciam microprojetos geradores de renda.

Conservação Ambiental e Agricultura

Segundo o relatório de 2012 da Africa Society, os problemas ambientais constituem um dos principais desafios do continente africano no século XXI (Chukwunonyelum et al. 2013). A qualidade e a riqueza dos ambientes terrestres, de água doce e marinhos foram poluídas. Os problemas ambientais foram agravados pelo rápido crescimento populacional, urbanização, consumo de energia, pastoreio excessivo e cultivo excessivo de terras.

Chukwunonyelum et al. (2013) sugerem que "a crise ambiental que o continente africano enfrenta é cada vez mais vista como uma crise de valores e a religião, uma fonte primária de valores humanos... fundamental na busca de soluções sustentáveis." Eles observam que o meio ambiente foi criado por Deus para atender às nossas necessidades presentes e futuras e que a destruição ambiental é em parte resultado da ganância entre as elites dominantes.

Em África, os cristãos estão preocupados com o meio ambiente (Conradie 2007) e fundamentam essa preocupação em uma teologia do "cuidado da criação." No entanto, a pobreza é um obstáculo à conservação ambiental. Para a maioria dos pobres, a conservação ambiental é vista como um hobby dos ricos para seus próprios fins estéticos. Às vezes, os ricos são vistos como mais preocupados com recursos ambientais como a vida selvagem do que com o bem-estar dos seres humanos. A preocupação dos pobres é que a atenção às questões ambientais desvie os recursos das necessidades humanas mais prementes. Essa tensão precisa ser gerenciada.

A literatura sobre preocupações ambientais às vezes afirma que os atores religiosos não estão envolvidos na conservação ambiental. No entanto, a All African Conference of Churches e alguns de seus conselhos regionais membros organizaram várias conferências com temas ambientais nos últimos anos e publicaram várias declarações (AACC, n.d.). A conferência mantém uma unidade temática chamada Mudança Climática e Cuidado com a Criação. Essa ênfase está totalmente fundamentada nos compromissos teológicos cristãos.

Os dados coletados nas entrevistas deste estudo revelam várias organizações envolvidas na conservação ambiental. Uma delas é o Cheptebo Rural Development Centre, localizado no Kerio Valley, no Condado de Elgeyo Marakwet, no Quênia. O local é semi-árido, com níveis de pobreza bem acima de 60%. O centro criou unidades de demonstração especificamente relacionados ao meio ambiente e à agricultura. O conceito é que os membros da comunidade venham e aprendam com as unidades de demonstração no centro e depois voltem e implementem as mesmas tecnologias em suas fazendas. O centro criou unidades de demonstração nas seguintes áreas: unidades de vacas e cabras leiteiras, técnicas de cultivo em terra seca, irrigação por gotejamento, viveiros de árvores com mudas de frutas certificadas, apicultura, fazenda de pomar, unidade de aves, agricultura de conservação e tecnologia de efeito estufa. O Cheptebo Development Center forneceu mudas de qualidade para a comunidade ao seu redor. O centro teve um impacto sobre as pessoas em toda parte, com mudas sendo vendidas até o sul do Sudão.

Como resultado da fazenda de demonstração do centro, um bom número de famílias plantou mangas e outras árvores frutíferas e recebe uma renda significativa desses empreendimentos. A área agora está mais verde. À medida que mais pessoas cultivam árvores frutíferas, isso provavelmente mudará o microclima nessa região. Outras famílias agora mantêm vacas leiteiras e cabras leiteiras que são de grande ajuda para tirar a comunidade da pobreza. O número de igrejas também aumentou, bem como a participação nessas igrejas.

Provisão de Água

Allen, Davila e Hofmann (2006) relatam que há uma lacuna notável entre os pobres e os ricos no acesso a serviços de água. Realizando um estudo em cinco cidades do mundo em desenvolvimento, eles descobriram que os pobres sofrem privações graves de serviços de água. Isso os relega a sistemas de água alternativos que não são seguros em termos de saúde. Algumas OBF examinadas neste estudo intervieram para preencher essa lacuna e fornecer água para gado, plantações e pessoas, especialmente os pobres.

O CPDA, uma das OBF estudada, concentra-se em melhorar a água e o saneamento nas comunidades onde opera. Isso é alcançado através de parcerias com a população na promoção do saneamento da água e no acesso a água limpa e segura. De 1997 a 2009, o CPDA construiu mais de 120 tanques de água, protegeu mais de 400 nascentes e 174 latrinas para apoiar a água e o saneamento nos municípios de Vihiga e Kakamega, no Quênia. De 1998 a 2003, o CPDA apoiou a construção de 50 poços rasos, 11 tanques de água, 50 canais de água para gado e 10 bombas manuais no Condado de Machakos.

A Kwiminia COB construiu 13 barragens de areia em 2006 e outras 13 em 2007-8. O grupo construiu um total de 10 represas de areia e também doou 28 tanques de água para escolas. Os programas de água da TCHD incluem o fornecimento de água potável, saneamento e higiene. Forneceu filtros de água de bio-areia à comunidade e construiu tanques de captação de água da chuva que contêm 25 mil litros de água. Também protegeu as fontes comunitárias da poluição. A Ambassade Chrétienne na RCA cavou um poço de água que fornece água limpa para 3 mil pessoas na comunidade, evitando doenças transmitidas pela água.

TIPOLOGIAS DE ORGANIZAÇÕES CRISTÃS

De acordo com Hefferan, Adkins e Occhipinti (2009), existem 6 maneiras de categorizar as organizações em termos de fé: fé permeada, fé centrada, fé afiliada, experiência religiosa, parcerias seculares de fé, e secular. Essa categorização representa um começo contínuo com aqueles que se dizem ser fé permeada por aqueles que não professam fé (secular). Como alternativa, esses mesmos autores propõem tipificar as OBF com base nos seguintes aspectos: auto-descrição, se o fundador era religioso ou não, se funcionários ou voluntários devem professar a fé, a fonte de financiamento, práticas de fé dentro da organização, conteúdo da fé do programa e símbolos de fé. A maioria das organizações examinadas foi muito clara sobre suas fundações cristãs, com algumas mudando sua visão e missão ao longo do tempo. Nenhuma das organizações examinou as reivindicações de ser secular, embora algumas tenham funcionários não-cristãos. A maioria das organizações cristãs recebe apoio e é parceira de instituições que não são necessariamente cristãs. Existem muitas maneiras de avaliar a expressão da religião relacionada à prestação de serviços sociais. Os pesquisadores definem a extensão da ênfase religiosa entre as organizações religiosas para entender o papel da religião como um componente dos serviços oferecidos pelas organizações religiosas. As várias tipologias compartilham muitos pontos em comum com três categorias principais de avaliação: expressão da religião (ver parágrafo anterior), controle organizacional e implementação do programa. O controle organizacional é examinado por meio de recursos financeiros, a religiosidade dos participantes e a definição de medidas de resultado. A implementação do programa é examinada através da seleção de serviços prestados, da integração de elementos religiosos na prestação de serviços e da participação voluntária ou obrigatória em atividades religiosas específicas dentro da organização e nos processos de tomada de decisão.

Os dados coletados nas entrevistas mostram que a composição do quadro e o pessoal das organizações que examinamos na RCA e em Angola são cristãos. No Quênia, as organizações mostram uma imagem um pouco diferente, com quatro organizações tendo conselhos ou funcionários que não são exclusivamente cristãos. Essas organizações são CPDA, Kwiminia CBO, Narok Pillar of Development e TCHD. Por exemplo, o Narok Pillar of Development relata que alguns funcionários não são cristãos, mas todos os membros do conselho são. Além disso, a visão e a missão dessas organizações são mais exclusivamente sociais em comparação com aquelas cujo conselho e equipe são inteiramente cristãos. Outra observação é que as organizações cujos conselhos e funcionários não são exclusivamente cristãos têm uma variedade de doadores seculares e cristãos internacionais e nacionais. O desafio de ter doadores não-cristãos poderosos é que seus fundos vêm com condições e alguns destes podem contrariar as aspirações de uma organização cristã, como alcançar convertidos.

TENSÕES E DESAFIOS NO DESENVOLVIMENTO SOCIO-ECONÓMICO

Manter a identidade religiosa diante de poderosas forças secularizantes é um desafio para as organizações cristãs (Occhipinti 2013). A missão e a visão de uma organização ajudam a manter uma identidade religiosa, além de servirem a importante função de atrair e motivar funcionários e voluntários. A identidade religiosa dos funcionários deve ser inegociável como forma de resistir às pressões secularizantes. O trabalho em rede entre organizações semelhantes com as mesmas crenças que realizam trabalhos semelhantes em locais diferentes ajuda as organizações a reforçar a identidade religiosa por meio do contato regular e do intercâmbio de pessoas e ideias. Funcionários e voluntários expressam a religião através de atividades diárias, e a cultura que eles criam pode, por sua vez, influenciar a organização religiosa patrocinadora. Flexibilidade e adaptação são muito importantes para a sobrevivência organizacional; no entanto, essa flexibilidade e adaptação podem resultar em organizações se retirando de sua identidade religiosa.

Duas organizações dirigidas pela mesma pessoa, Cosmas Maina, exemplificam as tensões presentes quando as organizações cristãs trabalham com as comunidades. Cosmas Maina trabalha com viciados em drogas para ajudar a libertá-los de seus vícios. Para interagir com dois grupos diferentes de partes interessadas, ele registrou duas organizações paralelas que atendem à mesma população de risco: Teens Watch e Liberte os cativos (Set the Captives Free). A Teens Watch é uma OBC que utiliza educadores de pares para aumentar a conscientização da comunidade sobre a redução de danos em áreas como abuso de drogas, alcoolismo e prostituição. Não é uma organização explicitamente cristã. E, no entanto, Cosmas Maina está convencido de que Jesus e os recursos fornecidos no evangelho e através da igreja desempenham um papel estratégico na mudança de vida dos viciados. E assim ele usa uma organização completamente separada e explicitamente cristã chamada Set the Captives Free para se juntar a esses mesmos viciados e provê-los de nutrição e cuidado espiritual com as duas organizações separadas, a Cosmas pode mobilizar recursos de diversas fontes religiosas e seculares e gerenciar recursos separadamente de maneira que seja congruente com a natureza e os valores dos doadores e também promova o bem-estar dos viciados.

A Teens Watch recebeu financiamento de uma organização internacional não-cristã. Os funcionários e voluntários da Teens Watch se movem pelas ruas de Mombasa, no Quênia, bem cedo pela manhã para localizar pessoas que usam drogas. Os funcionários e voluntários não pregam a esses viciados em drogas, porque não podem fazê-lo abertamente com o financiamento que recebem; os toxicodependentes têm a opção de visitar Set the Captives Free, onde são ensinados a Palavra de Deus. Sob a Teens Watch os funcionários saem e fornecem seringas, preservativos e lubrificantes limpos para as profissionais do sexo. Eles também conversam com pessoas sobre saúde sexual e reprodutiva e tiveram a chance de falar com meninas que estavam envolvidas em bestialidade e homossexualidade. Eles também procuram profissionais do sexo. Eles tentam aconselhá-los, além de lhes dar dinheiro para manutenção.

Este caso em particular é, em alguns sentidos, único, mas responde às opiniões que a maioria dessas organizações cristãs enfrenta. Por um lado, eles gostariam de servir a comunidade; por outro lado, eles não têm os recursos. Eles então procuram organizações para apoio, nem todas simpatizantes com o componente de fé de seu trabalho, e isso pode desencorajá-las ativamente de levar sua fé a seu serviço. Essa tensão pode ser sentida não apenas pelos doadores, mas também pelos que estão sendo servidos, que podem não ser cristãos. As expectativas dos apoiadores cristãos também podem complicar as coisas. A oferta de preservativos e seringas limpas pode ser vista por alguns cristãos como uma maneira não aceitável de servir a comunidade. De fato, as igrejas em Mombasa se recusaram a cooperar com a Teens Watch por esse mesmo motivo. Essas são as tensões que as organizações cristãs continuarão a enfrentar e precisarão de ajuda para enfrentar esses desafios.

CONCLUSÃO

Os dados deste estudo mostram que a maioria das OBF que têm um impacto significativo no bem público também tem um objetivo socio-económico. Em parte por causa de suas orientações espirituais, essas organizações são exclusivamente motivadas e posicionadas para atender às necessidades da sociedade. De fato, a maioria dessas organizações cristãs oferece serviços de saúde, programas de redução de renda e pobreza, educação e treinamento e/ou programas ambientais e agrícolas. Metade das organizações cristãs entrevistadas concentra-se em três ou mais áreas da economia social.

Algumas das organizações cristãs estabeleceram laços muito estreitos com o governo e outras agências em suas áreas de atividade. Isso cria sinergia e garante maior aceitação e eficácia do programa. Note-se também que as organizações cristãs não apenas servem aos cristãos, mas também servem pessoas de outras religiões.

Várias dessas organizações demonstram uma incrível capacidade de mobilizar as pessoas para trabalhar e alcançar seus objetivos, com uma organização local mobilizando mais de mil voluntários em uma base contínua. Tais organizações foram capazes de treinar e motivar esses voluntários para fornecer vários serviços gratuitamente. A motivação de fé parece ser um aspecto fundamental desses voluntários. Muitas dessas organizações criaram vários e profundos contatos com parceiros locais e internacionais que as ajudam a mobilizar recursos financeiros, técnicos e outros.

Além disso, várias organizações que examinamos criaram confiança com o governo, políticos e outras instituições que lhes permitem desempenhar papéis-chave em áreas como a construção da paz. A percepção de que essas organizações exemplificam valores positivos (como honestidade ou preocupação com os pobres e necessitados) e que elas contribuem para o bem-estar humano, lhes confere confiança generalizada. Essa confiança concede a eles uma voz pública, dando-lhes influência significativa em várias esferas.

Na área da saúde, uma organização afirma com credibilidade ter reduzido a incidência de doenças em áreas rurais selecionadas em 90% por meio de uma estratégia de saúde comunitária. Tais modelos foram replicados em outros lugares, com efeito positivo. Outras organizações cristãs administram hospitais e centros de saúde e treinam a população em áreas relacionadas à saúde.

A educação leva à acumulação de capital humano, contribuindo diretamente para um maior crescimento e desenvolvimento económico. Várias organizações cristãs estão envolvidas direta ou indiretamente em projetos educacionais, com algumas organizações estabelecendo instituições de treinamento vocacional e acadêmico, enquanto outras oferecem bolsas de estudos a um grande número de estudantes.

No campo da geração de renda, emprego e redução da pobreza, as organizações cristãs passaram a ser parte integrante da realidade social em África e estão tendo um impacto notável especificamente nas seguintes áreas: emprego, habilidades empreendedoras, microfinanças, combate a discriminação no emprego, aquisição de ativos geradores de renda, esquemas de poupança e capital social por meio de grupos. Sobre meio ambiente e agricultura, várias organizações cristãs ensinaram a população a plantar árvores de dois propósitos (boas para o meio ambiente e produzindo frutos que podem ser comidos), estabelecer viveiros de árvores e parcelas de demonstração da agricultura em terra seca, e promover a agricultura de conservação. Como resultado dessas atividades, há uma notável mudança no ambiente, com muitas árvores plantadas propensas a alterar o microclima. Com relação à água, as organizações cristãs construíram tanques de água, fontes protegidas, bombas de água instaladas e cavaram poços rasos, furos e represas de areia. Através de tais combinações de atividades, a água potável é fornecida a muitas pessoas em África, reduzindo o potencial de doenças transmitidas pela água.

Existem muitas tensões que as organizações cristãs enfrentam no processo de servir as comunidades. Suas identidades religiosas são uma parte essencial do que as torna bem-sucedidas. E, no entanto, suas identidades religiosas criam desafios para elas na relação com diversas partes interessadas, pois nem todas compartilham seus compromissos religiosos. Como essas tensões serão abordadas nos próximos anos é uma questão em aberto que merece mais pesquisa e reflexão.

REFERÊNCIAS CITADAS

AACC. N.d. "Departments and Programmes." All Africa Conference of Churches. http://aacc-ceta.org.

Allen, Adriana, Julio Davila, and Pascale Hofmann. 2006. "The Peri-urban Water Poor: Citizens or Consumers?" *Environment and Urbanization* 18/2: 333–51.

Berger, Julia. 2003. "Religious Nongovernmental Organizations: An Exploratory Analysis." *Voluntas: International Journal of Voluntary and Nonprofit Organizations* 14/1: 15–39.

Berger, Peter L. 2009. "Faith and Development." *Society* 46/1: 69–75. Chukwunonyelum, Ani Casimir Kingston, Matthew Chukwuelobe, and Ema Ome. 2013. "Philosophy, Religion, and the Environment in Africa: The Challenge of Human Value Education and Sustainability." *Open Journal of Social Sciences* 1/6: 62–72.

Clarke, Gerard, and Michael Jennings. 2008. "Introduction." In *Development, Civil Society, and faith-Based Organizations*, ed. Gerard Clarke and Michael Jennings, 1–16. New York: Palgrave MacMillan.

Conradie, Ernst M. 2007. "Christianity and the Environment in (South) Africa: Four Dominant Approaches." In *Christian in Public: Aims, Methodologies, and Issues*, ed. Len Hansen, 227–50. Stellenbosch, South Africa: African Sun Media.

Ellis, Stephen, and Gerrie Ter Haar. 2004. *Worlds of Power: Religious Thought and Political Practice in Africa*. Oxford: Oxford University Press.

———. 2007. "Religion and Development." *Harvard International Review*.http://hir.harvard.edu.

Gilson, L., M. Magomi, E. Mkangaa. 1995. "The Structural Quality of Tanzanian Primary Health Facilities." *Bulletin of the World Health Organization* 73/1: 105–14.

Goody, Jack, ed. 1968. *Literacy in Traditional Society*. London: Cambridge University Press.

Hefferan, Tara, Julie Adkins, and Laurie Occhipinti. 2009. "Faith-Based Organizations, Neoliberalism, and Development: An Introduction." In *Bridging the Gaps: Faith-Based Organizations, Neoliberalism, and Development in Latin America and the Caribbean*, ed. Tara Hefferan, Julie Adkins, and Laurie Occhipinti, 1–34. Lanham, MD: Rowman and Littlefield.

James, Rick. 2009. "What Is Distinctive about FBOs? How European FBOs Define and Operationalise Their Faith." *Praxis Paper 22*.

Leurs, Robert. 2012."Are Faith-Based Organizations Distinctive? Comparing Religious and Secular NGOs in Nigeria." *Development in Practice* 22/5–6: 704–20.

Littlefield, Mari B. N.d. "The Impact of Religion and Faith-Based Organizations on the Lives of Low-Income Families." National Poverty Law Center, University of Michigan.Lunn, Jenny. 2009. "The Role of Religion, Spirituality, and Faith in Development: A Critical Theory Approach." *Third World Quarterly* 30/5: 937–51.

Marshall, Katherine, and Lucy Keough. 2004. *Mind, Heart, and Soul in the Fight against Poverty.* Washington DC: The World Bank.

Ministry of Health (Uganda) in collaboration with Uganda Catholic Church. 2001. *Facility-Based Private Not-for-Profit Health Providers: A Quantitative Survey.*

Occhipinti, Laurie. 2013."Liberating Development: Religious Transformations of Development Discourse." *Perspectives on Global Development and Technology* 12: 427–43.

Okpala, Amon, and Comfort Okpala. 2006."The Effects of Public School Expenditure and Parental Education on Youth Literacy in Sub-Saharan Africa." *Journal of Third World Studies* 23/2: 203–12.

Olarinmoye, Omobolaji Ololade. 2012. "Faith-Based Organizations and Development: Prospects and Constraints." *Transformation: An International Journal of Holistic Mission Studies* 29/1: 1–14.

Pereira, Javier, Ronald J. Angel, and Jacqueline L. Angel. 2009. "A Chilean Faith-Based NGO's Social Service Mission in the Context of Neoliberal Reform." In *Bridging the Gaps: Faith-Based Organizations, Neoliberalism, and Development in Latin America and the Caribbean,* ed. Tara Hefferan, Julie Adkins, and Laurie Occhipinti, 151–64. Lanham, MD: Rowman and Littlefield.

Pew. 2010. "Tolerance and Tension: Islam and Christianity in Sub-Saharan Africa." *Pew-Templeton Global Religious Futures Project.* http:// www.pewforum.org.

Rivlin, Benjamin. 2002. "Thoughts on Religious NGOs at the UN: A Component of Global Civil Society." In *Civil Society in the Information Age: NGOs, Coalitions, Relationships,* ed. Peter Hajnal, 155–73. Aldershot: Ashgate.

UNESCO. 2013. "Adult and Youth Literacy." UNESCO Institute for Statistics. http:// www.uis.unesco.org.

Woodberry, Robert. 2004. "The Cost of Bigotry: The Educational and Economic Consequences of Restricting Missions." Association for the Study of Religion, Economics, and Culture Conference (October 2004). Kansas City, MO: Unpublished conference paper.

World Health Organization (WHO). 2007. "Faith-Based Organizations Play a Major Role in HIV/SIDA Care and Treatment in Sub-Saharan Africa." *World Health Organization.* http://www.who.int.

Wuthnow, Robert. 2004. *Saving America? Faith-Based Services and the Future of Civil Society.* Princeton, NJ: Princeton University Press.

———. 2009. *Boundless Faith: The Global Outreach of American Churches.* Berkeley and Los Angeles: University of California Press

8

Liderança das Mulheres Africanas – Realidades e Oportunidades

Truphosa Kwaka-Sumba E Elisabet Le Roux

Em todo o mundo, encontramos mulheres que têm sido líderes bem sucedidas e provocaram transformações em suas sociedades; no entanto, isso raramente é visto como norma e geralmente não é facilmente aceito. Em grande parte da África, as estruturas e tradições patriarcais restringiram as lideranças femininas. No entanto, as mulheres africanas foram e continuam a ser líderes. Exemplos incluem Nzinga Mbandi (1581-1663), que liderou Angola na resistência ao colonialismo e à influência portuguesa (UNESCO 2014). No Quênia, a professora Wangari Maathai (1940–2011) fundou o Movimento Green Belt e ganhou um Prêmio Nobel em reconhecimento ao seu trabalho em conservação ambiental. A Presidente da Libéria Ellen Johnson Sirleaf foi a primeira chefe de Estado democraticamente eleita em África. Sua Excelência Catherine Samba-Panza, na República Centro-Africana (RCA), foi eleita presidente interina em meio ao recente conflito civil, na esperança de que ela seria uma líder que poderia trazer paz na RCA (McGregor 2014).

Este capítulo discute sete mulheres identificadas como estando entre as líderes mais influentes da pesquisa sobre ELA. Através de suas entrevistas, aprendemos sobre mulheres africanas na liderança, suas realidades e oportunidades. Em Angola, entrevistamos a Dra. Adelaide Catanha, a Sra. Eunice Chiquete e a Pastora Luisa Mateus; do RCA, Sra. Marie Paule Balezou e Sra. Marie Louise Yakemba; e do Quênia, Alice Kirambi e a professora Esther Mombo.

Primeiro, apresentamos brevemente essas líderes,[1] e depois analisamos o que aprendemos. A Dra. Adelaide Catanha foi identificada em nossa pesquisa como uma das dez pastoras mais influentes em Angola. A Dra. Catanha foi a segunda mulher a ser ordenada nos Ovimbundu, um dos três maiores grupos em seu país. Ela ensina em um seminário teológico, está envolvida na associação de mulheres de sua igreja e na pesquisa recebeu uma classificação muito alta pela medida em que ela treina líderes. A Sra. Eunice Chiquete, professora de um instituto de teologia, foi identificada como uma líder leiga (não clero) com impacto significativo, conhecida por sua capacidade de treinar líderes e por sua boa reputação. Com mestrado em missiologia, ela busca fazer o doutoramento. Sua paixão e a maior parte de seu trabalho estão focadas em crianças e na educação infantil. A pastora Luisa Mateus foi identificada como uma das três pastoras mais influentes de Angola. Ela é pastora da Igreja Evangélica Reformada de Angola (IERA) e atua como secretária do Sínodo provincial de Luanda, Bengo, Cuanza Sul e Cunene.

Na RCA, a Sra. Marie Paule Balezou foi identificada como uma pessoa leiga, mas que havia influenciado muito os outros. Nascida nos Camarões e mestre em Economia, ela é uma mulher de negócios em Bangui e também tem um ministério infantil na rádio. A senhora Marie Yakemba era outra das líderes leigas mais influentes da RCA, com uma classificação alta no treinamento de líderes. Ela trabalha para o governo como inspetora de impostos e também está envolvida em duas ONGs: Aglow International e Samaritan's Purse. Além disso, ela é líder no grupo de mulheres em sua igreja. Ela estudou na universidade, com formação superior em Administração e, de 2003 a 2005, foi assessora nacional do governo de transição.

Alice Kirambi e Esther Mombo foram identificadas como influentes líderes leigas no Quênia. Alice Kirambi é uma quacre que trabalhou anteriormente no departamento de mulheres da All African Conference of Churches. Em 2013, ela concorreu sem sucesso ao cargo de representante da assembléia nacional das mulheres. Atualmente, Kirambi é diretora executiva da Christian Partners Development Agency (CPDA), além de presidente da Western Women Empowerment Network. Esther Mombo é professora de História da Igreja na St. Paul University e, na época do estudo, também foi vice-reitora para assuntos acadêmicos. Além disso, ela é uma membro ativa do Circle of Concerned African Women Theologians.

---

1. Todas as informações referentes a essas mulheres e organizações foram atualizadas e corrigidas no momento da pesquisa.

Além disso, também consideramos três organizações que se concentram nas mulheres e foram identificadas pelos entrevistados como as principais organizações. Em Angola, a Mulher da Igreja Evangélica Reformada de Angola (MIERA) foi uma das 25 organizações mais importantes. É a organização abrangente para todas as organizações de mulheres dentro da denominação e sua associação é reservada para aqueles com mais de 37 anos de idade. Foi bem avaliado em termos de treinamento de líderes e por sua reputação na comunidade. Outra organização, a Formação Feminina, foi a quarta organização cristã identificada com mais frequência pelos angolanos como tendo um impacto positivo. Foi criada em 1914 como um centro dedicado ao treinamento de meninas, embora em 2011 tenha começado a admitir meninos. No Quênia, the Mothers' Union foi identificada como uma das organizações mais influentes e é a principal organização de mulheres da Igreja Anglicana do Quênia. Foi iniciada em 1918 por mulheres européias no contexto da colonização e tinha um foco principal em famílias e crianças. Ela evoluiu e agora está aberto a todas as mulheres da Igreja Anglicana. Embora a Union des Soeurs (União/Irmandade de Mulheres e Irmãs Fiéis) tenha sido identificada como uma organização influente na RCA, nossos pesquisadores não conseguiram realizar entrevistas detalhadas com sua equipe, por isso não é discutido neste capítulo.

O questionário do ELA perguntou aos entrevistados sobre até que ponto sua igreja oferece oportunidades para as mulheres na liderança. A Tabela 8-1 apresenta os resultados dos três países.

Os participantes da pesquisa observaram que existem oportunidades para as mulheres na liderança nas igrejas. O Quênia tem o maior número de oportunidades disponíveis, seguido por Angola e pela RCA. Este capítulo discute essas oportunidades e limitações em mais detalhes, explorando as experiências das sete mulheres líderes e das três organizações de mulheres.

Foram usadas várias metáforas para descrever a difícil jornada que as mulheres na liderança enfrentam. Comumente usada na literatura baseada na fé é a frase *teto de vidro colorido*. Isso denota a existência de uma barreira criada humanamente que impede as mulheres cristãs de alcançar a liderança máxima nas organizações eclesiásticas. Essa barreira varia em altura, dependendo da tradição da igreja (Stanley 1996; Adams 2007). Nossos dados, no entanto, apoiam o uso da metáfora de um labirinto (Eagly e Carli 2007). O labirinto expressa a ideia de uma jornada complexa que não é simples ou direta e requer persistência, foco e consciência. Klenke (2011) também usa a metáfora do labirinto, observando que mulheres líderes em contextos eclesiásticos enfrentam doutrina religiosa e práticas culturais e tradicionais, isso, por si só, cria obstáculos à jornada de liderança das mulheres. Esses obstáculos são diferentes para cada mulher líder, dependendo de seu contexto. No entanto, Klenke argumenta que esses obstáculos podem ser superados ou contornados e que isso vale a pena. Como mostra a discussão neste capítulo, essa foi a jornada de nossas mulheres líderes.

Tabela 8-1. Oportunidades para mulheres na Liderança da igreja

		Angola	RCA	Quênia
Até que ponto a tua igreja permite oportunidade de mulher na liderança?	Nenhuma	10.3%	13.8%	5.9%
	Pouca	26.5%	31.7%	18.7%
	Razoável	32.8%	29.1%	34.2%
	Muita	30.5%	25.4%	41.2%

REALIDADES
Marginalização e Discriminação

Anos de igualdade e ativismo de ação afirmativa tem aberto espaços de liderança que as mulheres podem ocupar. No entanto, embora as oportunidades existam, muitas vezes elas estão concentradas em níveis subordinados, enquanto os homens assumem cargos mais altos (Ngunjiri 2010; Sullins 2000). A pesquisa também mostra que, embora as congregações possam dar oportunidades às mulheres na igreja, elas resistem às mulheres que servem como pastoras (Sullins, 2000). Estudos sobre educação teológica mostram que historicamente muito poucas mulheres estudavam teologia porque a educação teológica estava ligada à ordenação (Mombo 2008; Oduyoye 1990). A ordenação continua sendo uma questão controversa. Mesmo em igrejas onde a ordenação de mulheres é teoricamente permitida, a implementação varia e o número real de mulheres ordenadas é relativamente pequeno (Mombo 2008).

Esther Mombo experimentou marginalização desde a infância, porque foi contra a norma ao obter uma educação extensa e resistência ao casamento precoce. Continuou em sua primeira posição de ensino teológico em uma Escola de Teologia em Eldoret. Ela foi tratada com desconfiança porque era mulher e solteira. Ela conta a recepção que recebeu:

> "O Bispo Muge me concedeu entrevista, mas o conselho se recusava. O conselho era composto 100% por homens. Então eles dizem que não podem ter uma mulher ensinando... [porque] ela

é solteira... [e] os estudantes eram todos homens e não haviam concordado com os papéis da liderança e ordenação das mulheres. Mas eu não estava procurando por ordenação. Então, Muge diz a eles: 'Eu darei a você seis meses [para encontrarem] um homem [tão] qualificado quanto ela'. Depois de seis meses eles não haviam preparado ninguém, e ele precisava de alguém para ensinar. Portanto, sou convidada, e estava sob um clima muito hostil em termos de etnia e gênero. .... Eles continuam antagónicos com o lugar e o papel das mulheres na igreja. Entre as questões que você encontraria, para as mulheres da minha [época] de ensino na Escola de Teologia, primeiro era o local de sua estadia. Era uma coisa duvidosa: eles te dão uma casa ou um quarto, ou você mora com sua família ou estás por conta própia, e como eles se certificam em te vigiar? Deram-me a viver com um pároco local. Quando chego às aulas, há cinco estudantes do sexo masculino e um deles [é o padre em cuja casa] eu estava a morar. "

Mais tarde, ela deixou Eldoret para continuar seus estudos e se alcançou o doutoramento. No entanto, ela continuou enfrentando desconfiança e discriminação, mesmo de mulheres em sua nova posição no que era o United Theological College de St. Paul. Ela descreve sua experiência lá:

"Não que isso tenha se tornado mais fácil; os homens me infernizaram. Eles diziam: 'Hoje em dia estamos sendo liderados por uma mulher'. O desafio era como você seria aceite pelo povo. As mulheres julgam você da maneira que você não se encaixa no modelo que elas conheciam. Os homens não conseguiam lidar contigo, porque como você pode estar com eles e acima deles... Como convencer a secretária de que sou apenas uma mulher normal como ela? Outros diriam: "Não gosto de mulheres solteiras porque são uma ameaça para a família".

Outras mulheres líderes que entrevistamos também tiveram várias experiências de marginalização e discriminação. Eunice Chiquete, de Angola, observa que, como líder feminina, ela enfrenta a insensibilidade dos líderes masculinos, bem como regulamentos que limitam as mulheres a certas atividades e as mantêm longe de outras. Por exemplo, as mulheres só podem ensinar na Escola Dominical, crianças ou mulheres; elas não podem pregar no púlpito principal. A sra. Yakemba também experimentou sua parcela de suspeitas, acusações e marginalização. No início de sua jornada de liderança, ela foi acusada por sua denominação de criar uma organização sectária com o objetivo de atrair as mulheres para longe de suas igrejas. Alice Kirambi, uma ex-aspirante política, observa que ela teve que sair de sua zona de conforto e teve que optar por permanecer focada e determinada, mesmo diante de uma sociedade patriarcal e hostil em relação às mulheres.

Assim, embora existam oportunidades para as mulheres líderes, elas também experimentam constantemente marginalização e discriminação, independentemente do nível de liderança que aspiram.

Abordagem holística

Vale ressaltar que das sete mulheres líderes identificadas pelo ELA, nenhuma estava focada exclusivamente nos problemas e no empoderamento das mulheres. Apesar de enfrentarem uma resistência baseada no gênero à sua própria ascensão a posições de liderança, essas mulheres têm uma abordagem holística do ministério. Mesmo Esther Mombo, que tem continuamente resistido e transformado ideias que limitaram e limitam o gênero, afirma que "qualquer oportunidade que me for dada me assegurarei de andar com mulheres e homens marginalizados" (ênfase adicionada).

Das principais líderes femininas que entrevistamos, Esther Mombo articulou claramente uma agenda progressiva de gênero. Desde tenra idade, sentiu a necessidade de defender os direitos das mulheres e planejava estudar direito por causa disso. Suas experiências de preconceito por ser mulher e solteira a levaram a priorizar a desconstrução e reconstrução de estereótipos culturais prejudiciais e ideias de gênero, o que ela fez, não apenas através de sua presença como teóloga, reitora acadêmica e vice-chanceler adjunta, mas também priorizando o desenvolvimento de mulheres jovens. No entanto, como mostra a citação acima, seu foco está nos marginalizados, que às vezes incluem homens, mas que em seu contexto queniano é mais frequente as mulheres.

Alice Kirambi, embora tenha se concentrado principalmente nas questões das mulheres em algum momento de sua carreira, além de ser presidente da Western Women Empowerment Network, agora é diretora executiva do CPDA, uma organização que se concentra no alívio da pobreza em geral. Embora uma das sete principais áreas de foco da organização seja a promoção da igualdade de gênero – por exemplo, a implementação do Projeto de Governação e Gênero antes das eleições do Quênia em 2013 – com a ajuda das Mulheres da ONU, a maioria de suas atividades visa a capacitar e desenvolver comunidades em geral. Este também é o caso de Marie-Louise Yakemba da RCA. Embora a Aglow International, da qual ela é a líder nacional, seja uma organização de mulheres cristãs, ela também tem como alvo homens e jovens. E através de seu trabalho com a Samaritan's Purse, ela ajuda crianças do sexo feminino e masculino. Assim, embora trabalhar com mulheres e meninas seja uma prioridade para ela, esse não é seu único foco.

Embora as entrevistas com mulheres líderes não tenham explicitamente investigado seu envolvimento e a priorização da mulher e problemas das mulheres, isso não significa que elas não focalizem, ou em algum momento, essas questões. Luisa Mateus (Angola), por exemplo, foi a diretora do Departamento de Sociedade das Mulheres da IERA por oito anos, enquanto Adelaide Catanha (Angola) foi em algum momento a secretária geral nacional do Departamento de Mulheres. No momento das entrevistas, porém, todas essas mulheres identificam seus ministérios como tendo um foco geral, ou um foco específico em um grupo que não seja mulheres (por exemplo, crianças, no caso de Eunice Chiquete).

As três organizações de mulheres que foram identificadas como organizações líderes – Formação Feminina em Angola, MIERA em Angola e Mothers' Union no Quênia – também exibem uma atitude holística. A Formação Feminina é um projeto da Estação Missionária de Dondi, iniciado com o objetivo de jovens femininas; desde 2011, também está a treinar rapazes. O processo de 2014 incluiu 45 meninas e 16 meninos. O MIERA – o braço de mulheres da Igreja Evangélica de Angola – tem a agenda de mulheres mais explícita entre as três organizações. Embora sua agenda oficial seja bastante holística e inclua áreas de foco geral como evangelismo e pacificação, ela prioriza a "libertação na esfera das mulheres." Oferece seminários de treinamento e educação teológica para as mulheres integrantes do IERA, o que é possivelmente bastante eficaz, uma vez que a organização obteve uma classificação de 4.0, a mais alta possível, para o treinamento de líderes. A Mothers' Union no Quênia, por outro lado, parece não priorizar o empoderamento e a emancipação geral das mulheres de estereótipos e restrições patriarcais. Nenhuma menção é feita a nenhuma atividade destinada ao desenvolvimento e empoderamento das mulheres em geral, e tem um foco bastante exclusivo nos papéis tradicionais das mulheres no casamento e na vida familiar.

Assim, embora esse não fosse um assunto diretamente abordado nas entrevistas, suas respostas revelaram que essas mulheres líderes tendem a adotar uma abordagem holística no seu trabalho. O possível efeito disso para a libertação das mulheres, a longo prazo, é algo que será discutido mais adiante neste capítulo.

Impacto estratégico

Os dados da pesquisa do ELA mostram que, embora as mulheres líderes tenham algum impacto como membros do cléro, o impacto delas é mais fortemente sentido nas funções de liderança aquém das responsabilidades do clero. Como a Tabela 8–2 ilustra, a percentagem de influência das líderes leigas é muito maior do que as mulheres do clero. Isso leva a supor que a maioria das mulheres cristãs líderes estão encontrando expressão de liderança em papéis que não são do clero. Ao mesmo tempo, deve-se notar que, embora as participantes da pesquisa tenham sido solicitadas a mencionar pelo menos uma líder leiga em sua lista dos três principais líderes, antes de serem solicitadas a selecionar o líder principal, elas não foram convidadas a incluir uma mulher em sua lista de três pastores. Assim, segue-se naturalmente que se espera que as líderes de mulheres do clero sejam mencionadas com menos frequência do que suas contrapartes leigas.

As ONGs e organizações que se concentram nas mulheres parecem oferecer um espaço mais flexível para que a liderança feminina seja aceite e afirmada. Os dados de nossa pesquisa mostram que as organizações que se concentram nas mulheres têm maior probabilidade de ter mulheres em posições de liderança.[2] De fato, muitas mulheres líderes prosperam nos setores público e não governamental. Por exemplo, a sra. Yakemba – que se opunha à sua própria denominação – serviu como consultora nacional do governo. Na atual guerra na RCA, ela desempenhou um papel fundamental na condução das negociações de paz e reconciliação que atravessam a divisão religiosa. A professora Esther Mombo também encontrou espaços alternativos de influência, em particular através da intermediação de recursos. Ela usou seus contatos de agências externas de financiamento da igreja para obter financiamento para o que era o St. Paul United Theological College. Além disso, ela garantiu patrocínios para doutoramento de seus colegas que eram predominantemente masculinos, aumentando assim o número de funcionários de doutores, o que, por sua vez, foi fundamental para que o instituto fosse credenciado como universidade. Por meio da intermediação de recursos dessa natureza, a professora Mombo ficou conhecida como "a cara do St. Paul," e provavelmente foi um fator decisivo em sua nomeação como diretora de relações internacionais e ex-estudantes. Essa posição depende de seus contatos externos.

---

2. Angola—$t(1781) = 5.898$, $p<.001$; CAR—$t(1580)=2.479$, $p<.05$: Kenya— $t(2794) = 4.558$, $p<.001$.

Tabela 8-2. Percentagem das Líderes Influentes: Clero vs Leiga

	Clero	Leiga
Angola	10%	25%
RCA	0.5%	35%
Quênia	8%	43.5%

O papel da professora Mombo na intermediação de recursos apoia o argumento de Kersten Priest (2015) de que as mulheres líderes estão cada vez mais a procura de manifestar liderança fora da igreja, alavancando com zelo a função que desempenham e usando seus contatos para captar recursos. Dessa maneira, elas aumentam sua influência e visibilidade de liderança e, como resultado, sua liderança se torna aceite e até apoiada dentro da igreja.

A liderança delas não é necessariamente valorizada comparada à dos líderes masculinos. Quando consideramos os dados da pesquisa ELA, vemos um padrão emergente em que as entrevistadas avaliam a influência de mulheres líderes e organizações que se concentram nas mulheres, em comparação com líderes e organizações masculinas de maneira mais ampla, mais local do que nacional. As mulheres líderes que não são membros do clero são classificadas como tendo principalmente um impacto local, especialmente em lares e famílias. Da mesma forma, as organizações que se concentram nas mulheres também são vistas como tendo um alto impacto nos lares e nas famílias.[3] Outras áreas de impacto incluem educação, saúde e, particularmente na RCA e no Quênia, resolução de conflitos.

Além disso, os entrevistados avaliaram as organizações que se focam nas mulheres como menos propensas a ter uma boa reputação na comunidade.[4] Assim, os dados da pesquisa ELA, em duas instâncias, forneceram dados desconcertantes sobre o impacto da liderança das mulheres. Primeiro, mostra que as organizações de mulheres são vistas como tendo um impacto local, embora não tenham uma reputação tão positiva quanto outras organizações. Esperávamos que, uma vez que as famílias recebessem benefícios dessas organizações, as organizações dessas mulheres teriam uma boa reputação. Segundo, enquanto a liderança das mulheres é vista como tendo um impacto em nível local e os homens como tendo mais impacto nacional e internacional,

---

3. $t(1183)=2.949$, $p<.01$; $t(1970)=3.11$, $p<.01$; $t(3215)=3.411$, $p<.01$; $t(3280)=3.03$, $p<.01$.

4. 4 CAR—$t(1603) = 3.218$, $p<.01$; Kenya—$t(2804) = 4.004$, $p<.001$.

na RCA e no Quênia os líderes masculinos são vistos como tendo mais sabedoria e conhecimento do contexto local do que as líderes femininas.[5]

Uma possível explicação para esses conjuntos de dados intrigantes é explorada por Prime, Carter e Welbourne (2009). Eles observam que as ideias de gênero influenciam a avaliação de homens e mulheres em termos de liderança. A percepção das pessoas sobre o genero distorcem a maneira como veem os líderes masculinos e femininos, o que significa que eles avaliam os dois usando padrões diferentes. Estudos como os de Eagly e Mladinic (1994) e Eagly e Karau (2002) sugerem que as mulheres líderes estão em desvantagem porque a capacidade de liderança dos homens é frequentemente avaliada com base em um padrão mais baixo em comparação às mulheres. Eagly e Mladinic (1994) mostram que as pessoas podem ser tendenciosas na avaliação de mulheres líderes, especialmente onde elas parecem estar assumindo liderança em uma área que tradicionalmente era considerada masculina. Além disso, Eagly e Karau (2002) mostram que, devido a incongruência de papéis, é mais difícil que as mulheres líderes sejam aceites e alcancem sucesso. Embora nosso estudo não tenha explorado a extensão ou os motivos dessas percepções sobre o impacto e a reputação de homens e mulheres, nossas mulheres líderes testemunharam a dificuldade de ter sua liderança aceite.

Educação

Todas as sete mulheres líderes têm algum tipo de formação superior. Esther Mombo e Adelaide Catanha têm doutorado; Eunice Chiquete e Margaret Paule Balezou têm mestrado; e Luisa Mateus, Marie-Louise Yakemba e Alice Kirambi fizeram formação superior. Além disso, quase todos os líderes (masculinos e femininos) identificados na ELA são bem-formados. Todos receberam educação básica, quase a metade possui mestrado ou está no processo e três têm doutorado (ver capítulo 2). Embora isso confirme que a educação é importante para o desenvolvimento da liderança, mostra que as mulheres africanas também enfrentam barreiras estruturais para alcançar posições de liderança. E as mulheres tendem a receber menos educação que os homens em dois dos três países em que nossa pesquisa foi conduzida.

Conforme mostra a Tabela 8–3, nos três países as mulheres são menos propensas que os homens a serem alfabetizadas. Enquanto no Quênia a margem é muito pequena, em Angola e na RCA há uma diferença de 21% e 27%, respectivamente. Sendo a alfabetização a base da educação, o ser

---

5. 5 $t(1911) = 3.535$, $p<.001$; and $t(3106) = 3.16$, $p<.01$.

analfabeto elimina qualquer possibilidade de educação formal. Embora as taxas de alfabetização variem por país, nos três, mulheres têm taxas mais baixas que as dos homens. Assim, nesses três países, menos mulheres têm os elementos necessários para a educação que os homens.

Tabela 8-3. Taxa de Alfabetização por País (Unesco: Institute For Statistics 2015a)

	Total de alfabetizados	Homens alfabetizados	Mulheres alfabetizadas
Angola	71%	82%	61%
RCA	37%	51%	24%
Quênia	78%	81%	75%

Tabela 8–4. Taxas de Matrícula (Unesco: Institute For Statistics 2015b)

	Percentagem de meninas matriculadas no ensino primário	Percentagem de meninas matriculadas no ensino secundário	Percentagem meninas matriculadas no ensino médio
Angola	39%	39%	27%
RCA	43%	38%	27%
Quênia	50%	48%	41%

Essa lacuna entre homens e mulheres se torna maior quando se olha para as matrículas nas escolas primária, secundária e média. A Tabela 8-4 mostra a percentagem de meninas matriculadas nos diferentes níveis de ensino.

Em Angola e na RCA, menos meninas estão matriculadas na escola primária. Apenas 39% dos estudantes em Angola são meninas e 43% das que estão na RCA. O Quênia é a exceção, onde há tantas meninas quanto meninos matriculados na escola primária. No ensino médio, a proporção de meninas e meninos permanece praticamente inalterada; no entanto, na RCA, o percentual de matrículas de meninas cai para apenas 34%. No nível superior, há uma maior disparidade entre mulheres e homens no Quênia, onde as mulheres caem para 41% dos estudantes matriculados. Em Angola e na RCA, a porcentagem de mulheres matriculadas é muito menor no ensino superior – apenas um em cada quatro alunos matriculados nesse nível de ensino é mulher. O que isso mostra é que a desigualdade de gênero na educação está presente nos três países, com a maior disparidade evidente em Angola e na RCA. A falta de alfabetização e educação é um fator estrutural inibidor da liderança das mulheres. Esperamos que isso seja uma barreira maior nos países onde a diferença na educação é mais acentuada. Embora o Quênia precise de mais mulheres no ensino superior para alcançar a paridade com os homens, são necessários esforços como o de Esther Mombo em países como Angola e a RCA, onde a educação das mulheres fica muito atrás da dos homens.

OPORTUNIDADES
Priorizando a Escrita Feminina

Uma descoberta interessante do estudo da ELA diz respeito aos padrões de leitura dos cristãos africanos (ver capítulo 10 deste documento), particularmente no que se refere às mulheres. 42% dos entrevistados quenianos eram do sexo feminino, mas apenas 12% dos entrevistados nomearam um autor favorito do sexo feminino. Mesmo entre as entrevistadas, apenas 19% nomearam uma autora favorita, enquanto apenas 7% dos entrevistados nomearam uma autora.

Tabela 8-5. Autores Favoritos das Entrevistadas

Nome da autora favorita	Percentagem de mulheres intrevistadas que citaram esta autora	Nome do autor favorito	Percentagem de mulheres entrevistadas que citaram este autor
Karen Kingbury	100	Joel Osteen	58
Francine Rivers	100	Max Lucado	50
Stormie Omartian	100	Dax Heward	50
Rebecca Brown	75	TD Jakes	48
Joyce Meyer	71	Myles Munroe	24

O gênero dos autores nomeados foi estatisticamente relacionado ao gênero dos entrevistados. No entanto, também é verdade que as entrevistadas tendem a nomear autores favoritos, homens ou mulheres, que escrevem sobre a realidade das mulheres. Assim, enquanto as mulheres entrevistadas forneceram uma pequena proporção de indicações favoritas de autores para muitos autores masculinos, elas constituíram uma alta proporção daquelas que indicaram certos autores masculinos que escrevem extensivamente sobre a realidade das mulheres.

Todas as mulheres líderes afirmaram com firmeza a importância da leitura e da escrita e disseram que liam regularmente suas Bíblias e outros materiais. A Dra. Catanha, de Angola, observa que ela gosta de livros que a influenciam e compra livros para seu crescimento espiritual e intelectual. A sra. Marie-Louise Yakemba, da RCA, afirma que está interessada em livros escritos pela presidente da AGLOW International devido à sua utilidade para as mulheres. A pastora Luisa Mateus também gosta de ler, especialmente de autores africanos, e diz que "as pessoas morrem, mas as obras permanecem." A senhora Marie Balezou, da RCA, lê regularmente livros que a ajudam a descobrir mais de Deus, bem como livros que contam a história de como Deus influenciou uma pessoa a se tornar um modelo.

Apesar da afirmação das mulheres líderes da importância da escrita, muito poucas delas escreveram trabalhos publicados. A professora Mombo e a sra. Marie Balezou, da RCA, publicaram. Esther Mombo escreveu amplamente – livros; capítulos de livros; e artigos de periódicos sobre gênero, e gênero e teologia. O livro da sra. Balezou sobre ajudar os cristãos a mudar uma mentalidade de fracasso, no entanto, foi retirado após a publicação porque havia muitos erros. Todas as outras líderes expressaram desejo e intenção de escrever. Marie Louise Yakemba observa: "Francamente, tenho a intenção de escrever. Eu tenho ideias, mas ainda não comecei a escrever. Eu gostaria de escrever sobre mim, sobre o que eu era antes de me tornar o que sou hoje." O que isso significa é que, embora as mulheres estejam enfrentando o desafio da liderança, elas não estão transmitindo informações críticas sobre como navegar com sucesso no labirinto e se tornar uma líder de sucesso. Isso limita o alcance e o impacto de sua liderança.

A escassez de escritores africanos sobre as realidades africanas foi um achado comum a todos os líderes da ELA, não apenas às mulheres. Indiscutivelmente, porém, é grande a necessidade de que as mulheres líderes escrevam, especialmente sobre os problemas e realidades das mulheres no contexto africano. Tais escritos podem fornecer indicações sobre como navegar no labirinto de liderança africano. Priest, Barine e Salombongo (Capítulo 10) fornecem várias razões pelas quais há uma escassez de escritores africanos (não apenas mulheres africanas) e o que pode ser feito para mudar isso. Uma das principais conclusões foi relacionada à baixa qualidade da redação e publicação. O livro da sra. Balezou, que teve que ser retirado devido a erros, ilustra esse ponto. Portanto, é necessário o desenvolvimento de capacidade para escrever e publicar mulheres líderes. Se as mulheres têm maior probabilidade de ler autores que escrevem sobre a realidade das mulheres, especialmente se os autores são mulheres, é imperativo que as mulheres líderes escrevam mais. Será mais que um legado; será uma forma de ampliar a influência e o impacto em todo o continente e além.

Há um apelo crescente para que as líderes cristãs africanas contem suas histórias. Entre outras razões, é para que o papel das mulheres cristãs africanas possa ser ouvido e conhecido na história da igreja, fornecendo modelos para as gerações futuras de meninas e transformando vidas e sociedades em África (Phiri, Govinden e Nadar 2002).

Priorizando a Mentoria

O desenvolvimento da liderança é essencial para garantir a continuidade de uma boa liderança. Nossa pesquisa mostra que, estatisticamente falando, não há diferença entre a extensão em que os líderes femininos e masculinos desenvolvem outros líderes.[6] No entanto, grande parte desse desenvolvimento de liderança assume a forma de treinamento em ambientes formais e informais, como workshops, conferências e seminários. Allio (2005, 1072) postula que, embora esse tipo de desenvolvimento de liderança seja importante, ele pode não produzir líderes eficazes. A liderança é desenvolvida através da realização deliberada de atos de liderança. Estudos mostram que a mentoria é particularmente importante e é vista como um fator crítico no aumento da confiança na liderança das mulheres e na assunção de mais responsabilidades (Dahlvig e Longman 2010; Lafreiere e Longman 2008).

As próprias líderes veem a mentoria como uma poderosa ferramenta de desenvolvimento de liderança. A professora Mombo observa que o aconselhamento é o "veículo mais poderoso para transferir aprendizado e experiências de vida. Ele assume formas diferentes, mas é crucial para o desenvolvimento da liderança de uma geração mais jovem. " A mentoria, se bem estruturada, pode ser uma ferramenta poderosa, pois fornece um contexto no qual os mentorados podem praticar sua liderança e obter feedback, a oportunidade de crescimento e a exposição a situações da vida real. A professora Mombo mentoria alunas de teologia não fazendo mentoria puramente como guia geral do grupo, mas concentrando-se nas necessidades individuais e na localização social de cada mentorando e, com base nisso, ela mapeia as necessidades específicas de desenvolvimento de cada uma. Ela leva em consideração cuidadosamente se a aluna é solteira, casada, viúva, deficiente ou afetada pelo HIV/SIDA, e se concentra em diferentes questões com cada

---

6. Pesquisa ELA, pergunta 23: "Quem dos três pastores acima você diria que está causando o impacto mais significativo" é seguido por perguntas sobre o sexo dessa pessoa e sua capacidade de desenvolver outras pessoas como líderes (Q 24 e Q 29). Em Angola e no Quênia, não há diferença estatisticamente significante entre homens e mulheres.

uma. Por exemplo, ao mentoriar alunas solteiras, seu foco é criar um senso de comunidade e afirmar suas capacidades e dons; ao orientar mulheres casadas, ela as ajuda a encontrar uma voz em suas sociedades patriarcais (Mombo 2013).

Enquanto todas as mulheres líderes e organizações estão envolvidas no desenvolvimento da liderança, a Professora Mombo parece ser a única que prioriza a mentoria e tem uma abordagem clara e estruturada. No entanto, todas essas líderes tiveram mentoras que desempenharam um papel fundamental em suas vidas. Por exemplo, a sra. Marie Louise Yakemba (RCA) afirmou que o que aprendeu com sua mentora, Julienne Kette, a ajuda em seu ministério hoje. Kette era chefe da Maison Dorcas e sempre chamava Yakemba para ajudá-la na organização de conferências. Com isso, Yakemba aprendeu habilidades e ganhou confiança. Eunice Chiquete (Angola) também afirma que sua mentora, uma missionária da Suíça chamada Teresa, desempenhou um papel decisivo em sua vida. Teresa se mudou para Angola para trabalhar especificamente com crianças e coordenou um programa de rádio para crianças evangélicas. Eunice a conheceu em 1997, quando Teresa a convidou para treinar outras crianças como parte do programa. Em 1999, essa missionária foi tragicamente assassinada, e Eunice, embora profundamente chocada, recebeu a responsabilidade de continuar com os programas e manter o que sua mentora havia começado. Eunice afirma que "a vida de Teresa me marcou para sempre."

As organizações de mulheres também não priorizam suficientemente a mentoria. Os dados da pesquisa mostram que as organizações de mulheres no Quênia e na RCA são menos propensas a ajudar no treinamento de líderes do que outras organizações.[7] Enquanto o Mothers' Union do Quênia afirma que, como parte de seu recrutamento para a liderança, suas líderes treinam e mentoriam outras mulheres, o aconselhamento não é um dos objetivos explícitos da organização e, em grande parte, há apatia entre as mulheres mais jovens. Isso poderia ser efetivamente abordado pela mentoria intencional, o que poderia preencher a lacuna entre as mulheres mais velhas e as mais jovens, além de garantir uma liderança forte e contínua.

Uma outra razão para a importância da orientação nas organizações é que as organizações de mulheres têm mais chances de ter mulheres na liderança.[8] No entanto, ter mulheres líderes só é útil se elas forem boas líderes. Portanto, como parte do desenvolvimento e crescimento da liderança das mulheres em África, é imperativo que as líderes (tanto nas organizações femininas quanto

---

7. t (2778) = 2,437, p <0,05; Angola = sem diferenças; RCA t (1576) = 5,284, p <0,001.
8. t (2794) = 4,558, p <0,001 (Quênia); t (1781) = 5,898, p <0,001 (Angola); t (1580) = 2.479, p<.05 (RCA).

nos indivíduos) orientem intencionalmente outras mulheres, especialmente sobre como navegar no labirinto. Como observa o professora Mombo, "Mentoriar significa transferir conhecimento profissional, experiência técnica e consciência organizacional e, como resultado, o aluno (leia mentorando) é mais motivado, produtivo e inovador" (Mombo 2013).

Abordagens Diretas

África teve seu quinhão de injustiças, das quais a desigualdade de gênero é apenas uma. Assim, é frequentemente dada prioridade ao tratamento de injustiças como opressão colonial, discriminação racial e marginalização tribal, em vez de desigualdade de gênero. Essas múltiplas áreas de opressão levam a lutas compartimentadas pela liberdade, e muitas vezes os direitos das mulheres são negligenciados para se concentrar em outras questões (Rao 1995, 172).

O impacto das ações de Esther Mombo, no entanto, defende a importância de priorizar a igualdade de gênero e confrontar diretamente os sistemas e estruturas patriarcais e marginalizantes. A luta de Ester pela ordenação de mulheres na diocese de Eldoret ilustra bem isso. Durante esse período, ela foi constantemente marginalizada, impedida e restringida por ser mulher. No entanto, Esther não lutou apenas para superar como ela era pessoalmente menosprezada e contida, mas também para abordar as restrições que as mulheres em geral enfrentam, exemplificadas pela questão da ordenação de mulheres na diocese. Ela lutou pela ordenação de mulheres por anos, e a primeira mulher foi finalmente ordenada em 2002. No entanto, essa mulher não era Esther. Ela nunca foi ordenada. No entanto, ela viu que o sistema estava marginalizando injustamente as mulheres e lutou para mudar isso.

Assim, argumentamos que é importante que as mulheres líderes incluam atividades e estratégias que se esforcem para abordar diretamente e transformar sistemas e estruturas patriarcais. Embora as mulheres líderes, apenas através de sua presença e atividades como líderes, contribuam para a gradual construção de papéis limitadores de gênero, pode-se questionar se isso por si só é suficiente. Discutir brevemente a diferença entre abordagens feministas liberais e radicais pode servir para esclarecer esse ponto.[9]

---

9. Essas abordagens tipificam duas maneiras diferentes de superar papéis restritivos de gênero. Observe que os líderes discutidos neste capítulo não se identificaram com nenhum desses termos. No entanto, usando a terminologia feminista, recorremos ao trabalho de Sylvia Tamale, observou a feminista ugandense, que argumenta a importância de usar o termo feminismo e terminologia feminista dentro de um contexto africano, para evitar "relutância

O feminismo liberal argumenta que as mulheres devem se libertar de papéis restritivos de gênero, mas devem fazê-lo dentro das estruturas e sistemas sociais existentes (Haralambos e Holborn 2013, 106). O feminismo radical, por outro lado, argumenta que a igualdade de gênero não pode ser alcançada dentro do sistema social patriarcal existente e que o patriarcado deve ser abolido (Rowland e Klein 1997, 11, 12). As abordagens feministas liberais são sem dúvida mais fáceis de implementar, pois permitem que as pessoas continuem conduzindo seus negócios porque não estão exigindo uma reforma do status quo cultural. No entanto, se uma capacitação genuína para todas as mulheres é possível com essa abordagem, pode ser questionada. Talvez seja necessária uma abordagem mais radical, ou pelo menos uma combinação de abordagens radicais e liberais que busquem transformar ativamente as estruturas e sistemas que estão restringindo e inibindo a mulher e mulheres líderes, para garantir que todas as gerações subsequentes de mulheres não precisem novamente negociar o mesmo labirinto complexo.

Sinalização de Rotas Alternativas

As mulheres líderes discutidas neste capítulo mostraram maneiras alternativas de negociar o labirinto e alcançar posições de liderança. Esther Mombo alcançou o doutorado e tornou-se uma líder acadêmica, e lutou e alcançou a ordenação de mulheres sem ser ordenada. Marie Louise Yakemba alcançou posições de liderança e influência na comunidade e no país, trabalhando no Serviço Civil e em várias ONGs. Alice Kirambi optou por se concentrar no alívio e desenvolvimento da pobreza dentro do setor não governamental e se tornou uma líder com notáveis parceiros e financiadores internacionais.

As rotas que essas líderes seguiram foram muito influenciadas pelos contextos em que se encontravam, algo muito parecido quando se olha para as líderes angolanas. É notável que todas as três líderes angolanas tenham posições tradicionalmente consideradas masculinas. A Dra. Adelaide Catanha é pastora e professora de um seminário teológico; Luisa Mateus é pastora e secretária de um Sínodo provincial da IERA; e Eunice Chiquete é professora de um seminário teológico. Parece que as mulheres angolanas são mais capazes de alcançar papéis tradicionalmente masculinos na igreja e nas instituições teológicas, em comparação com as contrapartes da RCA e do Quênia. Essa suposição é apoiada pelos dados da pesquisa, em que 10% dos pastores que

---

apática, complacência confortável, diplomacia perigosa e mesmo impotência "ao se envolver com os direitos das mulheres (Tamale 2006, 39).

foram identificados como mais influentes em Angola eram do sexo feminino, enquanto apenas 0,5% das RCAs e 8% do Quênia. Isso deve-se ao facto de que é sem dúvida a guerra civil de 40 anos em Angola, pois o conflito armado oferece a possibilidade para a transformação dos papéis de gênero, o que, por sua vez, permite mais liberdade e agência pessoal para as mulheres. Em contextos de conflito, os papéis e restrições sociais de gênero são menos impostos e as mulheres têm permissão para assumir novos papéis (Sideris 2000, 44; Gardam e Jarvis 2000, 30; Puechguirbal 2010, 180). Conforme discutido no Capítulo 9, para a igreja em Angola, isso significou que as mulheres receberam um papel mais central na igreja, liderança religiosa e educação.

Enquanto a seção anterior destaca a necessidade de uma abordagem mais concertada e direta da igualdade de gênero e do empoderamento das mulheres, afim de fortalecer a liderança das mulheres em geral, é preciso também reconhecer maneiras e contextos alternativos nos quais a liderança pode ser alcançada. Na negociação do labirinto, as mulheres fizeram uso de rotas alternativas e se beneficiaram dos contextos variados e desafiadores em que se encontram. Para reconhecer a legitimidade e o valor dessas rotas alternativas, a sinalização deve ocorrer. Em outras palavras, como foi feito neste estudo do ELA, essas histórias devem ser capturadas e comunicadas a outras pessoas. Toda nova líder não deve ter que negociar sozinha o labirinto, mas deve poder ver o que aqueles que foram antes dela fizeram para seguir essas indicações, se forem úteis em sua situação.

Informar as mulheres e a comunidade em geral sobre os caminhos alternativos e a legitimidade e valor desses caminhos pode ser feito de várias maneiras. O que foi destacado pelo estudo da ELA é a importância da escrita e da mentoria, e esses são recursos inexplorados para o empoderamento e o desenvolvimento da liderança das mulheres.

CONCLUSÃO

Este capítulo analisou sete das mulheres líderes e três das organizações de mulheres identificadas na pesquisa ELA como tendo grande impacto. Ao explorar as experiências e prioridades dessas líderes e organizações, aprendemos sobre as oportunidades e limitações que as líderes africanas encontram.

Descobrimos que as líderes femininas são frequentemente discriminadas e marginalizadas, tanto dentro da igreja como na sociedade em geral. Os dados da pesquisa ELA mostram que as pessoas vêem mulheres líderes e organizações de mulheres como tendo uma reputação menos positiva do que os líderes masculinos e organizações com foco geral, e postula a possibilidade de que as pessoas tendem a avaliar e julgar as mulheres líderes de forma mais severa do que suas contrapartes masculinas. No entanto, elas continuam se concentrando em servir a comunidade em geral, incluindo os homens. Mulheres líderes e organizações de mulheres tendem a ter um foco holístico. Com esse foco na comunidade, é sem dúvida lógico que o impacto das líderes femininas e das organizações de mulheres seja sentido nos níveis local e não nacional e internacional. As líderes cristãs também tendem a recorrer a posições alternativas de liderança, como intermediação de recursos, quando lhes são negadas posições de liderança eclesiástica.

A educação foi revelada como uma barreira estrutural para as mulheres alcançarem posições de liderança. A educação, particularmente a educação superior, foi identificada como um importante indicador para os líderes, mas nos três países as mulheres são menos capazes de começar no nível da educação, pois têm menos acesso à educação de nível primário.

Ao estudar essas realidades e as maneiras pelas quais as líderes as superaram, identificamos quatro maneiras pelas quais a liderança das mulheres pode ser facilitada e apoiada.

- Primeiro, elas devem ser incentivadas e apoiadas a escrever sobre liderança e suas experiências de liderança.
- Segundo, a mentoria de mulheres líderes por mulheres líderes deve ser priorizada, pois as mulheres podem aprender muito com outras pessoas que enfrentaram os mesmos desafios.
- Terceiro, oferecemos a possibilidade de que uma agenda feminista um pouco mais radical possa afetar uma mudança maior para as mulheres em geral e não apenas para as líderes. A história de Esther Mombo mostra como o confronto direto com a opressão patriarcal pode levar a mudanças estruturais que liberta as mulheres e abrem oportunidades para elas.
- Quarto, uma oportunidade está ligada ao fato de muitas mulheres terem negado os papéis tradicionais de liderança dentro dos círculos eclesiásticos e, assim, encontrar caminhos alternativos e maneiras de serem líderes. Esses papéis e caminhos alternativos devem ser sinalizados para as mulheres líderes subsequentes, facilitando assim a negociação.

A realidade é que, como outros estudos também mostraram, as mulheres na liderança enfrentam considerável resistência nas igrejas, comunidades e sociedades a que servem. No entanto, o que a pesquisa ELA e o estudo subsequente de líderes e organizações nos mostram é que as líderes africanas estão superando esses desafios e tendo impacto. Elas são capazes de negociar o labirinto, uma jornada complexa que exige persistência, foco e tenacidade. Muito pode e deve ser feito para tornar o labirinto menos assustador. Os desafios que enfrentam tornam ainda mais louvável que essas mulheres estejam dispostas a aceitar o desafio e se destacar.

REFERÊNCIAS CITADAS

Adams, Jimi. 2007. "Stained Glass Makes the Ceiling Visible: Organizational Opposition to Women in Congregational Leadership." *Gender and Society* 21/1:80–105.

Allio, J. Robert. 2005. "Leadership Development Teaching Versus Learning." *Management Decision* 43/7–8:1071–77.

Eagly, Alice Hendrickson, and Linda Lorene Carli. 2007. *Through the Labyrinth: The Truth about How Women Become Leaders*. Boston: Harvard Business Press.

Eagly, Alice H., and J. Stephen Karau. 2002. "Role Incongruity Theory of Prejudice towards Women." *Psychological Review* 109/3:573–98.

Eagly, Alice H., and A. Mladinic. 1994. "Are People Prejudiced against Women? Some Answers from Research on Attitudes, Gender Stereotypes, and Judgments of Competence." *European Review of Social Psychology* 5:1–35.

Gardam, Judith, and Michelle Jarvis. 2000. "Women and Armed Conflict: The International Response to the Beijing Platform for Action." Columbia *Human Rights Law Review* 32/10:1–65.

Haralambos, Michael, and Martin Holborn. 2013. *Sociology: Themes and Perspectives*. London: Collins.

Klenke, Karin. 2011. *Women in Leadership: Contextual Dynamics and Boundaries*. Bingley: Emerald Group Publishing Limited.

Lafreniere, L. Shawna, and A. Karen Longman. 2008. "Gendered Realities and Women's Leadership Development: Participant Voices from Faith-Based Higher Education." *Christian Higher Education* 7/5:388–404.

McGregor, Jena. 2014. "For the Central African Republic, Hope Takes Female Form." *Washington Post*. January 23.

Mombo, Esther. 2008. "The Ordination of Women in Africa: A Historical Perspective." In *Women and Ordination in the Christian Churches*, ed. Jan Jones, Kirst Thorpe, and Janet Wooten, 123–43. London: T and T Clark International.

———. 2013. "Mentoring Younger Scholars in Theological Education." In *A Handbook of Theological Education in Africa*, ed. Isabel Apawo Phiri and Dietrich Werner, 853–57. Pietermaritzburg, South Africa: Cluster Publications.

Ngunjiri, W. Faith. 2010. *Tempered Radicals and Critical Servant Leaders*. Albany: State University of New York Press.

Oduyoye, Mercy. 1990. *Who Will Roll the Stone Away? The Ecumenical Decade of the Churches in Solidarity with Women*. Geneva: World Council of Churches.

Phiri, A. I., D. B. Govinden, and S. Nadar. 2002. "Called at Twenty-seven and Ordained at Seventy-three! The Story of Rev. Victory Nomvete Mbanjwa in the United Congregational Church in Southern Africa." In *Her Stories: Hidden Histories of Women of Faith in Africa*, ed. Isabel Apawo Phiri, Betty Govinden, and Sarojini Nadar. Pietermaritzburg, South Africa: Cluster Publications.

Priest, Kersten Bayt. 2015. "Breaking through the Stained-glass Ceiling: Christian Women's Short-term Mission Travel and the Emergence of Grassroots Leadership and Resource-Brokering."Andrews U. Swallen Lectureship (unpublished).

Prime, J. L., N. M. Carter, and T. M. Welbourne. 2009. "Women 'Take Care,' Men 'Take Charge': Managers' Stereotypic Perceptions of Women and Men Leaders." *The Psychologist-Manager Journal* 12:25–49.

Puechguirbal, Nadine. 2010. "Discourses on Gender, Patriarchy, and Resolution 1325: A Textual Analysis of UN Documents." *International Peacekeeping* 17/2:172–87.

Rao, Arati. 1995. "The Politics of Gender and Culture in International Human Rights Discourse." In *Women's Rights, Human Rights: International Feminist Perspectives*, ed. Julie Peters and Andrea Wolper, 167–75. New York: Routledge.

Rowland, Robyn, and Renata Klein. 1997."Radical Feminism: History, Politics, Action." In *Radically Speaking: Feminism Reclaimed,* ed. Diane Bell and Renate Klein, 9–36. Melbourne: Spinifex Press.

Sideris, Tina. 2000. "Rape in War and Peace: Some Thoughts on Social Context and Gender Roles." Agenda: *Empowering Women for Gender Equity* 43:41–45.

Stanley, Susie C. 1996. "The Promise Fulfilled: Women's Ministries in the Wesleyan/Holiness Movement." http://www.wesleyanholinesswomenclergy.org.

Sullins, Paul. 2000. "The Stained Glass Ceiling: Career Attainment for Women Clergy. *Sociology of Religion* 61/3:243–66.

Tamale, S. 2006. "African Feminism: How Should We Change?" *Development* 49/1:38–41.

UNESCO. 2014. "Women in Africa." http://en.unesco.org.

UNESCO Institute for Statistics. 2015a. *Education: Literacy Rate.* http://data. uis. unesco.org.

UNESCO Institute for Statistics. 2015b. Education *MetaData: Percentage of Female Enrolment by Level of Education.* http://data.uis.unesco.org.

9

Empoderando a Liderança – Um Novo Alvorecer na Liderança Cristã Africana

H. Jurgens Hendriks

A liderança cristã em África foi significativamente influenciada por vários fatores, entre eles as chefias africanas, o patriarcado cultural, os remanescentes do modelo colonial de servos e, posteriormente, os padrões de pensamento racional ocidentais e os modelos religiosos ocidentais (Adeyemo 2006, 546). Líderes cristãos contemporâneos em África enfrentam uma espécie de crise em suas tentativas de identificar e adotar o melhor modelo de liderança que irá inspirar outras pessoas e servir os melhores interesses daqueles que lideram.

Esta crise não é nova. Os discípulos de Jesus lutaram com questões semelhantes quando Tiago e João perguntaram a Jesus se eles poderiam estar sentados à sua mão direita e esquerda quando ele governasse. Os outros discípulos ouviram sobre isso e ficaram chateados. Jesus respondeu com palavras que resumem o que é este capítulo: "Você sabe que aqueles que são considerados governantes dos gentios dominam sobre eles, e seus altos oficiais exercem autoridade sobre eles. Não será assim entre vocês. Em vez disso, quem quer que se torne grande entre vocês deve ser servo, e quem quer que seja o primeiro deve ser escravo de todos. Pois nem mesmo o Filho do Homem veio para ser servido, mas para servir e dar a vida como resgate por muitos" (Marcos 10: 42-45, NVI). A questão levantada por Jesus também foi reconhecida como particularmente relevante em África por Gottfried Osei-Mensah em seu livro de 1990, *Wanted: Servant Leaders: The Challenge of Christian Leadership in Africa Today*.

Este capítulo baseia-se em pesquisas recentes realizadas por uma equipe de pesquisadores do Estudo da Liderança Africana (ELA) entre mais de oito mil cristãos em três países: Quênia, Angola e República Centro-Africana (RCA). Um dos objetivos da pesquisa foi explorar os estilos de liderança exercidos por aqueles que os entrevistados identificaram como influentes. Muitos desses líderes estavam facilitando a mudança social em suas comunidades enquanto exemplificavam novos padrões de "liderança serva" (Osei-Mensah 1990; Greenleaf 2007). Eles promoveram o empoderamento por baixo, ao mesmo tempo que conquistavam respeito e influência e exemplificando o poder dos princípios bíblicos básicos em suas vidas.

Existem lições sobre servir e empoderamento de liderança que se pode aprender com esses líderes? Como eles entendem seu estilo de liderança e o que essa liderança implica? Quem ou o que os influenciou a adotar um modelo de liderança que é contrário ao que é mais comumente praticado em seus ambientes?

A seguir, é apresentada uma breve introdução ao conceito de capacitar a liderança serva, seguida de exemplos selecionados de como a liderança é formada e um resumo de algumas características dessa liderança, identificadas pelos participantes. Para permanecer fiel aos dados, esses exemplos são geralmente apresentados na forma narrativa, conforme expressa pelos participantes.

LIDERANÇA SERVA E UM NOVO DESENVOLVIMENTO NO EMPODERAMENTO DA LIDERANÇA

De *quem é a religião cristã*? Lamin Sanneh ressalta que a expansão pós-colonial do cristianismo em África ocorreu sob a liderança africana. "Os africanos avançaram para liderar a expansão sem a desvantagem do compromisso estrangeiro. Os jovens, especialmente as mulheres, receberam um papel na igreja" (Sanneh 2003, 18). E, no entanto, o legado contínuo do colonialismo é muitas vezes evidente em padrões de liderança que são exploradores e egoístas. Aqueles que estudam liderança na África contemporânea sugerem que líderes exploradores e sedentos de poder costumam estar na ordem do dia (Castells 2000, 82–128).[1] No entanto, nossa pesquisa ELA sugere que o outro modelo de empoderamento da liderança serva também está presente na África.

---

1. O conhecido sociólogo Manuel Castells enfatiza que a situação da África está ligada à ascensão do capitalismo global. Muitos fatores desempenham um papel nos problemas econômicos do continente, mas o papel de "estados predadores" e "regra predatória" agrava as questões (2000: 95–99). William Easterly, por exemplo, chama a atenção para o elo entre o colonialismo e o novo imperialismo (2006: 269-305).

O que exatamente significa o conceito de empoderamento, particularmente no contexto da liderança? De acordo com Naas Swart, especialista em teologia e desenvolvimento, "o termo empoderamento significa literalmente que as pessoas recebem poder. Refere-se a um processo no qual as pessoas atingem a capacidade de controlar decisões que afetam suas vidas" (2006, 220). Assim, o empoderamento permite que as pessoas se definam e construam suas próprias identidades.

A frase "mobilidade descendente", de acordo com Henri Nouwen (1989; 2007), refere-se a capacitar aqueles com menos acesso ao poder. Como tal, constitui uma maneira de servir os outros (Beck 2013). Teologicamente falando, a vida de Cristo simboliza o empoderamento descendente. Gorman (2009, 16-17) usa o termo kenosis (Filipenses 2:7) a esse respeito e explica a "história principal de Paulo" como retratando o esvaziamento ou a humilhação de Cristo para se tornar humano e servir a humanidade. Esse movimento descendente também serve como uma ilustração da identidade cristã autêntica, bem como da liderança cristã. Em seu extenso trabalho sobre liderança cristã, Nouwen apelou a mobilidade descendente (1989; 2007) como uma maneira de exercer autoridade / liderança de uma maneira contrária à corrida mais usual da elite em direção à honra e ao poder. Mobilidade descendente e empoderamento são sinais de integridade de liderança, de colocar o outro antes de si.

INSTRUMENTOS PARA O EMPODERAMENTO DE LIDERANÇA SERVA

As seções a seguir se concentram em várias maneiras pelas quais os líderes cristãos africanos capacitam os outros por meio de sua liderança, bem como a forma como outros os capacitam.

Empoderamento Através Da Educação

O papel da educação no empoderamento não pode ser enfatizado demais. "Um professor empoderado é eminentemente capaz de desenvolver o potencial dos alunos da melhor maneira possível," diz o educador Arend Carl (2012, 1). A maioria dos líderes cristãos proeminentes identificados na pesquisa do ELA foi mentoriado a obter uma boa educação. A educação os ajudou a atingirem seus objetivos e, como cristãos, ter um impacto em todas as esferas da vida, seja na agricultura, educação, serviço público ou ministério da igreja. O que fez a diferença em suas vidas foi que todos esses líderes discerniram um chamado claro de Deus para servir e usar suas posições de influência para capacitar os outros. Eles exemplificaram a liderança serva em ação. O chamado deles moldou suas identidades e, eventualmente, também as dos outros. De uma perspectiva teológica, podemos chamar isso de *identidade cristã*, uma vez que pelo menos algo da semelhança e imagem de Cristo se refletia em suas vidas e ações. Alguns exemplos de líderes cristãos que foram capacitados pela educação e que trabalharam para o empoderamento de outros através da educação são apresentados abaixo.

Muitos quenianos identificaram o Bispo John Bosco, da Igreja Redeemed Gospel Church no Quênia, como um pastor influente. Uma mãe solteira o criou na infame favela Kibera de Nairobi. Desde os oito anos de idade, Bosco frequentou a escola primária e, mais tarde, o Instituto de Tecnologia Kiambu, onde estudou entusiasticamente a construção. As habilidades que ele adquiriu abriram muitas portas para ele enquanto servia em Mombasa. Aqui ele percebeu que os homens enviavam suas esposas e filhos para outras cidades para obter educação. Sendo habilidoso em construção e tendo recebido treinamento teológico "no trabalho", seu ministério de empoderamento começou construindo uma escola, a Redeemed Gospel Academy. Na entrevista com o diretor da Redeemed Gospel Academy, foi relatado que a escola tem uma missão e um único objetivo, a saber, "oferecer educação de qualidade a todas as crianças, independentemente de raça, religião ou origem socio-econômica." A escola está situada em uma área que é predominantemente muçulmana em Digo.[2] Na entrevista com o próprio Bosco, ele se refere ao fato de que "metade dos estudantes são muçulmanos e todos estão fazendo educação religiosa cristã na escola". Essa escola se tornou uma das melhores escolas particulares com boa performance no distrito. O diretor da escola pôde compartilhar muitos exemplos de alunos que frequentaram a escola e, posteriormente, com base nos resultados dos testes, puderam participar de "algumas das escolas secundárias nacionais mais importantes do Quênia."

O tipo de liderança de Bosco está fortalecendo a liderança serva. Serve como um exemplo do fato de que a educação fortalece. Na entrevista, Bosco compartilhou que toda a sua família contribuiu financeiramente para a construção de projetos para alcançar o objetivo de fornecer educação e treinamento. Bosco alerta os líderes mais jovens contra o perigo de um falso evangelho e materialismo "onde Deus quer que alguém fique rico rapidamente, dirija um bom carro e tenha uma casa grande." Na época da entrevista, a liderança de Bosco não apenas teve um impacto na educação, mas também se

---

2. Leia sobre o pessoal do Digo em http://en.wikipedia.org/wiki/Digo_people e http://joshuaproject.net/people_groups/11557/KE.

refletiu nas 40 Igrejas da Redeemed Gospel Churches plantadas no Condado de Kwale, no Quênia.

Outro exemplo queniano é a teóloga Esther Mombo. Mombo enfrentou o desafio da pobreza e do preconceito de gênero e resistiu à pressão cultural em direção ao casamento precoce. Eventualmente, ela alcançou o doutorado e tornou-se a primeira reitora dos estudantes e mais tarde vice-reitora para os assuntos académicos da St. Paul's University, em Limuru. Em sua entrevista, Esther contou como usou cada posição para capacitar os menos favorecidos e criar oportunidades para seus alunos. Durante seu mandato na Universidade de St. Paul, por exemplo, Esther enfrentou forte oposição de setores conservadores porque não era ordenada nem casada no momento de sua nomeação. No entanto, com o apoio do diretor e do corpo discente, ela se tornou a primeira reitora de teologia, liderando o caminho para outras mulheres. Naquele estágio, o estudo da teologia estava ligado à ordenação, mas sob sua liderança, isso mudou. O resultado foi um aumento acentuado no número de estudantes de teologia. Ainda mais significativo, o número de mulheres formadas em teologia na universidade aumentou de 5 em 2000 para 35 em 2012. O teto de vidro do preconceito do gênero estava se rompendo (Mombo e Joziasse 2011).

Durante o projeto de pesquisa, os entrevistados angolanos classificaram a educação como muito importante. Cinco dos seis líderes cristãos angolanos entrevistados receberam treinamento teológico. O sexto, Manuel Missa, professor e catequista de 60 anos, lamentou o fato de não poder estudar teologia devido a doenças e guerra civil. Em um país devastado por décadas de guerra civil, esses seis líderes da fé, com convicções firmes e valores claros, se destacam como faróis de esperança. Todos eles valorizam a educação teológica, todos exercem liderança em ambientes da igreja (como pastores, professores da Escola Dominical, líderes de coral) e todos desempenham papéis significativos de capacitação como mentores. O professor Dinis Eurico é um exemplo disso. Tendo servido como oficial sénior do governo durante a guerra civil, ele deixou seu emprego em 1987, estudou teologia e começou a ministrar como pastor em 1992.

Outra entrevistada, Adelaide Catanha, em 1978, tornou-se a segunda mulher Ovimbundu a ser ordenada e, posteriormente, dedicou sua vida à educação teológica. Finalmente, entrevistas com representantes de organizações cristãs importantes em Angola indicaram que os membros de sua equipe compartilhavam amplamente a convicção de que o empoderamento teológico das pessoas comuns era essencial. O empoderamento foi claramente visto como uma atividade holística nessas entrevistas. Como tal, a educação e o treinamento em diferentes habilidades são vistos como parte integrante de ser uma igreja e traz esperança em tempos difíceis.

Três dos líderes cristãos entrevistados na RCA obtiveram seus doutorados (dois PhDs, um MD) na Holanda, Canadá e Estados Unidos. A maioria dos principais líderes da RCA que entrevistamos estudaram no exterior e todos tiveram ampla exposição e conexões globais. Os relatórios da RCA ilustram como a educação capacita as pessoas a mudar a igreja e a sociedade para melhor.

David Koudougueret concluiu o doutorado na Leiden University. Mais tarde, foi nomeado reitor acadêmico e reitor de pesquisa e publicações na Faculté de Théologie Évangélique de Bangui. Como pesquisador no campo da tradução da Bíblia, Koudougueret construiu conexões internacionais. Ele serviu como missionário entre "os pigmeus" e entre o povo Fulani. Atualmente, ele serve como pastor em uma congregação com mais de sete mil membros. A partir da entrevista realizada com ele, fica claro que ele acredita que a mensagem do evangelho deve empoderar e motivar os cristãos a servir a Deus e ao próximo em todas as esferas da vida – social, política e econômica.

O professor Nestor Mamadou Nali, médico, também é membro do Royal College of Surgeons of Canada, cirurgião chefe do Hôpital de l'Amitié de Bangui, ex-reitor da Faculdade de Medicina e reitor da Universidade de Bangui; ele atuou como ministro da saúde da RCA de Março de 2003 a Junho de 2005. Ao longo de sua carreira, Nali desempenhou um papel significativo na reconstrução da infra-estrutura de saúde pública em colapso de seu país. Isso incluiu a criação de depósitos farmacêuticos regionais, a alocação de recursos para os centros comunitários de saúde e o lançamento do Programa Nacional de Saneamento para fornecer novas normas e padrões para as melhores práticas. Nali é igualmente ativo na igreja, tendo servido como presidente da Associação para Evangelismo Infantil, presidente do Sindicato dos Trabalhadores Médicos Cristãos e membro do conselho da FATEB. Ele trabalha ativamente pela unidade da igreja, que ele acredita ser seu maior desafio na RCA.

Um exemplo final da RCA é o engenheiro civil Evariste Dignito. Dignito trabalhou para várias empresas, mas depois começou seu próprio negócio. Ele serviu seu país de várias maneiras, incluindo a drenagem de terras e a construção de estradas. Ao mesmo tempo, atuou como coordenador de grupos de células em sua igreja local e como vice-presidente de um orfanato.

Ao concluir esta seção, é significativo que os entrevistados, com suas várias caminhadas de vida, envolvimento na educação de outras pessoas e estilos de liderança, geralmente usam terminologia que se refere ao reino de Deus (Marcos 1:15). Ou seja, eles não se concentram puramente na parte espiritual e salvífica do evangelho, mas em serem "uma bênção para o mundo" (Gênesis 12: 1-3). Dignito explica sua missão como "fazer um bom trabalho para glorificar a Deus." Nali diz: "Precisamos trazer a cosmovisão cristã para a arena política. Política é vida." Esses líderes vislumbram um estado de coisas em que reinam a justiça e a paz e onde Deus é obedecido.

Empoderamento através da Exposição

Os líderes da RCA mencionados neste capítulo incluem um médico, um arquiteto, um engenheiro, uma mulher de negócios e um funcionário do governo. Todos tiveram um impacto na sociedade com seus dons e liderança. Entrevistas com esses indivíduos destacaram a conexão entre exposição internacional e serviço eficaz em suas comunidades (Capítulo 4). Através da exposição internacional, esses líderes desenvolveram um quadro de referência mais amplo que os ajudou a pensar "fora da caixa" e a discernir e atender às necessidades sociais prementes de seus países.

Uma ilustração do Quênia pode ajudar a esclarecer esse ponto. Quando os pastores Bosco e Munene foram chamados para servir em Mombasa, foi o seu primeiro encontro real com o Islã. Nairobi e Mombasa representam mundos diferentes. Não sendo pego na "caixa" de suposições sobre os muçulmanos em Mombaça, Bosco e Munene viram oportunidades e alcançaram os muçulmanos. De acordo com Munene, "Independentemente do que as pessoas digam [sobre] uma cidade islâmica, elas eram pessoas como qualquer outro lugar que precisavam de Jesus como seu Senhor e Salvador." Sua exposição a um contexto diferente acabou sendo traduzida no empoderamento dos membros da congregação e serviu de exemplo para eles fazerem o mesmo.

Empoderamento através de Corais / Música

A música tradicionalmente tem desempenhado um papel significativo na maioria das culturas africanas. O papel da música mudou ao longo da história africana e continua a se transformar à medida que surgem novos ideais e gêneros. A música serve várias funções nas sociedades africanas e é usada por pessoas de todas as idades de muitas maneiras diferentes. Não é à toa que em Angola, por exemplo, a música serve como uma opção para o empoderamento.

As frequentes referências ao papel dos grupos corais e como o desenvolvimento como líderes andava de mãos dadas com a participação em um grupo coral ou a liderança em corais são bastante notáveis nos dados. Em essência, a liderança, especialmente a liderança servil, é mais uma atitude do que conhecimentos específicos. Não é possivel para alguém adquirir esse tipo de liderança simplesmente seguindo um currículo acadêmico específico. Não é dirigido por um programa, mas precisa fluir do fundo de uma pessoa como uma fonte que flui de um reservatório subterrâneo. O desejo de pertencer e compartilhar, de harmonizar e de apreciar a beleza e a mensagem de uma música ilustra a profunda consciência comunitária baseada em relacionamentos que faz dos grupos corais parte da vida africana. "Eu sou porque tu és" pode ser facilmente traduzido para incluir "somos porque cantamos" e "acreditamos porque testemunhamos o que cantamos."

Quatro dos seis líderes cristãos entrevistados em Angola mencionaram explicitamente a influência de corais em suas vidas e ministério. Um exemplo é Manuel Missa, mencionado em quarto lugar entre os líderes leigos com impacto significativo. O relatório descreve este professor e diretor de 60 anos como diretor de coral, "um cantor e compositor de música religiosa." Missa afirmou que cantar o qualificava como líder. Em todas as comunidades ou igrejas para onde ele foi, ele foi reconhecido como tendo esse dom.

Diamantino Laurindo Doba também foi identificado pelos entrevistados angolanos como um líder leigo com alto impacto. Desde os dias de escola dominical, ele cantou em corais, tornou-se líder de coro e desenvolveu-se como líder no trabalho com jovens, servindo e capacitando outras pessoas através de corais, festivais de coral e programas para jovens. Atualmente, ele é diretor nacional do Departamento da Juventude da IERA, coordenador do Coro Evangélico Regional de Luanda e consultor do Comitê Executivo da IERA.

Os entrevistados angolanos identificaram a pastora Adelaide Catanha como uma das pastoras mais influentes de Angola. Em sua entrevista, Catanha também se refere ao importante papel que os corais e sua participação neles desempenharam em sua formação espiritual. O mesmo se aplica à influente pastora Luisa Mateus, que até conheceu seu pastor-marido em um grupo coral. Toda a sua família continua envolvida em corais, e ela explica que os corais lhe conferiam muitos valores positivos, incluindo uma apreciação pela unidade, amor e respeito entre os membros do coral, tratando-os como irmãos e irmãs.

Três líderes da RCA, René Malépou, Marie Louise Yakemba e David Koudougueret, também mencionam a importância dos corais. Koudougueret é descrito como "um cavalheiro que passou toda a sua vida na igreja: coral, grupo de jovens [e] a União dos Jovens Cristãos... Assim, ele foi moldado pela igreja. " No Quênia, os corais também são mencionados. O general Jeremiah Kianga "cresceu como membro do coral da Escola Dominical, coral da escola e coral da igreja." Claramente, os corais são um meio de desenvolvimento e capacitação de liderança.

Empoderamento através da Oração

Ao ler os relatórios do ELA, fica impressionado com a frequência com que a oração é mencionada. Dois líderes da RCA, Yakemba e Nali, por exemplo, enfatizam a importância da oração ao abordar a terrível situação política em seus países enquanto o engenheiro Dignito se refere seis vezes ao papel da oração na tomada de decisões de sua família. Todos os entrevistados angolanos mencionam a oração e compartilham um senso claro do papel integral e fortalecedor da oração em suas vidas, especialmente em circunstâncias relacionadas a prolongada guerra civil. Oito relatórios quenianos também se referiam à oração. John Bosco enfatiza a importância da oração para quem ministra no difícil contexto de Mombaça: "Se você está aqui a se divertir, serás destruido. Seu ministério não pode ir a lugar algum. Portanto, é necessária oração, oração séria, oração consistente."

Esses líderes tiveram experiências em primeira mão ao serem confrontados com realidades em que seus recursos não eram mais capazes de enfrentar os desafios. É aqui que eles precisam sair com fé e confiança, colocando a própria vida nas mãos de Deus. A oração é outro exemplo de um refúgio que fornece, neste caso, segurança espiritual.

Empoderamento através da Mentoria

O empoderamento não acontece apenas através da educação formal. Os mentores também têm habilidades únicas para orientar e capacitar as pessoas, e isso também pode acontecer no contexto da educação. De acordo com Global Survey on Theological Education (2011-13), a integridade dos líderes seniores é vista como o elemento mais importante na determinação da qualidade na educação teológica. Os mentores são respeitados por seu estilo de vida inflexível e baseado em valores (Tutu, 1999). Eles dão um exemplo de serviço abnegado por meio do qual capacitam líderes de destaque.

Todos os mentores mencionados na pesquisa do ELA são excelentes em sabedoria, em valores baseados na fé, em integridade, em ter uma identidade clara e na capacidade de empoderar e se aventurar com seus "alunos." Eles baseiam seu papel como mentores em suas convicções e fé cristãs. A maioria deles recebeu treinamento teológico que moldou suas visões e senso de vocação.

O conhecido estudioso ganês Kwame Bediako (1992) ajudou os africanos a ver a importância da identidade africana e de ter mentores africanos. A orientação africana está relacionada a uma combinação de família, fé e responsabilidade social. Uma alta percentagem dos líderes entrevistados mencionou o papel de pai, mãe ou avó em suas próprias vidas. A família, em particular, é de suma importância na maioria das culturas africanas, e as entrevistas também ilustram isso.[3]

No que diz respeito a mentoria, o estudo do ELA constatou que a fé cristã forma a base ética da confiança entre e a motivação por trás do relacionamento entre mentor e mentorando. Ele também descobriu que a atitude e os estilos de mentoria dos mentores se baseavam no respeito à dignidade e ao potencial de outros seres humanos. Um bom exemplo é a maneira como Esther Mombo respeitava os estudantes da St. Paul's University e ajudou aqueles em necessidade – homens e mulheres. Ela exerceu autoridade em colaboração com colegas "e envolveu o corpo discente nas decisões." O relatório menciona que ela é conhecida por seu "toque suave para a equipe de suporte de baixo quadro." Essa atitude de respeito à humanidade e aos talentos de outra pessoa geralmente resulta em um relacionamento duradouro, no qual um mentor retoma a responsabilidade de orientar um mentorando, mesmo que isso exija tempo, energia e recursos. O juiz Onesmus Makau, um cristão de primeira geração de uma família de camponeses, é outro exemplo queniano de mentoria cristã na pesquisa do ELA. Em sua entrevista, Makau mencionou a habilidade de mentoria e a força da empatia em mentoriar ao descrever como ele orientou dois advogados juniores que foram promovidos ao nível de magistrado.

As características de um bom mentor que foram identificadas na pesquisa são especialmente bem ilustradas na relação entre o mentorando queniano Edward Munene e dois de seus mentores, Catherine Njoki e Pastor Ron Sonnas. O pastor Munene descreveu o relacionamento como muito pessoal, fortalecedor, orientador e baseado no respeito mútuo. Njoki e Sonnas notaram seu potencial de liderança e o mentoriaram e empoderaram, confiando nele e criando oportunidades para ele usar seus talentos excepcionais.

CARACTERÍSTICAS DE LIDERANÇA SERVA
Acessibilidade e Empoderamento

Os mentores e líderes de sucesso têm a distinção de serem acessíveis. A acessibilidade fornece o útero em que a liderança servil pode crescer e se desenvolver. O mentor é acessível para aqueles que sofrem, precisam ou estão em dúvida e para aqueles que precisam de orientação. A mentoria é um processo da liderança e ensino pelo exemplo, de maneira interativa e pessoal.

Edward Munene articula claramente esse princípio: "Deus me chamou para ser um servo, e eu preciso estar disponível para as pessoas que estou

---

3. Para o papel da família na formação de líderes, consulte também o Capítulo 3 deste livro.

alcançando. Quero dizer, se você me enviar uma mensagem no Facebook, eu poderei responder." Munene ilustra seu argumento com alguns exemplos. Um marido entrou em contato com ele no Facebook sobre um divórcio eminente. Ele respondeu imediatamente e encontrou uma maneira de ajudar. Uma senhora que queria se suicidar por causa de uma gravidez indesejada usou o seu blog. Ele respondeu através do blog, acompanhou o caso e, eventualmente, através da reconciliação familiar, ajudou a resolver os problemas. Munene é um pastor, e uma maneira pela qual ele permaneceu acessível foi através da mídia social, embora não da maneira como a mídia social geralmente funciona, como criadora e construtora de sua própria imagem. Os exemplos que Munene dá mostram até que ponto ele segue os pedidos de ajuda daqueles que o contatam e como ele se envolve em suas vidas e dores. Sua disponibilidade e seu compromisso de levar e acompanhar as pessoas necessitadas em uma jornada são verdadeiramente exemplares: "Comecei a pesquisar na Bíblia para encontrar uma solução e percebi que Jesus nunca nos havia enviado para fazermos conversos, ele nos enviou para fazer discípulos. Então eu comecei a fazer discípulos. Comecei a ensinar a Palavra para que eu possa alcançar o mundo."

Munene e sua esposa começaram seu ministério em Mombasa em 2008, durante o período de violência pós-eleitoral no Quênia. Na ausência de ajuda externa, eles foram forçados a desenvolver sua equipe de liderança local. Eles começaram como uma equipe de dois e alcançaram principalmente jovens de todas as esferas da vida na área. Desde então, por meio do discipulado, estágios e ensino, Munene estima que eles tenham desenvolvido cerca de 200 líderes. Muitos deles seguiram o treinamento da Escola Bíblica e até mesmo estudos de mestrado em liderança cristã e teologia.

Ao longo deste capítulo, a palavra mentor foi usada, mas em termos bíblicos o *discipulado* descreve praticamente o mesmo fenômeno.[4] Um dos princípios importantes na mentoria claramente vistos na vida de Edward Munene está constantemente dando poder. Além disso, os jovens convertidos e os discipulados por Munene seguiram seu chamado em várias esferas da vida, não apenas em locais relacionados à igreja. Esses foram realmente exemplos de espandir a luz e de ser o sal da terra. De fato, a partir da entrevista, fica claro que o objetivo de Munene não estava focado na igreja como tal. Munene desenvolveu um sistema eficaz de líderes crescentes e multiplicadores sem

---

4. Dois livros clássicos sobre discipulado que descrevem o sentimento de Munene são Robert E. Coleman, The Master Plan of Evangelism (Old Tappan: Revell, 1963) e Alexander B. Bruce, *The Training of the Twelve* (Grand Rapids, MI: Kregel, 1971).

a necessidade de uma estrutura e processo institucional ou hierárquico centralizado. Porém, resultou na congregação enviando pessoas ao mundo que estão equipadas para torná-lo um lugar melhor, vivendo uma vida moral e baseada em princípios em qualquer ocupação que busquem. A congregação foi desafiada e discipulada para alcançar o mundo e fazer discípulos, mas em um ministério distintamente missionário e não puramente burocrático. De maneira alguma as questões burocráticas ofuscaram ou dificultaram os pré-requisitos da maturidade espiritual e de uma vida disciplinada. De fato, encontra-se nisso um senso de liberdade disciplinada, mas desafiadora, para ir aonde o Espírito leva neste mundo sofrido e quebrado, onde há mais do que suficiente trabalho de resgate a ser feito.

Quando perguntaram a John Bosco por que ele acha que as pessoas o identificaram como um pastor influente, sua resposta hesitante foi que talvez tenha sido porque as pessoas sabem que quando o abordam com um problema, ele tentará o máximo possível para ajudá-lo, quer o pedido venha de um crente nascido de novo ou não. Além disso, ele diz que seu próprio histórico de crescer e se familiarizar com a vida em favelas lotadas o ensinou o valor da vizinhança e a importância de ajudar os outros. Como, então, ele pergunta, ele não poderia ajudar outras pessoas, mesmo as da comunidade muçulmana? Isso se tornou especialmente crucial quando Bosco se mudou de Nairóbi para Mombaça, de uma situação com liberdade religiosa para uma área em que os cristãos estavam em risco. Uma vez em Mombaça, ele novamente se estabeleceu em uma das áreas mais pobres. Com pouco apoio de fora, Bosco trabalhou entre pessoas que não são estimadas por ninguém. Além disso, a população nessas áreas estava em constante transição. Por causa da pobreza, as pessoas mudam de lá assim que são equipadas e empoderadas. Ele estima que os membros da igreja geralmente permanecem na área por dois a quatro anos antes de se mudarem de lá. Bosco relatou que havia treinado centenas de líderes em seu instituto de treinamento de liderança, incluindo vários pastores de destaque. Portanto, não é de surpreender que os entrevistados no ELA o tenham altamente avaliado por sua capacidade de treinar líderes – 3,84 para 4! Com pastores como Bosco, que lideram pelo exemplo, que servem e empoderam pessoas e comunidades, e que são acessíveis a eles, também não surpreende que a Redeemed Gospel Church esteja crescendo a um ritmo notável na região costeira do Quênia. No entanto, a liderança serva e o empoderamento que ela implica vêm não apenas com oportunidades, mas também com riscos.

Rumo à Liderança Serva e a Capacidade de Identificar Oportunidades e Riscos

A liderança serva se desenvolve quando os mentores e as instituições acreditam nos jovens para ajudá-los a identificar desafios e oportunidades. A avó de Mombo "a incentivou a sonhar por uma vida melhor" e protestou quando o pai quis que ela se comprometesse com um casamento arranjado. John Bosco mencionou que o seu mentor, Dr. Lai, ofereceu-lhe oportunidades "para servir em maiores capacidades." Catherine Njoki recomendou que seu mentorando Edward Munene fosse autorizado a pregar o sermão quando um pregador não comparecesse a um culto. Esse incentivo influenciou decididamente a vida desses líderes. Muitas influências, de corais a grupos de jovens, a amizades internacionais, afetaram David Koudougueret, eventualmente transferindo-o da engenharia civil para o pastorado. Louise Yakemba, uma oficial sénior de finanças da RCA, contou sobre a influência de sua avó como cristã comprometida em orientar e incentivar suas atividades educacionais. Yakemba também menciona o papel do coro do qual ela era membro e os conselhos dos mentores que a levaram a estudar, estabelecendo assim as bases para o seu futuro como uma líder feminina de destaque na RCA. É importante ressaltar que, ainda jovens, esses líderes não apenas responderam aos desafios apresentados por seus mentores, mas também aproveitaram as oportunidades a eles apresentadas. É claro que isso também envolvia correr riscos, especialmente o risco de falhar.

O caminho para se tornar um líder servo que empodera outras pessoas requer refúgios seguros que proporcionam estabilidade e segurança quando há riscos envolvidos. Um refúgio típico é um histórico familiar sólido.[5] É claro que uma boa educação e estabilidade financeira também desempenham um papel. Mas talvez o maior refúgio que esses líderes cristãos compartilhem seja a fé em Jesus Cristo. Espiritualmente, isso implica uma transformação radical da identidade: passar do eu para Cristo.

Experiências específicas influenciaram a vida desses líderes e, embora cheias de riscos, muitas vezes serviram como pontos de virada em suas vidas. Esses líderes adotaram uma nova visão e missão, como mostrado nos exemplos apresentados acima. Na RCA, David Koudougueret, que estudava engenharia civil com patrocínio do governo no Canadá, conta como sua vida foi influenciada pela igreja e pelos "irmãos", para que ele se tornasse um pastor bem qualificado. Ele tomou decisões corajosas, assumiu riscos, mas pôde fazê-lo por causa do refúgio oferecido pelo apoio de sua igreja.

---

5. Este também constitui o tema de outros capítulos neste livro (Cap. 2 e 3).

Edward Munene mencionou o apoio e a amizade que experimentou na escola de amigos de várias origens culturais: um Ugandense, um Etíope e um Asiático. "Isso me ajudou muito enquanto jovem a apreciar outras culturas." Munene também menciona que ele cresceu em uma igreja presbiteriana onde 70 a 80% da congregação era mais velha, mas ele testemunha que foi "salvo" em um acampamento de jovens dessa igreja presbiteriana. Três meses depois de dar sua vida a Cristo, um pregador não apareceu em uma reunião agendada para jovens, e Munene teve a oportunidade de pregar e ensinar. Depois disso, ele entrou em contato com vários grupos de jovens que criaram oportunidades para ele fazer o mesmo e, assim, cruzar fronteiras. Seu maior desafio, ele conta, veio quando ele começou "do zero" o International Christian Centre em Mombaça em 2008. Mover-se de Nairóbi para Mombaça era um limite e tanto, um empreendimento arriscado, especificamente com relação a segurança dele e de sua família. Munene explica:

> Vim com minha família e começamos os serviços apenas durante a violência pós-eleitoral. Em algum momento, pensei que tinha chegado na hora errada. Mas, começando então, o que percebemos é que Deus nos levou a uma cidade que é carente de muitas maneiras. Independentemente do que as pessoas dizem [sobre] uma cidade islâmica, elas eram pessoas como de qualquer outro lugar que precisavam de Jesus como seu Senhor e Salvador. O que a violência pós-eleitoral provocou, o que tem sido um benefício para mim hoje, não são muitas as pessoas que querem viajar para outras cidades onde elas não tinham nascido. Por exemplo, as pessoas que estavam trabalhando em Nairóbi não queriam sair e ir trabalhar noutro lugar.

A capacidade de assumir riscos e atravessar fronteiras está ligada a ter refúgios, fundações ou plataformas seguras, a partir das quais as atividades são iniciadas. Munene tinha família e uma medida de segurança financeira. Ele também teve bons mentores e uma educação sólida. O mais destacado, no entanto, foi seu claro senso de propósito, com base em uma experiência de conversão que confirmou sua paixão em ajudar as pessoas (ele costumava usar a palavra resgate). Ele também usa as oportunidades que se apresentam em seu ministério, sendo uma delas a mídia social. A idade média dos membros de sua igreja em Mombaça é de 30 e Munene usa as oportunidades oferecidas pelas mídias sociais (Skype, Facebook, Twitter e assim por diante) para ministrá-las.

Libertar-se dos padrões culturais estabelecidos, assumindo o risco de ultrapassar fronteiras antigas, é ilustrado por Munene quando lhe pediram que citasse fatores que o ajudaram a capacitar os outros.

> Uma é a minha capacidade de continuar a formar líderes, porque, se eu não continuar dando as coisas que faço, não poderei continuar fazendo as coisas que devo fazer. Como líder, existem coisas que só eu posso fazer, mas há coisas que estou fazendo agora que outras pessoas podem fazer, por isso preciso continuar encontrando as coisas que outras pessoas podem fazer, e eu as delego e assim faço líderes. Portanto, meu desenvolvimento de liderança é profundamente afetado pelo que sou capaz de fazer.

Dinis Eurico foi classificado como pastor com o impacto mais significativo em Angola. É presidente da Igreja Evangélica Sinodal de Angola e leciona em um seminário. Ele se tornou amplamente conhecido em Angola através de seu envolvimento como interlocutor cristão, e seus programas educacionais cristãos no rádio são populares. No entanto, a liderança de Eurico e o respeito que as pessoas têm por ele têm uma base mais profunda. Como mencionado acima, ele atuou no Ministério do Comércio Interno do antigo governo comunista e estava para ser promovido a um cargo influente (implicando segurança financeira e outros benefícios). No entanto, quando sentiu que Deus o chamava para o ministério pastoral, ele assumiu o risco e renunciou para servir seu povo como pastor. Essa renúncia ao poder parece ter conquistado respeito e credibilidade de muitos.

Abandonar o poder é certamente um desafio difícil para a liderança africana. As pessoas geralmente assumem que isso leva à impotência. Mas, em termos cristãos, a renúncia ao poder geralmente leva a lugares e posições em que Deus pode confiar responsabilidades ainda mais desafiadoras. As vidas de Munene e Eurico testemunham isso.

LIDERANÇA SERVA E A CAPACIDADE PARA NAVEGAR NOS DESAFIOS DO EMPODERAMENTO

Nada define mais a servidão de Cristo do que a cruz. Os líderes e organizações angolanas testemunharam as dificuldades de 40 anos de independência e guerra civil, mas também o crescimento da igreja. Na provação daqueles quarenta anos, a liderança e a fé amadureceram. O testemunho de Eunice Chiquete, uma jovem garota durante a guerra, serve como uma boa ilustração. Ela conta como seus pais (seus mentores) se mantiveram em seu chamado para ministrar e educar, enquanto tanto ao seu redor foi destruído em bombardeios aéreos. As vozes proféticas dos líderes contemporâneos da RCA não passam despercebidas nessa sociedade. A história de Esther Mombo testemunham o fato de que o viés cultural de gênero contra as mulheres continua sendo um desafio ao longo da vida, uma constante cruz a ser realizada. No entanto, nada destaca e aprimora a integridade, fidelidade e confiabilidade de um líder mais do que lidar com dificuldades como essas.

Portanto, circunstâncias difíceis muitas vezes desempenham um papel crucial na formação de líderes servos. Os líderes são moldados pelos desafios que enfrentam. Os obstáculos e perigos que os confrontam testam seu caráter e formam sua fé. Mais uma vez, o exemplo do Bispo queniano John Bosco se destaca. Quando Bosco começou a servir em Mombasa, com sua grande presença muçulmana, ele tinha apenas dois participantes regulares nos cultos; não havia uma única igreja cristã na área. Na época da entrevista, a participação na igreja era de cerca de três mil. A congregação incluía pessoas de diversas origens (apesar de apenas 10 a 20 carros à vista). Os dois policiais armados de guarda desses serviços servem como testemunho silencioso da ameaça de violência religiosa, uma ameaça perene que afetou sua liderança.

Bosco e sua família enfrentaram um tremendo desafio. Nada vem com facilidade. Demorou anos e eles viveram por longos períodos sem nenhum rendimento regular. Eles enfrentaram esses obstáculos com fé, oração e com muito trabalho. No entanto, isso não passou despercebido. Bosco foi identificado pelos quenianos como o pastor mais influente e com maior impacto positivo.

Um dos efeitos da guerra em Angola foi que havia muito pouco apoio financeiro nacional ou internacional para os ministérios da igreja. Assim, os entrevistados angolanos referem-se ao fato de que seu apoio primário era local e, no caso dos seis líderes, geralmente vinham de recursos próprios ou familiares. A conduta e o caráter desses líderes testemunham seu chamado, fé e integridade. Assim, as pessoas as respeitam, confiam nelas e seguem seu exemplo.

Outro obstáculo à liderança em um continente com poucos médicos, hospitais e clínicas são os problemas médicos. Manuel Missa teve dois acidentes de moto quase fatais, além de outros problemas de saúde. Em seu testemunho sobre o pai, os filhos de Missa mencionam os nove anos em que ele estava doente: "vimos a mãe a carregar nosso pai nas costas e levando-o ao posto de saúde." Como todas as pessoas, os líderes são frequentemente testados, mas sua perseverança testemunha sua fé e seu compromisso com seus sonhos e, como tal, os distingue como líderes.

Na primeira seção deste capítulo, examinamos, de uma perspectiva mais teórica, o significado de liderança servil, empoderamento e mobilidade descendente como conceitos centrais. Na segunda e terceira seções, foi discutida uma seleção de "ferramentas" para empoderar líderes em direção à liderança serva, bem como características selecionadas de liderança serva empoderada. Essas duas seções se afastaram das reflexões teóricas e fizeram uso dos dados gerados pelo ELA, principalmente ao se referir à vida e obra de influentes líderes cristãos em Angola, Quênia e RCA. Um aspecto que esses exemplos mostraram é que, como foi sugerido no início deste capítulo, "empoderamento da liderança serva não está extinta em África".

CONCLUSÃO:
LIDERANÇA SERVA COMO NOVO ALVORECER DE ESPERANÇA

No Evangelho de Marcos, Jesus é relatado dizendo: "Vocês sabem que aqueles que são considerados governantes das nações as dominam, e pessoas importantes exercem poderes sobre elas. Não será assim entre vocês. Ao contrário, quem quiser tornar-se importante entre vocês deverá ser o servo" (Marcos 10: 42–43, NVI). Em oposição aos muitos casos de domínio predatório no continente africano, nossa pesquisa do ELA demonstrou que muitos líderes cristãos em África exemplificam o fortalecimento da liderança serva.

Encontramos dois conceitos de liderança que desempenharam um papel crucial: empoderamento e mobilidade descendente. O empoderamento permite que as pessoas se definam e construam suas identidades e futuro. A mobilidade descendente é o oposto da típica corrida ascendente em direção ao poder e à honra. Para os cristãos, a melhor maneira de explicar é dizer que segue o modelo de auto-esvaziamento ou humilhação de Cristo ao se tornar humano, servir à humanidade e sacrificar sua vida ao serviço do mundo (Fp 2:6-8) Aqui existe um estranho paradoxo: é se livrando do poder, servindo e empoderando aqueles que precisam, que a verdadeira liderança floresce e, paradoxalmente, recebe-se poder e honra.

Este capítulo contou as histórias de influentes líderes cristãos. Em todos os casos, a educação desempenhou um papel fundamental em sua formação. Em quase todos os casos, a igreja e o treinamento teológico, de uma maneira ou de outra, tiveram um papel significativo. Assim, o processo educacional andava de mãos dadas com atributos espirituais como fé e chamado, serviço, sacrifício e, principalmente, oração. Em contextos de pobreza, guerra e incerteza, foram os líderes instruídos que puderam fazer a diferença e que trouxeram alívio e esperança.

A família e os mentores claramente também desempenharam um papel crucial na formação de líderes, enquanto o papel dos corais e da música ajuda a entender algo da alma africana. Este desejo de pertencer e compartilhar, de harmonizar e apreciar a beleza e a mensagem da música, ilustra a profunda consciência da comunidade baseada em relacionamentos que faz dos corais parte da vida africana. *Eu sou porque você é. Nós somos porque cantamos.* Outro fator que desempenhou um papel foi a acessibilidade, e pode ser visto como uma inclinação natural em uma comunidade baseada em relações.

A formação de líderes servos que empoderam suas comunidades começou com a criação de oportunidades para eles. Eles tinham a liberdade de correr riscos e foram expostos, ajudando-os a "sair da caixa" e atravessar fronteiras. Os desafios, no entanto, precisavam ser equilibrados pela segurança das comunidades religiosas, pela oração, pela confiança dos mentores e pelos meios necessários para alcançá-los.

Em resumo, a integridade dos líderes é reconhecida por sua disposição em servir, largar o poder e se sacrificar por meio da liderança serva. "Quando as coisas desmoronam" (Achebe 1999), esses líderes permanecem firmes por causa de sua fé e compromisso, empoderando e criando faróis de esperança.

REFERÊNCIAS CITADAS

Achebe, Chinua. 1994 [1958]. *Things Fall Apart*. New York: Anchor Books.
Adeyemo, Tokunboh. 2006. "Leadership." In *African Bible Commentary*, general editor Tokunboh Adeyemo, 546. Nairobi: World Alive.
Beck, Richard. 2013."Downward Mobility." Blogspot entry. Experimental Theology website. Based on Henri Houwen's *The Selfless Way of Christ*. March 19. http://experimentaltheology.blogspot.com/2013/03/ downward-mobility.html.
Bediako, Kwame. 1992. *Theology and Identity: The Impact of Culture upon Christian Thought in the Second Century and in Modern Thought*. Oxford: Regnum.
Carl, Arend E. 2012. *Teacher Empowerment through Curriculum Development – Theory into Practice*. 4th ed. Cape Town: Juta.
Castells, Manuel. 2000. *End of Millennium: The Information Age – Economy, Society, and Culture*. Volume 3. 2nd ed. Oxford: Blackwell.
"Global Survey on Theological Education" (GSTE). 2011–13. World Council of Churches. http://www.globethics.net/web/gtl/research/global-survey. Gorman, Michael J. 2009. *Inhabiting the Cruciform God: Kenosis, Justification, and Theosis in Paul's Narrative Soteriology*. Grand Rapids, MI:Eerdmans.
Greenleaf, Robert K. 2007. "The Servant as Leader." https://greenleaf.org/ what-is-servant-leadership/.

Mombo, Esther, and Heleen Joziasse. 2011. *If You Have No Voice, Just Sing! Narratives of Women's Lives and Theological Education at St. Paul's University.* Limuru, Kenya: Zapf Chancery.

Nouwen, Henri J. M. 1989. *In the Name of Jesus: Reflections on Christian Leadership.* New York: Crossroad.

———. 2007. *The Selfless Way of Christ: Downward Mobility and the Spiritual Way of Christ.* Maryknoll, NY: Orbis Books.

Osei-Mensah, Gottfried. 1990. *Wanted: Servant Leaders: The Challenge of Christian Leadership in Africa Today.* Achimota, Ghana: African Christian Press.

Sanneh, Lamin. 2003. *Whose Religion Is Christianity? The Gospel beyond the West.* Grand Rapids, MI: Eerdmans.

Swart, Ignatius. 2006. *The Churches and the Development Debate: Perspectives on a Fourth Generation Approach.* Stellenbosch: SUN.

Tutu, Desmond M. 1999. *No Future without Forgiveness.* New York: Doubleday.

World Health Organization. 2006. "Professor Nestor Mamadou Nali: Medicine Is a Lifelong Religion; It Is a Calling." Heroes for Health in the Central African Republic. http://www.who.int/world-health-day/ previous/2006/car/nali/en.

10

Leitura E Liderança – Desafios Para Os Líderes Cristãos Africanos

Robert J. Priest, Kirimi Barine e Alberto Lucamba Salombongo

CRISTÃOS AFRICANOS COMO LEITORES

Como pessoas do Livro, os cristãos geralmente valorizam bastante a leitura. Enquanto em épocas anteriores as elites em grande parte do mundo monopolizavam a alfabetização a serviço do status e do poder, os cristãos sempre estiveram na vanguarda da educação das massas para a alfabetização. Os protestantes enfatizaram especialmente a possibilidade de todos lerem a Bíblia e a interpretarem com competência. Onde quer que esses cristãos tenham influenciado, esse valor influenciou positivamente a educação, as taxas de alfabetização, a publicação de materiais de leitura e a própria leitura (Woodberry 2012, 249–51). E, no entanto, os estudiosos falharam amplamente em estudar os padrões de leitura dos cristãos a nível do globo e em considerar o que esses padrões nos dizem sobre o cristianismo mundial. Este capítulo pretende ser o primeiro passo para pesquisar e analisar esses padrões e considerar como a compreensão desses padrões pode ser útil para os envolvidos na escrita, publicação e disseminação de materiais cristãos.

Os três países examinados são maioritariamente cristãos.[1] O banco de dados da World Christian registra taxas de alfabetização de adultos de 57% na República Centro-Africana (RCA); 70% para Angola; e 72% para o Quênia. Embora cada país seja multilíngue, realizamos pesquisas no idioma oficial de

---

1. Angola, com uma população de 14 milhões, é aproximadamente 60% católica romana e 28% protestante. A RCA, com 4,5 milhões, em seu último censo era metade protestante e 29% católico romano. O Quênia, com uma população de 43 milhões, é aproximadamente metade protestante e 25% católico romano.

Angola (português), nos dois idiomas oficiais do Quênia (Inglês e Suaíli) e em Francês para a RCA.[2] O questionário foi aplicado apenas aos cristãos, tendo como alvo principal aqueles que eram alfabetizados e, portanto, tinham mais educação formal do que a média, e aqueles que eram ativos em suas igrejas.[3] 9% dos nossos entrevistados eram pastores.

Dizem que as comunidades africanas precisam desenvolver uma cultura de leitura mais forte (Chakava 1996, 34; Otike 2011, Commeyras e Mazile 2011). Contudo, os resultados de nossa pesquisa fornecem evidências de que muitos cristãos africanos lêem bastante. Um terço dos entrevistados indicou ter lido pelo menos seis livros no ano passado, com 60% dos pastores relatando ter lido pelo menos seis. Isso pode ser comparado aos resultados do Pew, que mostram que metade dos adultos americanos leram cinco ou menos livros no ano anterior (Pew 2014). Ou seja, enquanto os cristãos africanos leem livros a taxas mais baixas do que os americanos, a diferença é menor do que se poderia esperar. Os pastores africanos leem livros em taxas mais altas do que a população adulta dos EUA como um todo.[4]

Em nossas entrevistas, muitos líderes africanos influentes relataram ser leitores ávidos, frequentemente apontando os livros em seus escritórios ou bibliotecas e relatando planos para coletar e ler mais. O pastor René Malépou, presidente da Communauté des Eglises Baptistes Indépendantes na RCA, por exemplo, apontou a desordem entre seus livros de escritório como evidência de seu uso frequente deles. Ele relatou que acorda regularmente à meia-noite e lê até as quatro da manhã. O pastor Dinis Eurico de Angola, pregador de rádio e presidente nacional da Igreja Evangélica Sinodal de Angola, relata a leitura de toda a Bíblia a cada ano. Ele lê uma grande variedade de livros de escritores cristãos africanos e americanos, incluindo livros do teólogo nigeriano Tokunboh Adeyemo e do Bispo Ugandês Festo Kivengere, ambos que se considera privilegiado por conhecer. O ambientalista queniano de

---

2. Embora o Sango também seja um idioma oficial da RCA e seja amplamente falado, o francês é o idioma da escolaridade e, portanto, a equipe de pesquisa da RCA decidiu que o francês serviria para nossos propósitos.

3. 15% dos correspondentes do Quênia eram pastores (13.2%) ou líderes denominacionais (2.1 percento). Na RCA 12.7% dos correspondentes eram pastores (9%) ou líderes denominacionais (3.7%). E apenas 4.6% dos correspondentes Angolanos eram pastores (4.2%) ou líderes denominacionais (0.4%).

4. Os resultados da pesquisa também mostraram que mais da metade dos entrevistados afirmaram que leem a Bíblia diariamente, com três quartos indicando que leem a Bíblia pelo menos uma vez por semana. Em comparação, aproximadamente 21% dos cristãos auto-identificados nos Estados Unidos leem a Bíblia diariamente e 50% pelo menos semanalmente (Barna Group 2014, 11).

26 anos Patrick Nyachogo relata que lê um mínimo de um livro por mês, principalmente de autores africanos. *Things Fall Apart* de Chinua Achebe é o favorito.

Vários líderes relataram a leitura em sua área de especialização. Por exemplo, o professor de medicina Nestor Mamadou Nali, da RCA, relata que lê literatura técnica relacionada à sua especialidade como professor de medicina, mas também lê sobre liderança. O engenheiro civil e empresário Evariste Dignito, da RCA, relatou ter lido principalmente livros sobre engenharia civil, mas também a Bíblia, onde ele gosta especialmente dos livros históricos de Reis e Crônicas. O arquiteto Edouard Nvouni (RCA) lê literatura técnica em seu campo, mas também a literatura cristã de maneira mais ampla e a Bíblia. A leitura, diz ele, ajuda a se desenvolver intelectualmente. O general Kianga do Quênia indicou que gosta de ler sobre outros líderes africanos como Julius Nyerere e Nelson Mandela. Cosmas Maina, de 40 anos, diretor fundador da Teen's Watch, organização que atende viciados em álcool e drogas, além de prostitutas, lê amplamente na Internet e em outros lugares. Ele relata que quase que exclusivamente lê fontes escritas por não-africanos porque não consegue encontrar autores africanos abordando os tópicos de dependência de drogas, ação comunitária e redução de danos que são seu foco.

Pastores líderes muitas vezes enfatizaram a importância de uma leitura ampla para seus ministérios. Por exemplo, o pastor Edward Munene, da Assembléia de Deus do Quênia, disse: "Tenho uma declaração que adoro dizer a mim mesmo: se não estou aprendendo, não estou crescendo. E se não estou crescendo, estou morrendo." Ele relata que estabeleceu uma meta para 2013 de ler 130 livros, uma meta que alcançou. O pastor Oscar Muriu, de Nairobi Chapel, disse que pede regularmente a outros pastores que recomendem livros que ele deveria estar lendo. Ele intencionalmente recruta estagiários pastorais com formação universitária e "que gostam de livros" – que ele vê como um atributo pastoral crítico no mundo urbano moderno. Sua leitura, ele relata, é cada vez mais orientada para livros focados em liderança, ministério e nas perguntas específicas que ele precisa abordar em sua pregação. O Bispo Bosco, do Quênia, indicou que lê como parte da preparação do sermão e citou como favoritos Dag Heward-Mills, do Gana, David Oyedepo, da Nigéria, e John C. Maxwell, dos Estados Unidos.

Alguns líderes cristãos africanos entrevistados destacaram o custo dos livros e declararam que prefeririam usar um computador ou telefone celular para ler recursos na Internet, geralmente de graça. Patrick Nyachogo ressalta, por exemplo, que os livros de Joel Osteen são caros, mas ele consegue ler regularmente pequenas publicações gratuitas na página de Osteen. Em cada país, mais de 20% dos entrevistados indicaram que liam as notícias, artigos ou livros em seu telefone celular todos os dias. E, no entanto, mais da metade dos entrevistados relatou, pelo menos ocasionalmente, a compra de livros nas livrarias cristãs locais.[5] Nos três países, os cristãos africanos leram usando uma combinação de recursos impressos e eletrônicos.

AUTORES FAVORITOS DOS CRISTÃOS AFRICANOS

Um dos itens de nossa pesquisa perguntou: "Se você tem um autor favorito, qual é o nome dele?" Enquanto 3.614 entrevistados responderam a essa pergunta, muitas respostas eram ilegíveis, incompletas (usando apenas o nome ou o sobrenome) ou referenciaram o autor de um livro da Bíblia. Alguns forneceram o nome de um tradutor / tradução da Bíblia (Louis Segond na RCA, João Almeida em Angola). Além disso, muitos nomes apareceram apenas uma ou duas vezes, sendo difíceis de identificar. Ao limitar a análise a nomes de autores que aparecem três ou mais vezes em um único país, conseguimos determinar a identidade de cada autor nomeado. Isso nos deu um conjunto de dados gerenciável e ainda suficientemente grande para análise. Os dados deste capítulo se referem a 88 nomes identificados pelos entrevistados quenianos como autores favoritos, 44 nomes pelos respondentes da RCA e 30 nomes pelos de Angola (ver Apêndice B, Q.93). Em uma extremidade do continuum estão os autores que receberam apenas três votos. No outro extremo, encontramos 162 quenianos que identificam Ben Carson, um neurocirurgião afro-americano aposentado de Johns Hopkins, como seu autor favorito. A Tabela 10–1 fornece a classificação dos principais nomes em cada país, começando pelos nomes mencionados com mais frequência. (Se dois nomes são indicados em número igual de vezes, eles recebem a mesma classificação numérica.)

Os autores favoritos de Angola incluíram o poeta e primeiro presidente de Angola António Agostinho Neto (#1); um psiquiatra (Augusto Cury #8); músicos como Irmã Sofia (#5); o poeta Luís Vaz de Camões (#23), além de outras figuras literárias; romancistas; e pastores. Os favoritos da RCA incluíam o autor de ficção Ahmadou Kourouma (#5); o diretor e produtor de cinema Ousmane Sembène (#8); etnólogo e escritor Amadou Hampâté Bâ (#8); folclorista e poeta Birago Diop (#33); junto com outras figuras literárias, romancistas e pastores. Os autores favoritos do Quênia incluíram um historiador (Assa Okoth, #32); um cientista político (Ali Mazrui, #56); um ex-político (Miguna Miguna, #22);

---

5. Em Angola, 57,5%; na RCA, 56,8%; e no Quênia, 72,1%.

um ex-criminoso (John Kiriamiti, #20); um teólogo (John Mbiti, #26); e várias outras figuras literárias, romancistas e pastores.

Nos três países, figuras literárias proeminentes cujas obras não eram religiosas ou cristãs também foram incluídas nos principais nomes dados. Frequentemente esses eram autores de seu próprio país. Assim, os entrevistados da RCA identificaram duas figuras literárias locais, Pierre Sammy Mackfoy (#1) e Étienne Goyémidé (#2), como seus autores favoritos. Os entrevistados de Angola identificaram duas figuras literárias angolanas como seus autores favoritos, António Agostinho Neto (#1), e o escritor angolano branco "Pepetela" – Artur Carlos Maurício Pestana dos Santos (#2). Um pouco mais baixo no ranking, os quenianos observaram as figuras literárias quenianas Ngugi Wa Thiong'o (#3), Wallah Bin Wallah (#14), Ken Walibora (#17), Francis Imbuga (#30), Grace Ogot (#48) e Marjorie Oludhe Macgoye (#70). Os quenianos também identificaram os principais personagens literários africanos de outros países como favoritos, incluindo o nigeriano Chinua Achebe (#4) e o tanzaniano Said Ahmed Mohammed (#20). Os entrevistados da RCA identificaram os principais autores literários de outros países francófonos africanos, como Ahmadou Kourouma (#5) da Costa do Marfim, Camara Laye (#8) da Guiné, Amadou Hampâté Bâ (#8) do Mali e Ousmane Sembène (#8) e Léopold Sédar Senghor (#12) do Senegal. Os entrevistados de Angola escolheram principalmente figuras literárias de Angola, incluindo Oscar Ribas (#8) e Penelas Santana (#11), mas também mencionaram algumas do Brasil (Augusto Cury, #8) e Portugal (Luis Camões, #23). Obviamente, figuras literárias de fora da África também apareceram nessas listas: para os entrevistados quenianos, William Shakespeare (#19) e C. S. Lewis (#38); entrevistados da RCA, Albert Camus e Victor Hugo (empatados em #14), Jean-Jacques Rousseau (#19), Emile Zola (#28) e Jean-Paul Sartre (#33). Nos três países, romancistas que não consideramos figuras literárias foram mencionados como favoritos: no Quênia, Sidney Sheldon (#15), John Grisham (#22), Francine Rivers (#32), Danielle Steele (#38), James Patterson (#41), Robert Ludlum (#58), Karen Kingsbury (#58), Dan Brown (#70) e JK Rowlings (#70).

Uma percentagem surpreendentemente alta de autores favoritos foi ordenada como pastores e pregadores, muitos deles pastores de mega-igrejas. No Quênia, os autores pastorais favoritos incluem Joel Osteen (#2), John C. Maxwell (#5), Joyce Meyer (#6), Rick Warren (#6), TD Jakes (#8), Ellen G. White (#8), Billy Graham (#25), Kenneth Hagin (#26), John Mason (#26), Benny Hinn (#32), Max Lucado (#32), Bill Hybels (#41), Mark Finley (#58)), John Hagee (#58), John Piper (#58), Juanita Bynum (#70) e Robert Schuller (#70) dos Estados Unidos. Entre os favoritos da Nigéria estavam David Oyedepo (#11) e Chris Oyakhilome (#32); de Gana, Dag Heward-Mills (#12); das Bahamas, Myles Munroe (#10); e da Grã-Bretanha, William Booth (#12), John Stott (#16), Derek Prince (#45) e Charles Spurgeon (#48). Entre os pastores quenianos estavam John Mbiti (#26), Joe Kayo (#32) e Simon Mbevi (#48).

Tabela 10-1. Autores Favoritos por País

Angola	RCA	Quênia
1. António Agostinho Neto	1. Pierre Sammy Mackfoy	1. Ben Carson
2. Pepetela	2. Étienne Goyémidé	2. Joel Osteen
3. John Maxwell	3. Zacharias Tanee Fomum	3. Ngugi Wa Thiong'o
4. Rebecca Brown	4. Billy Graham	4. Chinua Achebe
5. Irmã Sofia	5. Ahmadou Kourouma	5. John C. Maxwell
6. Canguimbo Ananas	6. Alfred Kuen	6. Joyce Meyer
7. Luís "Aires" Samakumbi	6. Paul Mbunga Mpindi	6. Rick Warren
8. Augusto Cury	8. Amadou Hampâté Bâ	8. T. D. Jakes
8. Billy Graham	8. Camara Laye	8. Ellen G. White
8. Oscar Ribas	8. Ousmane Sembène	10. Myles Munroe
11. Silas Malafaia	11. Silas Ali	11. David Oyedepo
11. Penelas Santana	12. Léopold Sédar Senghor	12. William Booth
13. Tim LaHaye	13. Aimé Fernand David Césaire	12. Dag Heward-Mills
14. Augusto Chipesse	14. Albert Camus	14. Wallah Bin Wallah
14. Rick Warren	14. Victor Hugo	15. Sidney Sheldon
14. Wanhenga Xitu	14. Martin Luther King	16. John Stott
17. Bambila (Manuel Simão)	14. David Oyedepo	17. Nancy Van Pelt
17. Jaime Kemp	14. John Stott	17. Ken Walibora
17. Fritz Laubach	19. Jean Jacques Rousseau	19. William Shake-speare
17. Lor Mbongo	20. David Yonggi Cho	20. John Kiriamiti
17. Joyce Meyer	20. Tommy Lee Osborn	21. Said Ahmed Mohammed
17. Mike Murdock		

Os angolanos também identificaram pastores como autores favoritos, incluindo os angolanos Augusto Chipesse (#14) e Joaquim Hatewa (# 23), um padre católico romano. Os escritores pastorais favoritos de Angola dos Estados Unidos incluem John Maxwell (#3), Billy Graham (#8), Tim LaHaye (#13), Rick Warren (#14), Joyce Meyer (#17), Mike Murdock (#17), Jaime Kemp (#17) e Benny Hinn (#23). Do Brasil, encontramos Silas Malafaia (#11), e da Grã-Bretanha, John Stott (#23).

Os entrevistados da RCA identificaram pastores-autores favoritos da França, Alfred Kuen (#6) e Henri Blocher (#22); da Suíça, Jules Marcel Nicole (#22) e René Pache (#28); dos Camarões, Zacharias Tanee Fomum (#3); da RDC, Paul Bunga Mpindi (#6); da RCA, David Koudougueret (#33); da Nigéria, David Oyedepo (#14) e Emmanuel Eni (#33); da Coréia do Sul, David Yonggi Cho (#20); da China, Watchman Nee (#28); da Grã-Bretanha, John Stott (#14), Derek Prince (#22) e Charles Spurgeon (#33); e dos Estados Unidos, Billy Graham (#4), Martin Luther King, Jr. (#14), Tommy Lee Osborn (#20) e Bill Bright (#33).

Para autores que são ministros, uma variável que às vezes afetava quem era considerado o autor favorito era a afiliação denominacional. Alguns dos principais autores ministeriais (Billy Graham, T. D. Jakes, John Maxwell, Joyce Meyer, Myles Munroe, Joel Osteen, John Stott e Rick Warren) são lidos amplamente em várias denominações. Para outros, há um vínculo muito mais próximo com uma igreja em particular. Assim, em Angola todas as 14 indicações de Luís Aires Samakumbi vieram de sua própria denominação Igreja Evangélica Congregacional de Angola. Na RCA, 14 das 15 indicações para Silas Ali vieram de sua própria denominação, Communauté des Eglises Apostoliques en Centrafrique. No Quênia, 74% dos 50 votos de Ellen G. White vieram de colegas adventistas do sétimo dia; 76% dos 17 votos de Nancy Van Pelt também vieram de colegas adventistas do sétimo dia; e todos os 30 votos para William Booth vieram de membros de seu próprio Exército de Salvação. Da mesma forma, no Quênia, o pastor ganês Dag Heward-Mills e os pastores nigerianos David Oyedepo e Chris Oyakhilome foram amplamente citados, embora não exclusivamente, por membros de suas próprias igrejas (Redeemed Gospel Church, Winner's Chapel, e Christ Embassy).

De acordo com J. Kwabena Asamoah-Gyadu, um dos principais estudiosos do cristianismo africano, em algumas dessas grandes igrejas orientadas para a prosperidade, os pastores transformam regularmente seus sermões em livros e esperam que todos seus líderes e associações leiam o que escrevem, às vezes desencorajando os membros de lerem os escritos de outros autores. Nessas situações, a leitura está entrelaçada com um certo tipo de espiritualidade e é uma função do relacionamento das pessoas com seu líder espiritual, que deve mediar a espiritualidade e o sucesso. O que o principal líder escreve às vezes é tratado como uma "palavra encantada". Ao ler esta palavra, os seguidores estão "absorvendo a unção."[6]

---

6. Comunicação pessoal, 22 de junho de 2014.

PADRÕES DE LEITURA EM UM MUNDO GLOBALIZADO

Uma das observações mais óbvias dos dados sobre autores de livros e seus leitores é que estamos operando em um mundo globalizado. A Tabela 10–2 fornece informações sobre a percentagem de leitores em cada um dos três países (Angola, RCA, Quênia) que identificaram um autor favorito de países específicos do mundo e mostram os idiomas nacionais dos países de origem dos autores.

Tabela 10-2. Percentagens de leitores que nomeiam autores favoritos de acordo com a origem

Língua nacional	Nacionalidade do autor	Língua do autor	Fav. no Quênia	Favorito na RCA	Fav. em Angola
Inglês	Bahamas	Inglês	2.8%	–	–
	Canadá	Inglês	0.3%	–	–
	Gana	Inglês	2.0%	–	–
	Quênia	Inglês/Swahili	19.2%	–	–
	Nigéria	Inglês	9.7%	2.6%	–
	África do Sul	Inglês	0.2%	–	–
	Tânzania	Inglês/Swahili	1.1%	–	–
	Reino Unido	Inglês	6.8%	3.7%	1.1%
	EUA	Inglês	56.4%	11.6%	29.4%
Francês	Camarões	Francês	–	26%	–
	RCA	Francês	0.5%	4.4%	1.4%
	França	Francês	–	15%	–
	Mali	Francês	–	3.8%	–
	Martinica	Francês	–	3.6%	–
	Senegal	Francês	–	6.8%	–
	Suazilândia	Francês	–	2.0%	–
Português	Angola	Português	–	–	57.4%
	Brasil	Português	0.3%	–	8.2%
	Portugal	Português	–	–	1.1%
Outros	China	Mandarin	0.3%	0.9%	–
	Alemanha	Alemão	0.5%	0.7%	1.4%
	Corea do Sul	Coreano	–	1.5%	–

As seguintes observações são baseadas na Tabela 10–2:
1. Os cristãos africanos estão lendo e apreciando autores de todo o mundo. Enquanto uma pequena maioria (57%) dos angolanos tem um autor favorito angolano, apenas 26% dos entrevistados de RCA identifica um autor favorito do RCA e apenas 19% dos quenianos favorecem um autor queniano.
2. A linguagem afeta os fluxos globais de influência através da escrita. 98% dos quenianos identificam um autor favorito de uma nação em que o inglês é o idioma nacional, embora se deva observar que alguns autores favoritos do Quênia escrevem em inglês e suaíli (como Ngugi Wa Thiong'o). Na RCA, 79% dos entrevistados nomeiam um autor de uma nação em que o francês é a língua nacional e, em Angola, 67% nomeiam um autor de uma nação em que o português é a língua nacional. Os autores de língua inglesa parecem ter uma vantagem em relação à tradução de suas obras, uma vez que os livros em inglês foram traduzidos para o português ou francês e lidos em Angola e na RCA com mais freqüência do que os autores de língua francesa ou portuguesa são traduzidos e lido em inglês pelos quenianos.
3. Existe uma presença significativa de autores favoritos dos Estados Unidos em todos os países; com 12% no RCA, 29% em Angola e 56% no Quênia.
4. Existe um forte interesse nos escritos de autores africanos. 59% dos angolanos, 60% dos entrevistados no RCA e 33% dos quenianos identificam um autor favorito que é africano.

O FOCO DOS LIVROS POR AUTORES FAVORITOS

Se examinarmos o foco dos livros escritos por autores favoritos, alguns deles são romances situados em ambientes africanos, como *Things Fall Apart* de Chinua Achebe, *The Concubine* de Elechi Amadi, *Les bouts de bois de Dieu* de Ousmane Sembène, e *The River Between*, de Ngugi wa Thiong'o. Outros são romances escritos por não africanos e sem foco africano, como *The Firm*, de John Grisham, *The Bourne Identity*, de Robert Ludlum, e *Nothing Lasts Forever*, de Sidney Sheldon.

Muitos dos autores favoritos escrevem livros focados de maneiras práticas para alcançar o sucesso financeiro, como o *Pense e Enriqueça* de Napoleon Hill ou *o Pai Rico e Pai Pobre* de Robert Kiyosaki. Na rápida ordem socio-econômica de nossos entrevistados, com padrões sociais radicalmente novos que moldam novos e misteriosos padrões de riqueza e pobreza, os entrevistados claramente têm uma profunda preocupação em entender como negociar esse mundo com sucesso. Evidentemente, o forte interesse que acompanha a teologia da prosperidade, exemplificado por alguns autores (TD Jakes, Joyce Meyer, Joel Osteen), levanta questões importantes sobre se a preocupação apropriada das pessoas em prosperar no mundo moderno é informada e guiada pela sabedoria teológica que realmente contribui para o desenvolvimento saudável.

Outros autores favoritos escrevem livros motivacionais e de auto-ajuda. Isso inclui *Os sete hábitos de pessoas altamente eficazes*, de Stephen Covey; *Um inimigo chamado média* de John Mason; *Novo dia, novo voçê* de Joyce Meyer; *Inspired for Destiny* de Pepe Minambo; *You Were Born to Be an Answer to Your Generation* de Erick Opingo; *Your Best Life Now:Seven Steps to Living Your Full Potential* de Joel Osteen; *The Greatness Guide* de Robin Sharma; e *Uma vida com propósito* de Rick Warren. Vários autores favoritos escrevem livros fornecendo orientações sobre como ser um líder eficaz, como *Courageous Leadership* de Bill Hybels; *As 21 leis irrefutáveis da liderança* de John Maxwell; e *Se tornando Líder* de Myles Munroe. Novamente, faz sentido que, em um mundo em rápida mudança, e em regiões onde a taxa de crescimento do cristianismo tenha superado sua oferta de líderes maduros, e onde muitos de nossos entrevistados estejam desempenhando papéis de liderança na igreja e na sociedade, autores que escrevem sobre liderança sejam atraentes.

Muitos autores favoritos se concentram em mulheres, como *The Confident Woman*, de Joyce Meyer ou *Woman Thou Art Loosed* de T. D. Jakes. Outros se concentram especificamente nos homens, como *Entendendo o Propósito e Poder dos Homens* de Myles Munroe; e *Dad Is Destiny* de Simon Mbevi. As dinâmicas familiares também são frequentemente apresentadas por autores favoritos, como *Dare to Discipline* de James Dobson; *Point Man: How a Man Can Lead a Family* de Steve Farrar; ou *O poder de uma esposa que ora* de Stormie Omartian. O casamento aparece como um tema frequente, como *Highly Effective Marriage* de Nancy Van Pelt.

Enquanto 42% dos entrevistados quenianos eram do sexo feminino, apenas 12% dos entrevistados quenianos nomearam uma autora favorita do sexo feminino, com 19% das mulheres nomeando uma autora e apenas 7% dos entrevistados do sexo masculino fizeram o mesmo. Muitos autores favoritos foram indicados principalmente pelas entrevistadas – Karen Kingsbury (100%), Francine Rivers (100%), Stormie Omartian (100%), Rebecca Brown (75%) e Joyce Meyer (71%). Nesses casos, o sexo dos autores nomeados correlacionou-se com o gênero dos entrevistados.⁷ No entanto, também era verdade que as mulheres nomeavam autores, homens ou mulheres, que escrevem sobre realidades das mulheres, como favoritos em altos níveis. As mulheres citaram nenhuma ou apenas uma pequena proporção de indicações de autores favoritos para muitos dos pregadores – Benny Hinn (0%), Reinhard Bonnke (0%), John Piper (0%), John Stott (15%), John Maxwell (17%), Billy Graham (18%), Chris Oyakilome (20%), Myles Munroe (24%). No entanto, elas constituíam uma alta proporção daqueles indicados por outros pregadores: Joel Osteen (58%), Dag Heward-Mills (50%), Max Lucado (50%), T. D. Jakes (48%). Pelo menos alguns desses autores concentram seus escritos em realidades relacionadas às mulheres. Em nossas entrevistas com mulheres líderes, elas frequentemente indicavam autoras que apreciavam. Por exemplo, a professora e capelã da escola, Sra. Nelly Owilla, do Quênia, listou quatro autores favoritos, Margaret Ogolla, Grace Ogott, Carol Mandi e Terresia Wairimu, além de três homens, Reinhard Bonke, Joel Osteen e Chinua Achebe. A pastora angolana Adelaide Catanha relata ter sido particularmente tocada por *Women at the Top* de Diane Halpern e Fanny Cheung.

Várias vezes, nos livros escritos por escritores religiosos e não religiosos, temas de poder, sucesso e desenvolvimento humano aparecem no cenário de desafios na infância, pobreza e os desafios da vida moderna. Exemplos de sucesso nesse cenário são particularmente atraentes – como o principal favorito do Quênia, Ben Carson. Uma alta proporção desses autores, além de seus escritos, é bem-sucedida e/ou famosa em alguma área da vida. Alguns, como os pastores da prosperidade nigerianos David Oyedepo, da Winner's Chapel, e Chris Oyakhilome, da Christ's Embassy, são extremamente ricos.⁸

AUTORES CRISTÃOS FAVORITOS

O destaque de pregadores influentes, especialmente pastores de mega-igrejas, entre autores favoritos, merecem atenção especial. Para os angolanos, isso inclui John Maxwell, Billy Graham e Rick Warren; para os entrevistados da RCA, David Yonggi Cho e David Oyedepo; e para os quenianos, Joel Osteen, T. D. Jakes, Myles Munroe, Chris Oyokhilome, Robert Schuller, Rick Warren e Dag Heward-Mills. Quase um terço dos entrevistados da RCA e de Angola

---

7. $X2(1, N=1465) = 47.33$, $p<.001$.

8. O patrimônio líquido da Oyedepo foi estimado em US $ 150 milhões e de Oyakhilome em US $ 30 a US $ 50 milhões (Mfonobong Nsehe [colaborador], "Os Cinco Pastores Mais Ricos da Nigéria", Forbes [7 de junho de 2011]).

e metade dos quenianos identificaram um pregador/pastor como seu autor favorito. Parte da razão disso é, sem dúvida, porque a base institucional desses indivíduos, as vezes em uma mega-igreja, e frequentemente presentes na televisão, os posiciona como bem-sucedidos e, portanto, vale a pena aprender. No entanto, diferentemente dos professores do seminário, que tendem a ensinar e escrever de maneira orientada para os critérios acadêmicos, os pastores de grande sucesso alcançaram suas posições por sua capacidade de falar com um público amplo. Além disso, a própria estrutura da mega-igreja como um fenômeno moderno envolve uma concentração de recursos e acesso a grandes audiências. Esses fatores dão ao pastor da mega-igreja uma plataforma de lançamento ideal para o sucesso da publicação.

No Quênia, a afiliação denominacional estava significativamente relacionada ao fato de o autor favorito do entrevistado ser africano ou não. Os católicos romanos tinham quase duas vezes mais chances de indicar um autor favorito de África do que de outros lugares. Por outro lado, os entrevistados da Igreja Anglicana, da African Inland Church, e Pentecostal tinham duas vezes mais chances de nomear um autor de fora de África como favorito.

Uma constatação notável de nossa pesquisa é que uma proporção significativa de entrevistados identificou um autor favorito que escreve explicitamente com um ponto de vista cristão. 38% dos entrevistados na RCA, 53% dos angolanos e 65% dos quenianos identificaram um autor favorito cujos escritos são explicitamente cristãos.

No entanto, os autores que eles identificam como favoritos têm muito mais probabilidade de serem cristãos se forem americanos do que africanos.[9] Quando os intrevistados identificaram um autor favorito dos Estados Unidos – 88% no Quênia, 94% na RCA e 100% em Angola – esse autor era explicitamente cristão. No entanto, ao nomearem um favorito de seu próprio país, eles eram explicitamente cristãos apenas 27% em Angola, 3% na RCA e 11% no Quênia.

Em nossa pesquisa, descobrimos que os cristãos africanos leem relativamente poucos autores que não são africanos nem cristãos (9,7%). Ou seja, nossos entrevistados não leem amplamente autores europeus e americanos que escrevem pelo ponto de vista secular. Eles identificaram uma

---

9. Na RCA, quando um autor de um país não africano é nomeado como favorito, 63% das vezes o autor é cristão, mas quando um autor de uma nação africana é nomeado, ele ou ela é cristão apenas em 22% das vezes. Em Angola, quando um autor de um país não africano é nomeado como favorito, 87% das vezes o autor é cristão, mas ao nomear um autor de uma nação africana, o autor é explicitamente cristão apenas em 29% das vezes. No Quênia, quando um autor de um país não africano é nomeado como favorito, 87% das vezes o autor é cristão, mas quando um autor de uma nação africana é nomeado, ele ou ela é explicitamente cristão apenas 21% das vezes.

alta percentagem de seus autores favoritos como africanos (41,6%) e uma alta percentagem como cristãos (58,2%). No entanto, o grau de sobreposição entre os dois foi baixo, com relativamente poucos entrevistados (9,5%) identificando autores favoritos que eram africanos e cristãos.

A NECESSIDADE DE ESCRITORES AFRICANOS CRISTÃOS

Se Tim Stafford está correto em sua afirmação de que a força de uma "igreja nacional é diretamente proporcional a força de seu corpo local de literatura cristã" (citado em Jewell 2009), então essa situação deve ser motivo de preocupação. O poeta senegalês Birago Diop argumentou que "a verdade depende não apenas de quem ouve, mas de quem fala" (citado em Julien 2014, 209). Se entendermos Diop como escrevendo sobre a plausibilidade subjetiva e a relevância da verdade, quem fala (e escreve) é tão importante quanto quem ouve (e lê) se os leitores devem entender, apreciar e aplicar de maneira significativa qualquer verdade articulada às suas vidas. Repetidas vezes, os líderes cristãos africanos que entrevistamos sinalizaram sua infelicidade com a disponibilidade mínima de publicações de qualidade por autores cristãos africanos. Tais líderes frequentemente mencionavam a amplitude de sua leitura e a preferência declarada por autores africanos. Por exemplo, o Dr. David Koudouguerret, da RCA, lê literatura "africana", "asiática" e "americana", mas relata ser mais atraído por livros de "autores africanos porque expressam realidades africanas". O líder denominacional René Malépou pede aos Teólogos africanos a deixar uma herança, não de "carros ou casas", mas "livros para serem lidos" – algo que ele acredita que a igreja africana precisa. As organizações africanas identificadas e estudadas em nossa pesquisa algumas vezes enfatizaram esse valor. Por exemplo, no Plano Estratégico de 2012 do Instituto Superior de Teologia Evangélica no Lubango, a falta de disponibilidade de literatura contextual é identificada como uma ameaça significativa à educação teológica saudável. A solução declarada foi "incentivar os teólogos angolanos a escrever artigos e livros"; "promover um seminário sobre como escrever livros"; e traduzir e publicar escritos focados em contextos africanos em português para disponibilidade em Angola.

Muitos dos líderes cristãos que entrevistamos indicaram que outros os haviam encorajado a escrever, acreditando que suas histórias seriam de interesse ou que sua sabedoria contextual seria mais útil do que a escrita por estrangeiros. Muitos tinham teses ou dissertações escritas. Outros (como Alice Kirambi, diretora executiva da Christian Partners Development Agency) tinham propostas ou relatórios escritos para doadores. Alguns, como Cosmas

Maina, prepararam panfletos para copiar e distribuir, ou publicaram seus textos on-line. Vários relataram ter manuscritos inéditos prontos. No entanto, relativamente poucos publicaram, e o que foi publicado não parece ter sido amplamente divulgado.

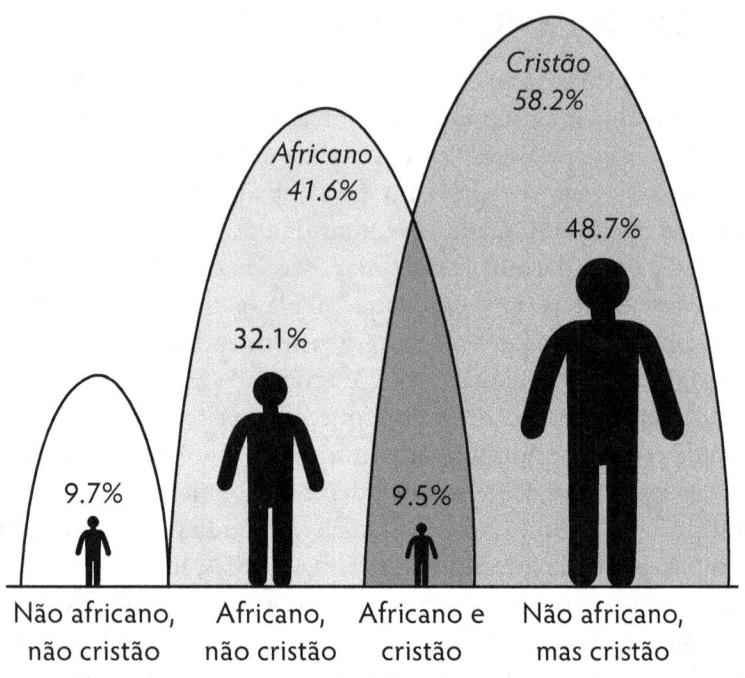

Figura 10-1. Identidade dos autores que os cristãos africanos têm como favorito

Um bom número dos principais líderes entrevistados manifestou o desejo de escrever e deu os primeiros passos nesse sentido, mas também expressou uma certa incerteza sobre como proceder. O general queniano Kianga relata que muitas pessoas o procuraram para escrever suas memórias, mas ele não consentiu, embora esteja "pensando nisso." Ele se preocupa por nunca ter mantido um diário e, portanto, não seria capaz de ser preciso. Além disso, a Lei de Segurança do Quênia restringiria o que ele poderia denunciar. O Bispo Bosco (Quênia) relata que começou a trabalhar em cinco livros diferentes. Ele tem pessoas que se ofereceram para ajudar e colecionou materiais bibliográficos, mas ainda não publicou. Ele sente que compromissos de tempo e restrições financeiras limitam as oportunidades. Idealmente, ele gostaria de ter um espaço na televisão. Ele quer dedicar a próxima década e meia à escrita. O Bispo

Maisha (Quênia) relata que está preparando um escritório com uma biblioteca com pessoas chaves e autores que Deus tem usado em África em diferentes campos e que ele gostaria de começar a escrever. Ele gostaria de contar sua história, mas também gostaria de escrever sobre a experiência e os desafios de desenvolver um ministério bem-sucedido. Atualmente, ele está finalizando os planos para organizar e registrar uma revista em Nairobi.

O pastor Oscar Muriu (Quênia) expressou o desejo, na "terceira temporada" de sua vida, de ser um sábio e disponível "para a geração mais jovem, mas não necessariamente cara a cara ou fisicamente, mas mais no sentido de que eu posso escrever... Posso estar disponível e acessível a eles, mas não sou eu quem anda por aí." No entanto, ele relata ter dificuldades em escrever, em se ocupar, em se sentir inadequado, em se sentir melhor ao falar em contextos sociais (em vez de se isolar para escrever), e se perguntar como poderia trabalhar com outras pessoas para publicar suas ideias. Patrick Nyachogo, um ambientalista Queniano de 26 anos e líder de negócios, publicou artigos on-line e está escrevendo um "livro motivacional baseado na vida de José da Bíblia" orientado a abordar a lacuna entre obter um diploma e conseguir o primeiro emprego. Não ficou claro se ele tinha um editor alinhado. A professora do seminário Eunice Chiquete, de Angola, planeja escrever um livro baseado em conversas com meninas e focado na realidade da vida de meninas e mulheres. No entanto, ela não tem certeza de quem o publicará. Isaac Mutua, um queniano de 42 anos que ensina educação sexual (e sobre HIV/SIDA) nas escolas quenianas, recebeu o maior número de indicações como líder leigo mais influente do Quênia. Ele havia escrito seus materiais de educação sexual e compartilhado alguns deles com nossa equipe de pesquisa, mas claramente ele não tinha ideia de como explorar as possibilidades de publicação.

Alguns líderes cristãos chave identificados em nossa pesquisa publicaram artigos e/ou livros. O professor Nestor Mamadou Nali, da RCA, publicou mais de 100 relatórios médicos. A senhora Marie Paule Balezou, também da RCA, uma mulher de negócios de sucesso, escreveu um livro que foi amplamente divulgado na RCA, embora posteriormente tenha sido retirado da circulação devido a erros e correções necessárias. A Dra. Esther Mombo, do Quênia, publicou muitos artigos teológicos e um livro focado nas realidades africanas contemporâneas. Simon Mbevi, fundador e diretor da Transform Kenya, publicou vários livros relacionados à oração, pureza sexual, jovens e ser um bom pai. O pastor Dinis Eurico publicou um livro no Brasil e tem vários outros manuscritos concluídos que ainda não foram publicados. Essas são as exceções, não a regra.

Repetidas vezes líderes-chave expressaram o desejo de mais escritos de líderes cristãos africanos, relevantes para o "uso diário em casa, escola ou igreja" (Mugambi 2013, 110). Várias das organizações que estudamos declararam formalmente a importância de melhorar a quantidade e a qualidade da escrita cristã africana. O FOCUS Kenya, um ministério estudantil de âmbito nacional, relatou ter iniciado recentemente um departamento de pesquisa e publicação e indicou que gostaria de se tornar "um editor como a InterVarsity Press". No entanto, os recursos para isso ainda não estão disponíveis.

Assim, nossa pesquisa demonstra uma lacuna. Embora uma alta proporção de cristãos africanos tenha nomeado um autor favorito que fosse africano, e uma grande proporção de cristãos africanos tenha nomeado um autor favorito que fosse cristão, em nossa pesquisa apenas uma pequena percentagem de cristãos africanos nomeou um autor favorito que era africano e cristão. Isso merece consideração cuidadosa. Quais são os fatores que contribuem para isso?

FATORES QUE CONTRIBUEM PARA ESTES PADRÕES

O primeiro fator é o papel central do setor educacional na venda e exposição de livros. Uma influência sobre o que os africanos leem e, portanto, sobre a seleção de autores favoritos, vem naturalmente doss seus sistemas educacionais nacionais (Chakava, 1996). No Quênia, por exemplo, desde 2004, o Instituto de Educação do Quênia (atual Kenya Institute of Curriculum Development) especificou livros aprovados para as escolas quenianas usarem, e muitos autores favoritos vêm dessa lista de livros aprovados. Os livros *Gifted Hands and Think Big* de Ben Carson estão nesta lista aprovada, sem dúvida influenciando a seleção de Carson como o autor favorito #1 no Quênia. Quatro livros do queniano Ngugi Wa Thiong'o (#3) são aprovados, um deles em suaíli. Cinco dos livros nigerianos de Chinua Achebe (#4) estão na lista aprovada; sete por Wallah Bin Wallah (#14), em suaíli; onze por Ken Walibora (nº 17), dez deles em suaíli; um de William Shakespeare (#19), quatorze por Said Ahmed Mohammed (#20), todos em suaíli; um de Francis Imbuga (#30); um de Elechi Amadi (nº 45); três por Kithaka Wa Mberia (#48); um de Ali Mazrui (#58), um de Shellomith Nderitu (#58) e quatro de Marjorie Oludhe Macgoye (#70). A maioria dos autores designados é africano. Claramente, o fato de as escolas quenianas selecionarem esses autores contribui para seu sucesso econômico como autores e também expõe seu trabalho a um público amplo, influenciando assim a probabilidade de as pessoas selecioná-los como autores favoritos. Os entrevistados mais jovens foram significativamente os mais prováveis de escolher um desses autores aprovados pela educação do que os respondentes mais velhos.[10] Da mesma forma, os livros atribuídos nas escolas do governo angolano são de autoria dos autores favoritos António Agostinho Neto (#1), Pepetela (#2), Oscar Ribas (#8), e Wanhenga Xitu (#14). E os livros designados nas escolas governamentais do RCA são de autoria dos autores favoritos Pierre Sammy Mackfoy (#1), Étienne Goyémidé (#2), Ahmadou Kourouma (#5), Camara Laye (#8), Amadou Hampâté Bâ (#8) Ousmane Sembène (#8), Léopold Sédar Senghor (#12), Aimé Fernand David Césaire (#13), Albert Camus (#14), Victor Hugo (#14) e Jean Jacques Rousseau (19).

As instituições cristãs de ensino não funcionam sob uma lista comparável de autores aprovados. No entanto, eles selecionam quais autores são considerados importantes de outras maneiras, como os livros que são disponibilizado nas bibliotecas teológicas. Por isso, examinamos as bibliotecas de cinco universidades cristãs ou instituições teológicas importantes no Quênia (Africa International University, Daystar University, International Leadership University, Pan African University, and St. Paul's University) como uma maneira de explorar até que ponto elas selecionam livros dos autores da nossa lista. Os 15 autores a seguir, em ordem, foram os autores da nossa lista com a maior presença nessas bibliotecas. Todos os quinze são cristãos:[11]

Tabela 10–3. Os 15 Autores favoritos classificados por presença na Biblioteca

1. John Stott	9. Watchman Nee
2. Andrew Murray*	10. Philip Yancey
3. Billy Graham	11. John Mbiti
4. James Dobson	12. Max Lucado
5. C. S. Lewis	13. John C. Maxwell
6. Charles Spurgeon	14. Bill Hybels
7. Tim LaHaye	15. Derek Prince
8. John Piper	
* Apesar de Andrew Murray ser sul-africano, nós consideramo-lo na sua época (1828-1917) para o propósito deste capítulo, como parte do mundo europeu..	

Os principais autores europeus e americanos evangélicos são apresentados centralmente aqui. O único cristão africano a fazer parte dessa lista dos quinze primeiros foi John Mbiti (#11). Outros escritores cristãos africanos favoritos ou estavam completamente ausentes dessas bibliotecas (como Joe

---

10. T (3706) = 7,79, p <0,001.
11. Pegamos o número de títulos separados de cada autor em cada biblioteca e os juntamos para um número final por autor nas cinco bibliotecas.

Kayo, Chris Oyakhilome, David Oyedepo) ou tinham um único livro em uma das bibliotecas (Dag Heward-Mills) ou em duas (Simon Mbevi). De acordo com Phiri e Warner (2013, xxix), é comum em toda a África que as bibliotecas de instituições teológicas estejam "cheias de livros doados do ocidente que abordem questões teológicas contextuais de outros contextos que a própria igreja africana não está a fazer. "Como as bibliotecas de escolas teológicas e universidades cristãs no Quênia, como em outros lugares, são caras para se abastecer e, portanto, dependem muito de doações de indivíduos e organizações não africanas (como a Theological Book Network), não deveria surpreender que os valores dos doadores influenciam o processo de aquisição, com muitos autores estrangeiros contribuindo com seus próprios livros para as bibliotecas. O Langham Trust de John Stott contribui fortemente para as bibliotecas de instituições teológicas em África. Não é de surpreender que seus livros apareçam nessas bibliotecas com mais frequência do que qualquer outro autor da nossa lista. Além disso, se os valores dos doadores influenciam as aquisições, faz sentido que os acervos da biblioteca afetem os autores que os estudantes de teologia e os cristãos africanos com formação universitária conhecem.[12] Quando os pastores africanos que estudaram nestas escolas citam e fazem referência aos livros que eles leram, é de se esperar que sejam livros de autores cristãos de fora de África.

A principal maneira pela qual nossos entrevistados foram expostos a autores africanos foi através dos sistemas educacionais nacionais de Angola, RCA e Quênia, que tinham currículos que exigiam e priorizavam a leitura desses autores. Esse requisito significava que os livros desses autores eram vendidos amplamente. Também deu às pessoas a chance de aprender a apreciá-los. Uma razão pela qual os entrevistados tinham menos probabilidade de escolher autores cristãos favoritos que eram africanos é porque o currículo e as bibliotecas das instituições educacionais cristãs fornecem menos apoio priorizado aos autores africanos e menos exposição aos autores africanos do que as escolas nacionais.

Como também estávamos interessados em livros vendidos em Nairóbi, examinamos seis livrarias cristãs (duas lojas da Keswick, uma New Day, uma da Scripture Union e duas lojas Wakestar), três vendedores de livros comerciais

---

12. Na Africa International University (AIU), a livraria do campus tinha livros dos seguintes autores em nossa lista: Charles Spurgeon – 15 títulos; John Piper – 7 títulos; John Stott – 5 títulos; Bill Hybels – 2 títulos; John C. Maxwell – 2 títulos; Max Lucado e Andrew Murray – 1 título cada. Seria interessante examinar os conteúdos programáticos dessas escolas para ver quais autores de nossa lista aparecem como leituras atribuídas.

não religiosos (Nakumat, Uchumi Hyper e Textbook Central Ltd[13]), e um grande número de vendedores ambulantes para determinar os 15 autores cujos livros estão mais presentes em cada uma dessas três categorias na arenas de vendas (consulte a Tabela 10–4).

A Tabela 10–4 é interessante tanto pelo que está ausente quanto pelo que é apresentado. Em termos positivos, todas as três categorias foram dominadas pela presença de Joyce Meyer, T. D. Jakes, Myles Munroe e Joel Osteen – pastores de mega-igrejas e/ou personalidades da televisão, todos carismáticos e / ou pentecostais e não africanos. Nenhum desses quatro apareceu na lista dos 15 melhores do acervo de bibliotecas. Também vale a pena notar que John Stott, o autor número 1 presente nas bibliotecas teológicas, não esteve presente em nenhuma das 15 listas principais das livrarias. Não encontramos nenhum livro de Stott à venda em vendedores ambulantes.

Na lista da Livraria Cristã, o pastor ganense de mega-igreja, Dag Heward-Mills (#6), foi o único autor africano entre os 15 primeiros; Simon Mbevi era o #30. Nenhum outro autor cristão africano da nossa lista estava presente em nenhuma das livrarias cristãs. Entre os livreiros comerciais, nenhum autor cristão africano ficou entre os 15 primeiros, e Heward-Mills foi o único autor cristão africano de nossa lista que tinha até um livro em uma loja. Quando se tratava de vendedores ambulantes, embora nenhum dos nossos autores cristãos africanos aparecesse entre os 15 primeiros, vários tinham publicações sendo vendidas lá (Heward-Mills, Kayo, Oyakhilome, Oyedepo).

Além da colocação em bibliotecas e livrarias, a visibilidade e a publicidade na rádio e na televisão também moldam os resultados em termos de exposição e leitura de livros. Considere o papel da televisão cristã no Quênia. Uma leitura do canal de televisão Family TV mostra que grande parte da programação é cristã. No entanto, ao examinar a programação da semana de 19 de maio de 2014, descobrimos que as personalidades religiosas americanas são centrais. Joel Osteen (#2) foi apresentado no domingo, às 9h e às 19h, bem como no sábado, às 13h30, e no início da manhã de segunda e sexta-feira. Joyce Meyer (#6) foi destaque às 10h30 e 22h30 de segunda à sexta-feira e domingo à tarde às 16h. TD. Jakes (#8) apareceu às 12 horas no sábado, às 14:30 na quinta-feira e no início da manhã nos outros dias da semana. Billy Graham (#25) foi apresentado às 5h e 10h30 da manhã de domingo. Benny Hinn (#32) foi apresentado de segunda à sexta-feira às 15h30. Max Lucado (#32) apareceu às 12h30 na quarta-feira. John Hagee (#58) apareceu às 19h de segunda a sexta

---

13. Nakumat e Uchumi são as principais redes de lojas de departamento (com 34 e 28 filiais, respectivamente) no Quênia, e cada uma possui uma grande seção de livros.

e às 11h30 no domingo. Robert Schuller (#70) apareceu no domingo às 4h. Nenhuma personalidade religiosa do Quênia apareceu com um programa regular, e apenas uma outra personalidade africana, o pastor da mega-igreja nigeriana Chris Oyakhilome (#32), apareceu na programação, na segunda-feira às 7h30 e quarta-feira às 14h.

Tabela 10-4 Os 15 escritores Top classificados pela presença nas livrarias

Livrarias cristãs	Outras livrarias comerciais	Vendedores ambulantes
1. Joyce Meyer	1. Joyce Meyer	1. Joyce Meyer
2. T. D. Jakes	2. T. D. Jakes	1. T. D. Jakes
3. John C. Maxwell	3. Myles Munroe	1. Myles Munroe
4. Myles Munroe	4. Joel Osteen	4. C. S. Lewis
5. Karen Kingsbury	5. Robert H. Schuller	5. Tim LaHaye
6. Dag Heward-Mills	6. Stormie Omartian	6. Robert H. Schuller
7. Francine Rivers	7. John C. Maxwell	6. James Dobson
8. James Dobson	8. Ben Carson	8. Benny Hinn
8. Joel Osteen	9. James Dobson	8. Karen Kingsbury
10. Derek Prince	10. Rebecca Brown	8. John C. Maxwell
10. Kenneth Hagin	10. Steve Farrar	8. Joel Osteen
12. John Mason	10. Billy Graham	12. Stormie Omartian
13. Max Lucado	10. Karen Kingsbury	12. Ben Carson
13. Andrew Murray	10. John Mason	14. Billy Graham
13. Stormie Omartian	10. Francine Rivers	15. Francine Rivers

Como alternativa, pode-se considerar o rádio, onde alguns dos mesmos autores têm uma presença difundida. Uma estação de rádio em Nairobi (Hope FM) apresenta um programa de resenhas, em que os livros dos seguintes autores de nossa lista de fora da África foram revistos: Reinhard Bonnke, Juanita Bynum, Ben Carson, Morris Cerrulo, Stephen Covey, James Dobson, Billy Graham, John Hagee, Bill Hybels, TD Jakes, CS Lewis, Max Lucado, John Maxwell, Joyce Meyer, Myles Munroe, Stormie Omartian, Joel Osteen, Derek Prince, John Stott, Rick Warren e Philip Yancey. De acordo com um membro da equipe da Hope FM, os autores africanos Simon Mbevi e David Oyedepo da nossa lista também foram resumidos. No entanto, as cobranças ao autor ou editor pela revisão de um livro de uma hora são caras.[14] Esse custo é impedidor para o autor africano comum.

---

14. Se o autor estiver presente no estúdio para falar sobre o livro, custa US $ 330; se o livro for discutido sem a presença do autor, custa US $ 200 (Kirimi Barine).

Se, então, tivermos que identificar alguns dos fatores-chave que contribuem para a situação em que os escritores africanos têm fornecido um extenso corpo de literatura africana que não é explicitamente cristã, mas que o cristianismo africano de outra forma vibrante não produziu a literatura que os cristãos africanos aparentemente desejam e precisam, deveria se ter em mente as seguintes dinâmicas centrais.

1. A publicação e o marketing são caros e requerem bases econômicas adequadas. A maioria dos cristãos africanos vivem em ambientes socioeconómicos bastante diferentes dos cristãos na América do Norte, Europa e partes da Ásia. Os atuais padrões do mercado financeiro global relacionados à publicação cristã funcionam contra o desenvolvimento de autores cristãos africanos. Correções intencionais são necessárias.

2. Enquanto um bilhão de pessoas vivem em África, um grande mercado em potencial, essas pessoas estão espalhadas por uma enorme área geográfica e divididas por numerosas fronteiras políticas e linguísticas – com uma proporção significativa sendo iletrados funcionais. Os possíveis autores da RCA trabalham em um país geograficamente vasto, com infraestrutura de transporte precária e com uma pequena população de 4,5 milhões, muitos dos quais são analfabetos ou falam idiomas diferentes. Ao contrário dos pretensos autores americanos com um mercado aberto de mais de 300 milhões de outros americanos falando um único idioma, os autores da RCA encontram barreiras linguísticas, geográficas e políticas, bem como realidades demográficas, que trabalham contra a ampla divulgação de seus trabalhos. Os futuros autores cristãos angolanos, com um mercado de 21 milhões de outros angolanos, são isolados por fronteiras políticas e linguagem de todos os vizinhos próximos e estão em um país onde a publicação histórica tem estado "amplamente sob o controle de monopólios controlados pelo Estado." (Zell, 1995, p. 4). Os autores cristãos angolanos têm opções limitadas: autopublicar ou publicar no Brasil com uma editora estabelecida com presença limitada em Angola. Não há editores cristãos em Angola. Mesmo no Quênia, existem poucos editores e eles têm distribuição limitada fora do Quênia. Uma alta proporção de autores cristãos africanos em nossas listas é autopublicada e comercializa de maneiras bastante ad hoc e limitadas – poucas com ampla distribuição. Alguns escrevem para editores nos EUA ou na Europa, mas esses livros costumam ser muito caros para indivíduos ou instituições africanas, às vezes custando o equivalente a 100 USD ou mais. O sistema novamente trabalha contra uma presença da impressa cristã africana.

3. A publicação é uma arena competitiva, na qual aqueles com maior presença na televisão e no rádio estão melhor posicionados com os principais

editores (que forneçam edição e impressão de alta qualidade, além de preços razoáveis e boa colocação no mercado). Eles também têm uma base financeira mais forte, o que é uma vantagem distinta. Embora não seja verdade que cada livro vendido por um autor americano impeça que um livro seja vendido por um autor africano, é verdade que, se uma estação de televisão de Nairóbi preencher seu tempo de antena com autores americanos, esses períodos de tempo não estarão necessariamente disponíveis para os autores africanos. Além disso, a maioria dos autores africanos não está em posição de competir em condições de concorrência financeira. Vale a pena considerar possíveis maneiras pelas quais o próprio sucesso de Joyce Meyer, Joel Osteen, T. D. Jakes e Myles Munroe – todos os quais constroem plataformas impressionantes – competem com e inibem o desenvolvimento de autores cristãos africanos. Como esses outros, John Stott alcançou um sucesso global significativo. No entanto, ao contrário deles, através das Parcerias Langham, ele alavancou seu sucesso em forte apoio aos escritores cristãos africanos.

4. Os missionários cristãos historicamente distribuíram publicações subsidiadas ou gratuitas. A utilização das publicações às vezes era mais importante do que sua qualidade. Da mesma forma, os editores cristãos internacionais costumavam enviar seus livros não vendidos para locais africanos para serem doados ou vendidos a taxas reduzidas. Diante de tais padrões, entendeu-se que os autores estavam dando uma contribuição espiritual gratuita através da escrita. Eles não deveriam ganhar a vida escrevendo livros excelentes que seriam vendidos em um mercado competitivo. Um resultado é que as expectativas dos cristãos africanos sobre as publicações cristãs às vezes funcionam de maneira oposta aos hábitos, competências e valores culturais necessários para obter sucesso no mundo moderno. Por exemplo, padrões mais antigos – onde os livros cristãos eram subsidiados ou gratuitos – criaram expectativas culturais que tornam difícil pedir aos compradores que paguem o valor total por um livro cristão. Além disso, os editores relatam que muitos líderes cristãos africanos relutam em comercializar e vender seus livros ativamente, sentindo que isso não é espiritual.

5. A distribuição de livros em África é um problema (Chakava 1996, 2007). A maioria dos livros de autores africanos é publicada localmente, raramente comercializado em seu próprio país, muito menos fora, e raro ver uma segunda impressão. Dos 23 países anglófonos de África, apenas quatro têm bons distribuidores de livros – Quênia, Nigéria, Gana e África do Sul. Nesses países, os proprietários de livrarias podem adquirir seus produtos localmente. Como a maioria dos títulos em inglês vem de outros países, nos outros 19 países, os demais vendedores locais precisam importar a maioria dos

livros que vendem – uma tarefa assustadora. Para complicar ainda mais, muitas vezes é difícil, senão impossível, importar livros dos países africanos vizinhos (devido a tensões nas fronteiras, infraestrutura fraca ou inexistente, impostos de importação e extorsão de suborno na alfândega). Assim, muitas vezes é muito mais fácil adquirir livros dos Estados Unidos ou da Grã-Bretanha.[15]

IMPLICAÇÕES E O QUE É NECESSÁRIO

Jesse Mugambi, editor e teólogo de longa data, escreve:

> Como a elite de África pode traçar o futuro deste continente quando sua educação é baseada em políticas e ideias destinadas a outras culturas? Como os jovens africanos podem desenvolver novas ideias para resolver problemas no contexto de sua própria cultura, enquanto expostos apenas à literatura vindo de outras culturas? Chegou a hora da elite de África contribuir para moldar o futuro deste continente através da publicação do conhecimento e da experiência acumulados no país e no exterior. (Mugambi 2013, 1102)

O problema que Mugambi aponta é particularmente verdadeiro para a igreja cristã africana. Os escritores africanos produziram um corpo significativo de literatura de alta qualidade que outros africanos conhecem e apreciam, mas na maioria das vezes essa literatura não é cristã. Por outro lado, os cristãos africanos não produziram um acervo paralelo considerável de literatura explicitamente cristã de alta qualidade. O resultado é que os cristãos africanos leem autores africanos favoritos e eles leem autores cristãos favoritos, mas o número que nomeia um autor favorito que é africano e cristão é muito pequeno. E, no entanto, como sugere nossa análise acima, a mudança acontecerá somente se os fatores estruturais mais amplos forem compreendidos e se uma ampla variedade de partes interessadas cristãs, tanto na África quanto no mundo, chegarem aos seguintes reconhecimentos e compromissos:

1. Escrever e ler, e não apenas a oralidade, são importantes no mundo contemporâneo para a força da igreja africana.

2. A cultura de leitura deve ser apoiada e promovida. Isso requer a publicação de livros infantis apropriados ao contexto que estimulam o prazer da leitura. Requer esforços para promover a leitura em lares, escolas e igrejas,

---

[15]. A maioria das informações deste parágrafo pode ser atribuída a Edward Elliott, da Oasis International.

com bibliotecas incentivadas para cada um (Chakava 1996). Clubes do livro e outras iniciativas que visam promover a leitura e seu prazer, bem como incentivar uma leitura mais ampla como parte da espiritualidade (Chakava 1996; Hedstrom 2013).

3. O desenvolvimento de escritores cristãos africanos é essencial para a força da igreja africana a longo prazo, abordando as realidades nas quais os cristãos africanos precisam de ajuda. São necessários compromissos profundos por parte de diversas partes interessadas para ajudar a obter esse resultado.

4. A publicação cristã e a distribuição de livros em África devem ser fortalecidas e priorizadas, como está sendo feito pela Oasis International ou pela Hippo Books, em parceria com a Langham Trust. Há lições a serem aprendidas com o sucesso de editores seculares na África, como Longmans (Davis 2015) ou Heinemann, como exemplificado na fascinante exposição de Bejjit (2015) da maneira como Heinemann contribuiu para o sucesso da escrita de Ngugi Wa Thiong'o. Novamente, o excelente livro de Henry Chakava (1996) *Publishing in Africa* é preenchido com a experiência prática do mundo real de um editor e publicador de sucesso no Quênia (veja também Chakava 2007; Mlambo 2007; Zell 2013). É necessário "distribuir livros de uma região africana para outras regiões" (Phiri e Werner 2013, xxix). A publicação eletrônica e a impressão sob demanda devem ser usadas.

5. Uma cultura da escrita deve ser promovida. Isso deve incluir concursos de redação; celebrações públicas de sucesso na escrita de cristãos africanos; e cursos de escrita em seminários, universidades e escolas bíblicas. Uma das razões para a proliferação de escritores africanos francófonos foram uma "história da cultura de prêmios para a literatura africana [de língua francesa]", que criou "estruturas significativas de reconhecimento e recepção no campo literário" (Bush e Cucournau 2015). Da mesma forma, no Quênia, o "Prêmio Jomo Kenyatta de Literatura, estabelecido em 1972, contribuiu para uma explosão de criatividade" (Chakava 1996, 36), embora o prêmio tenha morrido posteriormente por falta de financiamento. Escritores cristãos africanos de sucesso devem ser comemorados. Seus livros devem ser lidos e discutidos por grupos de leitura, designados nos conteúdos programáticos do curso, adquiridos para bibliotecas e comercializados em todo o continente e também em todo o mundo (Phiri e Werner 2013, xxix).

6. A identificação, coaching e treinamento de escritores cristãos em África deve ser fortalecida e ampliada. Este já está sendo feito em certa medida, por exemplo, por Kirimi Barine, do Publishing Institute of Africa, através da Media Associates International, e por David Waweru, do Word Alive Publishers. No entanto, é necessário muito mais.

7. Uma ampla variedade de apoio a escritores (royalties ou adiantamentos de royalties, sabáticos, treinamento, suporte de edição, grupos de redação, parcerias de redação) deve ser ampliada a partir dos níveis atuais. Entre os líderes que estudamos, Esther Mombo exemplifica um padrão de escrita sustentada e de alta qualidade. Além disso, o The Circle of Concerned African Women Theologians é acreditado por ter fornecido essa estrutura de apoio a ela – apoio para envolver realidades contextuais teologicamente em textos de alta qualidade (Phiri 2009).

8. Pesquisas sobre leitura e escrita cristã devem ser priorizadas. Essa pesquisa deve examinar os interesses e as necessidades dos leitores e apoiar as iniciativas estratégicas e o planejamento relacionados à redação e publicação.

9. Finalmente, é importante examinar cuidadosamente até que ponto e de que maneira os cristãos europeus e americanos que tentam se envolver com África podem contribuir para padrões neocoloniais e doentios que, inadvertidamente, trabalham contra o desenvolvimento da literatura cristã africana. Chegou a hora de priorizar o valor dos líderes cristãos africanos que contribuem para moldar o futuro do cristianismo africano através da publicação de conhecimento e experiência acumuladas em casa e no exterior. Como ajudar isso a acontecer deve ser do interesse de uma ampla gama das partes interessadas.

REFERÊNCIAS CITADAS

Barna Group. 2014. "The State of the Bible Report 2014." American Bible Society website. <http://www.americanbible.org>.

Bejjit, Nourdin. 2015. "Heinemann's African Writers Series and the Rise of James Ngugi." In *The Book in Africa: Critical Debates,* ed. Caroline Davis and David Johnson, 223–44. New York: Palgrave Macmillan.

Bush, Ruth, and Claire Cucournau. 2015. "Francophone African Literary Prizes and the 'Empire of the French Language.'" In *The Book in Africa: Critical Debates,* ed. Caroline Davis and David Johnson, 201–22. New York: Palgrave Macmillan.

Chakava, Henry. 1996. *Publishing in Africa: One Man's Perspective.* Nairobi, Kenya: East African Educational Publishers, Ltd.

———. 2007. "Scholarly Publishing in Africa: The Perspective of an East African Commercial and Textbook Publisher." In *African Scholarly Publishing: Essays,* ed. Alois Mlambo, 66–75. Uppsala: Dag Hammarskjold.

Commeyras, Michelle, and Bontshetse Mosadimotho Mazile. 2011."Exploring the Culture of Reading among Primary School Teachers in Botswana." *The Reading Teacher* 64/6:418–28.

Davis, Caroline. 2015. "Creating a Book Empire: Longmans in Africa." In *The Book in Africa: Critical Debates*, ed. Caroline Davis and David Johnson, 128–52. New York: Palgrave Macmillan.

Hedstrom, Matthew S. 2013. *The Rise of Liberal Religion: Book Culture and American Spirituality in the Twentieth Century.* Oxford: Oxford University Press.

Jewell, Dawn Herzog. 2009."LittWorld Boosts Creation of Culturally Relevant Books and Articles." Lausanne World Pulse website. http://www. lausanneworldpulse.com.

Julien, Eileen. 2014. "Literature in Africa." In *Africa*, 4th ed., ed. Maria Grosz-Ngate, John H. Hanson, and Patrick O'Meara, 209–32. Bloomington: Indiana University Press.

Mlambo, Alois. 2007. "The Case for Publishing African Scholarship in Africa." In *African Scholarly Publishing Essays*, ed. Alois Mlambo, 11–24. Uppsala: Dag Hammarskjold.

Mugambi, Jesse N. K. 2013. "Challenges for Theological Publishing and Scholarly Books in Africa." In *Handbook of Theological Education in Africa*, ed. Isabel Apawo Phiri and Dietrich Werner, 1101–5. Oxford, UK: Regnum Books International.

Nsehe, Mfonobong. 2011. "The Five Richest Pastors in Nigeria." *Forbes Magazine* website. June 7. http://onforb.es/nkBSd4.

Otike, Fredrick Wawire. 2011."Reading Culture, Cultivation, and Its Promotion among Pupils: A Kenyan Perspective." *International Research Journal of Library, Information, and Archival Studies* 1/1:1–5.

Pew. 2014."A Snapshot of Reading in America in 2013." Pew Research Center website. http://www.pewinternet.org.

Phiri, Isabel Apawo. 2009. "The Circle of Concerned African Women Theologians." *The Ecumenical Review* 57:34–41.

Phiri, Isabel, and Dietrich Werner. 2013. "Editorial: Handbook of Theological Education in Africa." In *Handbook of Theological Education in Africa*, ed. Isabel Apawo Phiri and Dietrich Werner, xxvii–xxxiii. Oxford, UK: Regnum Books International.

Woodberry, Robert D. 2012. "The Missionary Roots of Liberal Democracy."
American Political Science Review 106/2:244–74.

Zell, Hans M. 1995. "Publishing in Africa." In *International Book Publishing: An Encyclopedia*, ed. Philip G. Altbach and Edith S. Hoshhino, 366–73. New York: Garland Publishing.

Zell, Hans M. 2013. "How Many Books Are Published in Africa? The Need for More Reliable Statistics." *The African Book Publishing Record* 40/1:397–406.

11

Desenvolvendo Líderes Transformacionais – Implicações Curriculares do Estudo da Liderança em África

John Jusu

A excelência no desenvolvimento da liderança em África é frequentemente equiparada à qualidade da instrução em instituições formais de aprendizagem. A qualidade da instrução é frequentemente medida pelo grau de foco central nos insumos institucionais (edifícios, biblioteca, faculdade), produtos (número de líderes formados) e resultados (competência dos líderes produzidos). Consequentemente, instituições de formação com grandes bibliotecas, professores de alto nível e campus impressionantes atrai mais atenção das partes interessadas. Mas, com muita frequência, o desenvolvimento curricular nessas instituições concentra-se estreitamente no atendimento aos requisitos das agências credenciadoras, replicando o currículo de outras instituições educacionais.

A verdadeira medida de excelência, em qualquer instituição que pretenda produzir líderes transformacionais, é se esses líderes acabam tendo um impacto significativo em suas comunidades. Responder a essa pergunta requer pesquisa. O ELA fornece essa pesquisa. Ao identificar os líderes cristãos que os crentes locais identificam como eficazes e têm impacto, e ao examinar atentamente a natureza de sua liderança, o ELA fornece fundamentos para identificar áreas relevantes nos currículos de treinamento de liderança que precisam de atenção.

Currículo neste capítulo refere-se a todos os processos institucionais envolvidos no desenvolvimento de líderes em faculdades teológicas, universidades cristãs de artes liberais e instituições de treinamento de liderança de igrejas – líderes que servirão igrejas, organizações cristãs e a sociedade em geral. O currículo incorpora toda a experiência que os possíveis líderes encontram sob a orientação de instituições educacionais cristãs formais.

Este capítulo explora as implicações dos resultados da pesquisa discutidos nos capítulos anteriores para a revisão, desenvolvimento e administração de currículos nas instituições cristãs de ensino superior que se destinam a treinar líderes transformacionais. Ele discute as ramificações dessas descobertas para educadores, desenvolvedores de currículo e administradores em busca da excelência no desenvolvimento da liderança na África.

FAMÍLIA NO CURRÍCULO DE INSTITUIÇÕES FORMAIS DE ENSINO CRISTÃ

Os líderes que estudamos muitas vezes começaram a adquirir características e competências relevantes para o sucesso da liderança muito antes de buscarem a educação formal avançada. As primeiras influências formativas vieram da família. Repetidas vezes, conforme explorado nos Capítulos 2 e 3, aprendemos que pais, avós e outros cuidadores desempenharam papéis formativos no desenvolvimento de líderes cristãos africanos. Psicólogos como Erik Erikson há muito enfatizam a importância crítica dos pais para o desenvolvimento do ego ou da personalidade das crianças. É com os pais e outros membros da família que as crianças aprendem a lidar com conflitos e a superar desafios.

Os educadores devem reconhecer o papel estratégico de "outros que têm mais conhecimento" (Vygotsky, 1978) na formação educacional das crianças. Pessoas importantes fora das instituições educacionais formais, como os pais, também oferecem idéias, entendimentos e habilidades profundas adquiridos por meio da experiência e da transmissão cultural. E esses "outros conhecedores" demonstram e modelam ideias, valores e estratégias que as crianças internalizam. É importante que os educadores reconheçam e efetivamente interajam com esses outros conhecedores.

Dado que o lar é um fator crítico no desenvolvimento da liderança, é importante que as instituições educacionais formais ultrapassem os muros da escola para envolver os pais e responsáveis em empreendimentos curriculares. Por um lado, isso envolve reconhecer que os pais africanos experientes e talentosos realmente têm conhecimento que pode beneficiar instituições educacionais. Convidar os pais selecionados para seminários e salas de aula para compartilhar enriquece o currículo complementando as leituras atribuídas (como os capítulos 2 e 3) com o conhecimento experimental dos cuidadores primários.

Como alternativa, os professores podem exigir que os alunos relatem as entrevistas que realizam com pais experientes e bem-sucedidos sobre a dinâmica e os desafios da família e dos pais em África hoje. Os próprios alunos ou professores de doutorado podem conduzir pesquisas sistemáticas (usando entrevistas, grupos de foco ou questionários) sobre pais em África hoje e publicar o que aprenderem. Ou seja, eles podem ajudar a gerar uma literatura expandida sobre a paternidade que responde ao contexto africano, baseiando-se na sabedoria africana e pode ser usada em contextos educacionais. Por meio desses padrões de engajamento, os educadores serão ajudados a conceituar, desenvolver e implementar um currículo contextualmente apropriado para o treinamento de liderança.

Instituições formais de ensino não devem meramente aprender com os pais e outros cuidadores. Os pais também devem levar o que aprendem e implementar programas educacionais formais projetados para capacitar os outros membros da família a realizarem responsabilidades com sucesso. Muitas vezes, as famílias carecem de habilidades para atender às demandas dos pais. Portanto, é importante que as instituições formais de desenvolvimento de liderança as ajudem a aprimorar suas habilidades parentais por meio de programas comunitários, workshops e outros eventos. As instituições devem elaborar programas de liderança dos pais que ofereçam oportunidades de crescimento pessoal e ajudem a desenvolver habilidades, conhecimentos e disposições para atuar como líderes com voz e carisma para moldar seus filhos e filhas. As instituições devem se esforçar para criar parcerias significativas com os pais e apoiá-los na criação de um ambiente que nutra o crescimento de seus filhos – um ambiente sem violências, conflitos, drogas ou ofensas.

Em resumo, as instituições aprimorarão seus programas de desenvolvimento de liderança se receberem informações dos principais cuidadores para informar seus processos curriculares. Ao mesmo tempo, os cuidadores continuarão aprimorando suas habilidades se as instituições educacionais os apoiarem por meio de programas para pais.

INSTITUIÇÕES SECUNDÁRIAS NO CURRÍCULO FORMAL DAS INSTITUIÇÕES CRISTÃS DE ENSINO

Embora a família seja a instituição de socialização mais fundamental, as crianças logo entram em contato com outras influências ou unidades secundárias de socialização, incluindo escolas, igrejas e organizações para-eclesiásticas. Os líderes que estudamos frequentemente relataram ter sido influenciados positivamente na infância ou na idade adulta por uma variedade de instituições que não eram escolas, mas que, no entanto, contribuíram para sua formação como líderes. De fato, os líderes eram menos propensos a nomear instituições educacionais formais como cruciais para sua formação do que essas instituições secundárias. Instituições secundárias incluem organizações angolanas como Mocidade para Cristo e Formação Feminina, organizações quenianas como FOCUS Kenya, Transform Kenya, Scripture Union, Magena Youth Group, Martin's Catholic Social Apostolate e Kenya Students Christian Fellowship; e organizações da RCA, como Campus pour Christ e Perspective Reformées.

As escolas, é claro, promovem hábitos e padrões de pensamento que permitem que as pessoas tenham sucesso na vida. Elas fornecem conhecimento para uso futuro. Porém, frequentemente, quando esses conhecimentos ou competências são utilizados, a influência educacional original é pouco reconhecida. Os líderes que entrevistamos tinham maior probabilidade de reconhecer e articular o que aprenderam em contextos relacionais, naturais e da vida real, como os fornecidos por essas unidades informais de socialização secundária, do que destacar o que aprenderam em escolas formais removidas do contexto.

Essas instituições complementares projetam currículos de vários tipos para ajudar seus grupos-alvo a desenvolver potencial de liderança. Ao usar modos não formais de socialização, essas unidades secundárias fornecem um ambiente em que pessoas de todas as idades aprendem a interagir com seus colegas, a competir e a cooperar ao desenvolver habilidades para a vida. Eles desempenham um papel significativo no desenvolvimento de carreira e na aprendizagem de conteúdo cultural. Eles também fornecem caminhos para colocação, voluntariado e estágios para estudantes em educação formal.

Para causar impacto, as instituições de ensino superior que desejam formar líderes africanos devem expandir sua base de partes interessadas para o desenvolvimento do currículo. Os principais líderes nessas unidades secundárias de socialização devem ser ouvidos e, conforme apropriado, seus pontos de vista devem ser incorporados ao currículo. As escolas devem incentivar a inclusão de unidades secundárias de socialização em suas atividades educacionais para proporcionar aos alunos um espaço informal para construir seu capital cultural, social e espiritual. As leituras atribuídas devem incluir essas instituições. Por exemplo, pode-se pedir aos alunos que leiam e discutam os relatórios de dez páginas do estudo da ELA sobre 30 dessas organizações.[1] Os alunos de pós-graduação e professores devem ser incentivados a pesquisar e escrever sobre o trabalho estratégico desse tipo de

---

1. Disponível em www.AfricaLeadershipStudy.org.

instituição africana e, em seguida, deve fazer deles um foco de instrução em sala de aula.

QUALIDADES E PAPÉIS DE LÍDERES INFLUENTES NO CURRÍCULO

Nossa pesquisa identificou um perfil de líderes destacados que a maioria das instituições teria orgulho de ter como ex-alunos. Esses líderes estão comprometidos com a igreja, conectados à comunidade e exibem excelência vocacional e flexibilidade cultural dentro da estrutura da liderança serva. Tendo esse perfil em vista e usando o "projecto anterior" (Wiggins e McTighe 2005), os desenvolvedores de currículo podem agora perguntar: O que precisamos fornecer aos líderes para desenvolver e exibir essas qualidades? Essa abordagem de iniciar o desenvolvimento do currículo com o objetivo em mente é completamente diferente de outros modelos de design que iniciam a redação do currículo a partir do desenvolvimento do curso, e não da perspectiva dos resultados desejados. Assim, em vez de o desenho do currículo começar com um foco em quais cursos ensinar, ele deve se concentrar nos resultados desejados e, a partir daí, selecionar cursos apropriados e outras atividades de aprendizagem. Essa abordagem pode excluir alguns cursos tradicionais orientados a conteúdo, incluindo outros novos e baseados em problemas.

As características desejadas não podem ser cultivadas apenas dentro das paredes da sala de aula. Instituições educacionais precisam se conectar com outras agências da comunidade. O currículo, em design e implementação, deve promover um compromisso com a igreja. Deve incentivar a flexibilidade cultural por meio de estágios interculturais e cursos relevantes. O ponto principal é que o currículo deve levar os alunos a se envolverem com a igreja e a comunidade por meio de atividades transformadoras desafiadoras ao contexto.

Os líderes cristãos africanos estão envolvidos em uma variedade de áreas frequentemente relacionadas à justiça social e reabilitação. Eles abordam o uso de drogas, alcoolismo, prostituição, educação para crianças e jovens, saúde e negócios. Frequentemente, não existe um ajuste estreito entre o currículo educacional e a formação profissional de um determinado líder, e o que esses líderes acabam fazendo. E, no entanto, os líderes bem-sucedidos que examinamos muitas vezes tinham um espírito empreendedor e habilidades claramente aprimorados por conhecimentos avançados, competências cognitivas e habilidades de pensamento crítico adquiridas por meio da educação avançada. Eles foram capazes de identificar problemas sociais, morais e econômicos e responder a eles de maneiras transformadoras, independentemente de as situações precisas às quais estavam respondendo terem sido o foco de seu treinamento formal e profissional.

Nossa pesquisa sugere que qualquer currículo de liderança adequado deve apresentar habilidades de pensamento crítico e criativo em relação ao conteúdo (em particular os cursos) e processos (exemplificado em todos os cursos). O papel do professor deve ser reformulado, não com o professor como fonte primária de conhecimento, mas como **facilitador da aprendizagem** – ajudando os alunos a adquirir conhecimentos e habilidades de pensamento crítico. As práticas em sala de aula devem evitar a dependência de um ambiente controlado pelo professor, caracterizado por "derramador de conteúdo", mas devem apresentar metodologias orientadas para a aprendizagem e incentivar a independência e a criatividade na aprendizagem.

As instituições educacionais também devem trabalhar para aprimorar a integração da área de assunto. Com demasiada frequência, os programas e departamentos acadêmicos funcionam como "armazém" com baixos níveis de integração curricular. As realidades e questões africanas precisam ser engajadas no currículo por meio de estratégias multidimensionais e interdisciplinares. Por exemplo, se o currículo deve tratar de questões relacionadas à pobreza, a estrutura deve ser tal que tópicos teológicos, missiológicos, econômicos, sociais, políticos e ambientais que abordam a pobreza sejam integrados a um curso específico. Os graduados que concluírem um curso como esse teriam o poder de ver a pobreza de maneira holística e integrada e, portanto, terão as competências para responder de maneiras novas e transformadoras.

A crítica lançada contra o ensino superior é que muitas vezes há uma desconexão com as realidades contextuais, com o resultado de que pessoas com altas habilidades cognitivas têm pouco impacto prático. A integração de fé, vida e aprendizado deve diminuir essas críticas, pois o desenvolvimento da liderança abrange muito mais do que habilidades cognitivas.

CAPITAL SOCIAL NO CURRÍCULO DE INSTITUIÇÕES EDUCACIONAIS CRISTÃS FORMAIS

A pesquisa do ELA, como resumido no capítulo 4 por Steven Rasmussen, revelou que as relações sociais de reciprocidade e confiança são essenciais para toda a liderança cristã africana eficaz. Essa descoberta representa um desafio significativo para o modo como os líderes são desenvolvidos. Os currículos das instituições formais geralmente trabalham contra a aquisição de capital social. Os alunos geralmente se sentam em fileiras de frente e ouvindo apenas o professor. Eles normalmente são obrigados a trabalhar sozinhos, mesmo em competição entre si, e são avaliados isoladamente. Com cargas de trabalho pesadas, os alunos geralmente acham difícil desenvolver relacionamentos pessoais profundos para o sucesso da liderança. Mas se a aquisição de capital social é realmente um resultado educacional desejável, são necessários ajustes. Isso pode ser tão simples quanto reorganizar os assentos em círculos, para que os alunos se olhem enquanto interagem no espaço de aprendizado. Mais substantivamente, a adoção de um paradigma colaborativo de ensino e aprendizagem, em que os alunos passam um tempo significativo trabalhando em projetos em grupos, claramente terá um impacto positivo no capital social.

Rasmussen ressalta que os cristãos muitas vezes já têm um forte "capital social fraternal," fortes laços sociais com os de sua própria igreja ou grupo étnico. Por outro lado, desconfiança, hostilidade e conflito, geralmente caracterizam relacionamentos através de fronteiras étnicas e religiosas – e o tipo de capital social que une essas divisões ("capital social de relação") é muito menos comum. E, no entanto, como Rasmussen ressalta, os líderes altamente eficazes que estudamos eram muitas vezes ricos em capital social de ligação. Ou seja, eles muitas vezes tiveram muito sucesso como líderes precisamente porque tinham fortes laços de reciprocidade e confiança com as pessoas em outras denominações, outros grupos étnicos e até outras religiões. Assim, os currículos educacionais não devem apenas incentivar o relacionamento com outras pessoas da mesma denominação ou grupo étnico, mas devem promover fortes relacionamentos entre linhas denominacionais, étnicas e até religiosas.

Como as instituições do ensino superior cristão geralmente reúnem pessoas de diferentes etnias e denominações, elas são posicionadas de maneira ideal para contribuir com o capital social de ligação, especialmente se elaborarem o currículo para promover isso. Um currículo que promova a aprendizagem na comunidade por meio de projetos, viagens missionárias, programas de intercâmbio, estágios, práticas, jogos, grupos de irmandade e capelas não apenas tem o potencial de contribuir para o capital social fraternal, mas corretamente estruturado, tem também o potencial de contribuir para o capital social de ligação. O trabalho de curso e as leituras que apresentam cultura, etnia, antropologia, Islã e comunicação intercultural podem promover a sensibilidade e o entendimento que melhoram o capital social de ligação.

Finalmente, Rasmussen aponta para incríveis hierarquias de riqueza, status e poder que caracterizam o mundo moderno, tanto dentro das comunidades quanto estados-nação e a nível mundial. Relações significativas de confiança e obrigação mútua que vinculam verticalmente as pessoas através de tais hierarquias de educação, status, poder, riqueza e influência ("capital social de conexão") são extremamente raras e extremamente importantes.

Seu capítulo aponta que muitos dos líderes mais eficazes estudados tinham um capital social incomumente forte, relações extensivas de confiança e compromisso compartilhado com outras pessoas nessas divisões verticais, ascendente e descendente, local e internacionalmente. Muitas vezes, era no contexto de compromissos cristãos compartilhados que essas relações locais e internacionais foram forjadas. E Rasmussen mostra que o capital social de conexão foi fundamental para o sucesso da liderança.

O currículo educacional deve reconhecer a importância (e os desafios) desse tipo de relacionamento e deve criar estruturas que ajudem a produzir formas saudáveis de capital social de conexão. Isso poderia envolver a interface com grupos como o FOCUS, Quênia, que coloca milhares de jovens em estreitas relações de orientação sob cristãos mais velhos, instruídos e altamente bem-sucedidos, praticando uma ampla variedade de profissões. Isso poderia envolver a promoção de relações internacionais por meio de programas de intercâmbio, estudos no exterior ou viagens missionárias. O trabalho do curso deve se concentrar tanto nas comunidades caracterizadas pela pobreza quanto nos parceiros globais ou com recursos locais, com os quais a colaboração é prevista. Estágios e práticas que envolvem colaboração entre hierarquias de educação, status, poder, riqueza e influência em nome dos propósitos do reino devem ser valorizados.

Estudantes Africanos de doutoramento e faculdades devem estudar projetos colaborativos como estudos de caso e devem fornecer materiais escritos que possam ser usados no trabalho do curso para treinar outras pessoas nos desafios e benefícios de capital social de conexão para propósitos do reino. Os materiais educacionais também devem incluir a aquisição de traços de caráter, competências e habilidades relacionadas ao desenvolvimento e manutenção das relações de confiança necessárias em tais parcerias. A ação empreendedora e a visão projetada dentro da estrutura de compromissos compartilhados transcendentes são fundamentais. Os líderes devem desenvolver relacionamentos com os cristãos com capital cultural e recursos materiais, localizados nas proximidades ou em lugares distantes, e devem ajudar esses cristãos a entender como seus recursos podem realmente servir aos propósitos do reino. Eles devem ajudar a promover uma cultura de filantropia nas igrejas africanas, em vez de simplesmente procurar parcerias do exterior. Além disso, a capacidade de promover e manter a confiança ao longo do tempo é crítica. As parcerias de recursos florescem melhor onde há profunda convicção de que aqueles que lidam com recursos são confiáveis. A administração confiável requer caráter, mas também relevantes habilidades e hábitos adquiridos. Onde os relacionamentos e as parcerias abrangem não apenas divisões econômicas, mas também nacionalidade e cultura, o potencial de falhas na compreensão que prejudicam os relacionamentos saudáveis está presente. Tudo isso deve ser tratado no currículo do desenvolvimento da liderança cristã na África hoje.

EQUIPANDO LÍDERES PARA ORGANIZAÇÕES COM IMPACTO

O capítulo 7 de Michael Bowen, olha além dos líderes para as organizações que eles gerenciam. Líderes masculinos e femininos supervisionam organizações cristãs que fornecem uma ampla gama de serviços relacionados à agricultura sustentável, saúde comunitária, governança e democracia, igualdade de gênero, desenvolvimento ambiental e institucional, projetos hídricos, microfinanças, educação teológica, serviços educacionais, saúde, paz e reconciliação e treinamento de pessoal. Ele observa que essas organizações religiosas têm o potencial de mobilizar um grande número de pessoas e recursos para causas básicas usando suas redes. Eles têm altos níveis de motivação para a fé e presença popular. Eles têm conhecimento e confiança localmente. E muitas vezes defendem valores cristãos que merecem a atenção da educação teológica.

Uma crítica comum à educação teológica formal está relacionada à falta de conexão com as realidades contextuais. A educação teológica e a educação formal em geral se trancaram na prisão da "escola," na medida em que sua presença raramente é sentida fora dos muros da instituição. Algumas entidades em África estão se esforçando para quebrar esse padrão através do estabelecimento de departamentos ou institutos especiais como Instituto para as Realidades Africana da Africa International University.

As OBF fornecem um grupo de pesquisa regional pronto para instituições teológicas e universidades interessadas nas realidades africanas, porque elas lidam diretamente com essas questões. As OBF também podem fornecer caminhos para experiências de aprendizado, estágio e práticas para líderes em treinamento por meio do desenvolvimento de relacionamentos e redes com organizações que demonstraram impacto nas comunidades.

As instituições apresentadas no capítulo 7 raramente estão entre as organizações que os alunos aprendem em seus estudos sobre organizações. Eles tendem a aprender sobre sistemas burocráticos formais e organizações de serviços com recursos adequados, com estruturas definidas e hierarquias de controle acentuadas. As OBF geralmente são diferentes e, portanto, precisam de habilidades especiais de gerenciamento e liderança. Os programas de treinamento teológico para líderes precisam revisar seu currículo de gerenciamento organizacional para refletir as realidades da OBF. Por exemplo, as pessoas nessas organizações consideram seu trabalho como um ministério e um serviço à humanidade. Eles vêem seu trabalho como uma responsabilidade pessoal para com Deus e sentem que têm um papel significativo na organização. Se, no entanto, o pessoal de recursos humanos dessas OBF tiver um foco distinto da teoria da administração, eles poderão ver os trabalhadores como meros funcionários com uma participação limitada na organização e, portanto, tratá-los como tal. Isso naturalmente cria conflito. Nosso currículo deve treinar líderes para serem competentes o suficiente para entender essas organizações e como liderá-las.

Instituições teológicas e universidades também podem ajudar essas organizações sem fins lucrativos, agregando valor a seus processos, por exemplo, ajudando-as a produzir manuais de treinamento e treinando seus facilitadores. Assim, por exemplo, o provedor de serviços educacionais More than a Mile Deep ajudou a fornecer os manuais de treinamento usados pela Church Missionary Society para treinar milhares de pessoas, com impacto significativo em lugares como Quênia, Uganda e Sudão do Sul. As instituições educacionais devem construir pontes de parceria para o benefício de ambas as partes.

SER MODELO, MENTOR, ORIENTADOR, E DISCIPULADOR NO DESENVOLVIMENTO DE LIDERANÇA

O capítulo 9, de Jurgens Hendriks, observa que líderes eficazes demonstram certas características, como liderança serva, que podem ser difíceis de ser ensinados através do conteúdo formal do curso. De fato, as instituições acadêmicas podem facilmente ensinar o oposto, com os professores exercendo poder flagrante de maneiras que não fortalecem, mas estimulam hierarquias de status. Hendriks identificou qualidades da liderança serva, como acessibilidade, orientação, capacidade de identificar e fornecer oportunidades a outras pessoas e sabedoria para guiá-las por terrenos difíceis. Trata-se menos do currículo explícito do que do currículo implícito. A liderança serva trata de valores, hábitos e atitudes que os professores precisam viver para que os alunos vejam e imitem. Sua responsabilidade não é apenas ensinar conhecimentos e habilidades, mas também moldar homens e mulheres para serem líderes eficazes à imagem de Cristo. Programas de mentoria, treinamento de habilidades e discipulado no estilo de vida devem ser usados para promover a liderança serva. Os alunos devem poder ver como os professores "poderosos" usam sua autoridade para o benefício daqueles a quem servem. Os alunos precisam ver que seus professores têm um interesse genuíno por eles e estão dispostos a ajudá-los a crescer. Os educadores devem estar disponíveis para seus alunos em ambientes não formais e não ameaçadores, onde os traços de liderança são "capturados em vez de ensinados." Quando o corpo docente participa com os alunos em uma variedade de atividades e grupos de trabalho não acadêmicos, isso dá margem para ser modelo e mentor. Os estudos independentes orientados pela faculdade também podem fornecer flexibilidade para buscar interesses e contextos especiais dos estudantes de maneiras que sejam empoderados e mentoriados.

Um currículo que permite que os líderes aprendam a se multiplicar deve ter orientação em seu núcleo. Por exemplo, poderia prever que os alunos seniores orientassem os alunos juniores, à medida que ambos passassem por seus programas de estudo. Posteriormente, esses alunos juniores orientariam a próxima geração. A instituição deve coordenar essas relações com contribuições significativas dos alunos sobre como essas relações são formadas e operam. Nisso como o currículo implícito se torna formal no desenvolvimento da liderança.

AS LEITURAS NO CURRÍCULO DAS INSTITUIÇÕES CRISTÃS DE ENSINO

Kennedy Buhere (2016) observou que "algumas das pessoas mais bem-sucedidas da academia e assuntos mundiais – nos negócios, na política e no governo – nutriram seu intelecto e o que admiramos neles através de uma extensa leitura." Essa observação é consistente com as descobertas de Priest, Kirimi e Salombongo, que muitos líderes africanos leem extensivamente para fins de desenvolvimento pessoal, espiritual e profissional. A leitura estimula a investigação; ajuda os líderes a gerar ideias, os motiva a pensar além do escopo comum de influência e especialidade e incentiva o pensamento de mente aberta e flexível. A leitura aumenta as habilidades de vocabulário e idioma que melhoram a comunicação da liderança. Os líderes que leem materiais relevantes em suas áreas provavelmente sabem mais sobre responsabilidades de liderança do que aqueles que não leem (Coleman 2012).

Os esforços de renovação do currículo para melhorar as habilidades e os hábitos de leitura dos líderes em treinamento, devem começar pelo corpo docente, porque eles controlam o que os alunos leem. A seleção das leituras atribuídas é crítica. Os livros didáticos devem fornecer conteúdo relevante para o curso especificado e devem ser selecionados para facilitar a compreensão e a relevância contextual. E, no entanto, a prática de ler livros didáticos e escritos altamente acadêmicos, em preparação para os exames, pode não contribuir para um hábito ao longo da vida e um amor pela leitura. Portanto, é importante também atribuir ou dar crédito a leituras com um forte interesse humano temporário e livros com narrativa pessoal, relevância prática e facilidade de leitura. É importante que contextos africanos e autores africanos façam parte dessa mistura. Os alunos devem receber leituras que promovam o amor pela leitura.

Nossa pesquisa indicou que os líderes africanos, mesmo aqueles em profissões como engenharia ou negócios, leem suas Bíblias. A faculdade deve encorajar e capitalizar isso criando um currículo que garanta que até os cristãos que estudam em outros campos recebam ferramentas para entender e aplicar a Bíblia. Isso pode ser feito através de cursos ou módulos de curta duração, ou através de intercâmbio com outras organizações que formam para isso, como a Bible Study Fellowship.

As instituições educacionais devem promover o desenvolvimento crítico das habilidades de leitura, não apenas para se envolver com a Bíblia, mas para todas as leituras. A capacidade de avaliar e tirar conclusões e julgamentos significativos do que é lido é uma competência crítica para os líderes. O pensamento crítico capacitará os líderes com a capacidade de fazer julgamentos informados sobre quais ideias incorporar em suas práticas de liderança e quais evitar.

Atividades fora da sala de aula, também conhecidas como currículo implícito, também são importantes. Tanto dentro como fora da sala de aula, os professores devem demonstrar amor pela leitura e alegria ao conversar com os alunos o que eles estejam a ler. O corpo docente pode incentivar os alunos a organizar um clube de leitura no qual eles leem materiais com aplicações práticas para os problemas com os quais eles se envolvem na sala de aula. Isso pode estar relacionado ao estilo de vida do aluno, sucesso na carreira, vida equilibrada e holística, questões globais que afetam carreiras, pobreza, poder e dinheiro e/ou materiais de "como fazer". Segundo Priest, Kirimi e Salombongo (capítulo 10 deste documento), esses tipos de materiais raramente aparecem nas bibliotecas de instituições que treinam líderes, mas são amplamente lidos e valorizados pelos leitores africanos de maneira mais ampla.

A ESCRITA NO CURRÍCULO DE INSTITUIÇÕES CRISTÃS DE ENSINO

Intimamente relacionado à leitura, está a escrita. De fato, um dos desafios identificados por Priest, Kirimi e Salombongo é que os leitores cristãos africanos encontram uma escassez de escritos de autores cristãos africanos e, portanto, leem principalmente autores cristãos que não são africanos. Isso coloca desafios significativos que as instituições de ensino superior cristão precisam enfrentar. É fundamental que os escritores cristãos africanos adquiram e compartilhem sabedoria e entendimento contextualmente apropriados através da escrita e publicação. Instituições educacionais devem contribuir para isso.

Os professores devem demonstrar o hábito de escrever não apenas livros e artigos acadêmicos, mas também aqueles que o público em geral achará acessível, interessante e útil. Isso precisa fazer parte do senso de chamada da faculdade. O corpo docente deve atribuir a redação do aluno e dar apoio e feedback cuidadosos sobre o ofício da redação. A redação atribuída pode incluir a leitura de relatórios, trabalhos acadêmicos, registro em diário informal, relatórios de notícias e até a publicação de artigos de revistas.

As escolas devem incentivar grupos de redação, apresentações de conferências acadêmicas e publicações dos alunos e devem patrocinar revistas ou blogs on-line nos quais os alunos possam trabalhar e contribuir. As escolas devem usar a nova tecnologia de impressão sob demanda para expandir seu papel na publicação. A excelência na escrita deve ser reconhecida, recompensada e honrada. Para desenvolver líderes com capacidade ao longo da vida e compromisso com a escrita, os membros do corpo docente devem priorizar explicitamente o treinamento para escrever no currículo. A importância excepcional da escrita cristã africana deve ser afirmada e apoiada de várias maneiras.

QUESTÕES DE GÊNERO NO CURRÍCULO DE INSTITUIÇÕES FORMAIS DE EDUCAÇÃO CRISTÃ

Nossa pesquisa sobre ELA revelou que muitas mulheres cristãs africanas estão exercendo liderança eficaz em diversas plataformas e lugares. E, no entanto, essas mulheres costumam encontrar grandes obstáculos e desafios à sua liderança, como examinado por Kwaka-Sumba e le Roux (capítulo 8 deste documento). Tanto as tradições culturais quanto os sistemas eclesiásticos podem contribuir para barreiras e estigmas para as mulheres, tornando difíceis e labirínticas as jornadas de liderança dessas mulheres.

Kwaka-Sumba e le Roux mostram que a matrícula de meninas e mulheres em instituições de ensino formais está a aumentar, com a percentagem de alunas do ensino fundamental no Quênia em 50%. No entanto, em outros níveis de ensino em Angola e na RCA, a proporção de estudantes do sexo feminino ainda é muito menor do que no sexo masculino. Nos níveis educacionais avançados, e especialmente na educação teológica, geralmente há menos apoio para mulheres do que para homens. E a taxa de atrito para as mulheres jovens é maior devido a casamentos precoces, dificuldades financeiras e gravidez.

Como então o currículo das instituições de ensino deve envolver o gênero? Os cursos devem incluir um foco nas vidas e experiências de mulheres e homens. Isso deve incluir um foco nas realidades da vida cotidiana das mulheres comuns, como questões pastorais levantadas por experiências de infertilidade feminina em culturas que definem a identidade feminina em grande parte em termos de maternidade. Mas também deve incluir um foco nas histórias de mulheres líderes. Por exemplo, na história e nas missões da igreja, muitas mulheres fizeram contribuições significativas para o desenvolvimento da igreja, mas elas raramente são mencionadas em nossas lições. Estudantes do sexo masculino e feminino precisam ler sobre essas mulheres – suas lutas, desafios e vitórias – para poder mudar e ampliar suas perspectivas sobre as mulheres. Professores devem usar deliberadamente ilustrações relevantes para as mulheres. A sala de aula do ensino superior deve incluir mulheres como professoras, fornecendo modelos de líderes femininas.

O currículo não deve apenas incluir um foco nas mulheres, na vida e no desenvolvimento, mas também deve considerar as oportunidades desiguais, o preconceito, a discriminação e a opressão que frequentemente encontram mesmo em contextos do ensino superior cristão. As palestras do curso e as leituras e discussões designadas devem incluir isso como foco. Todo o currículo deve ser revisto para considerar e abordar maneiras pelas quais, sem querer, pode promover resultados negativos para as mulheres. A importância da orientação para as mulheres e da criação de "espaços seguros" para considerar as questões é crucial. Pedagogias com investigação, diálogo, múltiplas perspectivas e consciência crítica são necessárias. Teóricos (como Paulo Freire) que articulam métodos para trazer a consciência crítica ao processo pedagógico devem ser positivamente engajados. Homens e mulheres devem ser convidados a discutir a melhor forma de apoiar o desenvolvimento de meninas e mulheres no mundo moderno (bem como o desenvolvimento de meninos e homens). Uma forte defesa de mulheres em contextos educacionais e ministeriais deve ser defendida por todos. Os professores e administradores do sexo masculino devem ser defensores de estudantes do sexo feminino e também do sexo masculino.

As mulheres que tiveram sucesso na liderança devem receber apoio extra para orientar as mulheres mais jovens a navegar no labirinto da liderança. Elas devem ser incentivadas a documentar suas lutas para que outras mulheres possam aprender com suas experiências ao indicar alternativas rotas de liderança. Os alunos de pós-graduação e professores devem pesquisar e escrever sobre realidades e dinâmicas de liderança relacionadas ao gênero em geral e às mulheres em particular. Tais escritos devem ser apresentados nas leituras e discussões em classe.

LIDERANÇA EM SITUAÇÕES DE CONFLITO

Guerras e outros conflitos apresentam desafios e oportunidades para os ministérios de liderança em toda a África. No capítulo 5, Elisabet le Roux e Yolande Sandoua examinaram a violência e o conflito na RCA. Eles mostram que os líderes cristãos tiveram um papel restaurador importante ao pregarem uma mensagem de reconciliação, estenderam a hospitalidade às partes em guerra e suas vítimas e participaram de atividades inter-religiosas destinadas a promover a paz.

Essas descobertas sobre situações de conflito apresentam considerações importantes para o desenho do currículo de liderança na maioria das instituições de ensino. Esses currículos geralmente assumem circunstâncias previsíveis e são projetados para capacitar os líderes a agir em situações de relativa paz e segurança. Mas em grande parte de África, estabilidade, previsibilidade, segurança e paz não podem ser simplesmente assumidas ou tidas como garantidas. Quando consideramos a recente violência na RCA, a contínua violência inter-religiosa nas regiões costeiras e orientais do Quênia, a violência pós-eleitoral no Quênia entre 2007 e 2008 ou a longa guerra civil em Angola (1975-2002), é claro que a paz e a estabilidade nunca deve ser assumida ou dada como certa nos currículos para o desenvolvimento da liderança.

Aqueles que elaboram currículos para líderes devem estar atentos a esses conflitos e à dinâmica envolvida e devem garantir um envolvimento adequado. O conteúdo do curso deve se concentrar em fontes comuns de conflito na África contemporânea. As leituras devem incluir material de estudo de caso, como o encontrado no Capítulo 5 ou nos relatórios de ELA de pastores e organizações perto de Mombasa. A análise de iniquidades, injustiças e antigas queixas deve ser considerada. O papel das igrejas e pastores cristãos em contribuir com preconceitos e conflitos ou em contribuir para a reconciliação e a paz deve ser discutido. Os possíveis papéis dos cristãos no governo, negócios, mídia e sociedade civil também devem ser analisados. Os estudantes devem ser incentivados ou obrigados a visitar regiões de conflito e campos de refugiados; eles poderiam fazer parte de um programa de ajuda alimentar ou serem voluntários em grupos de construção da paz e de intervenção em desastres. Na sala de aula, os alunos devem se engajar em atividades de solução de problemas usando situações reais de conflito.

Em resumo, a análise cuidadosa das situações de guerra e conflito na África contemporânea deve informar o desenho do currículo para a liderança. A análise do papel da FATEB na construção da paz por meio da educação deve apoiar o desenvolvimento do currículo que contribuiria para a resolução de conflitos, construção da paz e resiliência da comunidade. O currículo deve não apenas responder ao conflito, mas deve ser ativo para evitar conflitos e promover a paz.

DESENVOLVIMENTO DE LÍDERES NUMA ERA DE CONSTANTE MUDANÇAS

Em um mundo de constantes mudanças, é importante que os líderes cristãos piedosos estejam preparados para envolver essa realidade complexa não apenas por meio dos ministérios da igreja, mas também em política e governação, negócios, economia, desenvolvimento, saúde, gênero, comunicação e educação. Enquanto na era anterior o ensino superior cristão em África frequentemente focava principalmente na educação teórica destinada à liderança da igreja, as escolas teológicas em todo o continente estão ampliando seu foco e se tornando universidades. Elas geralmente mantêm o foco no treinamento teológico e pastoral, mas também estão comprometidas em envolver as disciplinas acadêmicas de maneira mais ampla e trabalhar para preparar os graduados para servirem em uma ampla diversidade de profissões na sociedade em geral. Esse foco educacional ampliado coincide, como Nupanga Weanzana aponta no capítulo 6, com uma mudança por parte dos cristãos africanos de um foco exclusivo na Palavra e no Evangelho, em direção a uma ênfase holística generalizada na Palavra e obras que acompanham. Atualmente, quase todos os principais ministérios cristãos da África hoje combinam preocupações sociais com preocupações bíblicas e do Evangelho.

O que isso significa é que o ensino superior cristão está passando por uma rápida expansão, preparando os graduados para os ministérios da igreja, bem como para as vocações da sociedade em geral. Assim, os currículos de liderança devem abordar o conhecimento necessário para o impacto da liderança em uma ampla variedade de profissões, como arquitetura, engenharia, jornalismo e direito. Mas também exige que nossas instituições de ensino cultivem julgamento teológico em arquitetura, engenharia, jornalismo e direito – não apenas no trabalho pastoral. Em resumo, as universidades devem cultivar "o coração, as mãos e a mente de Cristo em todas as coisas" (Wood 1985, 86-87).

Muitos dos líderes estudados no ELA estavam andando em dois mundos: a igreja e a comunidade. O treinamento que os líderes recebem deve prepará-los para os dois mundos. A teologia deve continuamente lançar a luz da verdade bíblica sobre realidades contextuais, seja económica, de gênero ou política.

Se advogados, arquitetos, ambientalistas e soldados estão fornecendo liderança cristã na comunidade, como atestado pelo ELA, torna-se responsabilidade do ensino superior cristão garantir que seus princípios de liderança se apoiam firmemente em fundamentos teológicos e bíblicos. Se os líderes estão levando Cristo à sociedade por meio de sua paixão pela justiça, devem levar a autêntica mensagem de Cristo. Não podemos esperar que as universidades seculares forneçam tais fundamentos cristãos. Dada a supremacia de Cristo em todas as coisas (Col 1: 15ss.) e, por extensão, em todos os domínios do conhecimento, a educação teologicamente informada deve se abrir para incluir outras disciplinas. Quando isso for feito, começaremos a ter profissionais cristãos, não apenas profissionais que "por acaso são" cristãos.

CONCLUSÃO

O ELA identificou e estudou os principais líderes cristãos, homens e mulheres, cleros e leigos. Este capítulo foi retirado das descobertas do ELA para fazer sugestões relacionadas ao papel do ensino superior cristão no desenvolvimento da liderança. O próprio livro pretende servir como um importante recurso de desenvolvimento de liderança a ser usado nas instituições educacionais africanas como um livro texto de classe, não apenas como um recurso de biblioteca.

Esperamos que o corpo docente e os administradores das instituições cristãs africanas de ensino superior, bem como os órgãos de acreditação, reconheçam o valor deste capítulo, deste livro e do site que acompanha a concepção, o design, o desenvolvimento e a implementação de currículos para formação de liderança transformacional para servir a igreja e a sociedade em África. Esperamos também que, fora da África, os professores de missiologia e aqueles que ensinam sobre o cristianismo africano considere esses recursos valiosos em seus próprios currículos e que os alunos desenvolvam entendimentos atualizados do cristianismo na África contemporânea e cultivem o entendimento necessário por parcerias sábias com líderes cristãos africanos e as instituições a que servem.

REFERÊNCIAS CITADAS

Buhere, Kennedy. 2016. "Voluntary Reading of Books by Students Has Immense Benefits." https://tuko.co.ke.

Coleman, John. 2012. "For Those Who Want to Lead, Read." *Harvard Business Review.* August 15.

Vygotsky, Lev. 1978. *Mind in Society: The Development of Higher Psychological Processes.* Cambridge, MA: MIT.

Wiggins, Grant, and Jay McTighe. 2005. *Understanding by Design.* Alexandria, VA: Association for Supervision and Curriculum Development.

Wood, Charles. 1985. *Vision and Discernment: An Orientation in Theological Study.* Atlanta, GA: Scholars Press.

12

Envolvendo África – A História da Tyndale House Foundation

Mary Kleine Yehling

ERA UMA VEZ...

Contar histórias é uma parte essencial da vida e é muito respeitada em grande parte de África. Ao ouvir os eventos de uma história, nossas mentes e corações experimentam a verdade e o discernimento. Participamos, nos envolvemos e podemos ser mudados. Da mesma forma, grande parte do cristianismo chegou até nós através da arte de contar histórias. As raízes desta arte, nutridas em solo africano pelos pais da igreja primitiva do norte de África e do Mediterrâneo, moldaram dramaticamente nossa história de fé (Oden 2010). Linhas de verdade escondidas nas parábolas que Jesus contou estão entrelaçadas em nosso entendimento do reino de Deus. Considere a parábola de Jesus do semeador:

> "– Escutem! Certo homem saiu para semear. E quando estava espalhando as sementes, algumas caíram na beira do caminho, e os passarinhos comeram tudo. Outra parte das sementes caiu num lugar onde havia muitas pedras e pouca terra. As sementes brotaram logo porque a terra não era funda. Mas quando o sol apareceu, queimou as plantas, e elas secaram porque não tinham raízes. Outras sementes caíram no meio dos espinhos, que cresceram e sufocaram as plantas. Por isso nada produziram. Mas as sementes que caíram em terra boa brotaram, cresceram e produziram na base da trinta, sessenta e até cem grãos por um." E Jesus terminou, dizendo: – "Se vocês têm ouvidos para ouvir, então ouçam." (Marcos 4.3-9, NTLH)

Como nesta parábola, o fruto do Estudo de Liderança na Africa (ELA) foi o resultado de sementes plantadas anteriormente por vários dos personagens da história. Este capítulo conta a história do ponto de vista da Tyndale House Foundation (THF) e seu envolvimento com África e o ELA. A fundação era apenas um personagem entre muitos da história maior.

Essa história começa em 1955 com o Dr. Kenneth Taylor, um executivo de publicação em Chicago, que lê a Bíblia para seus dez filhos todos os dias. As crianças tiveram dificuldades, no entanto, em entender a Versão Autorizada (KJV) da qual ele lia. Quando ele questionava seus filhos sobre a leitura do dia, eles geralmente não conseguiam responder. Assim, todos os dias, quando viajava de trem de sua casa em Wheaton para o trabalho na Moody Press em Chicago, ele colocava uma Bíblia aberta num joelho e um bloco de notas no outro. Trabalhando parágrafo por parágrafo através das cartas de São Paulo, ele parafraseou uma parte da Bíblia para ler para seus filhos no dia seguinte. Logo, quando ele fez perguntas, eles entenderam e puderam responder.

Durante um período de sete anos, o Dr. Taylor trabalhou para parafrasear as epístolas e, em 1962, publicou o *Living Letters*, estabelecendo os editores da Tyndale House. No ano seguinte, usando os royalties, o Dr. Taylor e sua esposa Margaret fundaram a Tyndale House Foundation. Seu trabalho parafraseando as escrituras continuou até 1971, quando a *The Living Bible* foi publicada. Esse foi um passo de fé no território desconhecido das traduções modernas da Bíblia que agora é familiar para todos nós. Essa paráfrase fácil de entender da Bíblia gerou grandes vendas, e a Tyndale House Foundation recebeu todos os royalties. Quando a *New Living Translation*, traduzida por equipes de estudiosos dos textos bíblicos antigos originais no estilo *The Living Bible*, a substituiu em 1996, esses royalties também foram atribuídos à Fundação. Em 2001, poucos anos antes de sua morte, o Dr. e a Sra. Taylor doaram a Tyndale House Publishers para a Tyndale House Foundation.

Kenneth e Margaret Taylor poderiam ter sido ricos. Em vez disso, eles deram a maior parte de seu património líquido "para ministrar às necessidades espirituais das pessoas, principalmente por meio de literatura consistente com os princípios bíblicos." Eles investiram sua riqueza no reino, e Deus multiplicou ricamente essas sementes – trinta, sessenta e até cem vezes.

Desde a sua criação, a fundação incentivou ministérios em todo o mundo, principalmente por meio de doações. Em sua autobiografia, o Dr. Taylor descreve sua "introdução à missão" durante seus dias de seminário no início da década de 1940 e expressa a convicção de que os missionários devem "sair do trabalho e seguir para um novo território, deixando para trás a direção pessoal e o auto-suporte da igreja" (Taylor 1991, 119). O Dr. e a Sra. Taylor estavam profundamente comprometidos com as missões cristãs em todo o mundo, um exemplo exemplificado quando convidaram o estadista missionário Dr. Edwin (Jack) Frizen Jr., a se juntar ao recém-formado conselho da Tyndale House Foundation. Os Taylors, juntamente com Jack e sua esposa, Grace, estavam profundamente envolvidos na visão, no trabalho e no apoio a uma ampla gama de organizações.

Figura 12-1. Ken E Margaret Taylor Com Seus Dez Filhos (1957)

Mesmo antes de publicar *Living Letters*, o Dr. Taylor sonhava em estabelecer uma fundação para investir em organizações cristãs em todo o mundo (Taylor 1991, 284). Seu trabalho com a Moody Literature Mission e seu interesse na propagação do evangelho o levaram a muitas viagens. Na carta de Natal da família Taylor de 1962, ele descreve as viagens no início daquele ano pela "Europa, África, Malgaxe, Oriente Médio, Hungria e Iugoslávia." Mas África, com suas nações recém-independentes, recebeu atenção especial. Ele escreveu nessa carta: "Visitei 14 das 28 novas nações da África que foram formadas" (Taylor 2000, 295–96). Tais viagens evidenciaram seu profundo interesse e comprometimento com a África. Suspeita-se que ele teria valorizado muito o

Estudo de Liderança em África e teria nos incentivado a sua maneira de levar "tudo a Deus em oração".

ENVOLVENDO ÁFRICA

Um doador africano disse uma vez: "Seu apoio fornece uma base para que trabalhemos juntos para criar um espaço para Deus agir." Que descrição elegante da interação entre visão, trabalho duro e provisão. Destaca o impacto dinâmico que a unidade nos relacionamentos, a marca que a comunidade cristã pode ter. Quando todos os envolvidos trabalham juntos em unidade, isso abre espaço para o Espírito Santo.

O envolvimento no ELA representou um novo capítulo na história do trabalho da Tyndale House Foundation em África. Idealmente, deve-se ouvir essa história com chá quente com leite e biscoitos, sentado confortavelmente na sombra, em vez de lê-la. Em vez disso, os leitores terão que usar sua imaginação para ver os personagens e eventos.

Desde a sua fundação em 1963, o THF investiu em África. Ao longo dos anos, vimos organizações se desenvolvendo para atender às necessidades de um continente que enfrenta muitos desafios. Vimos o fim do domínio colonial e o surgimento de nações independentes. A fundação teve o privilégio de trabalhar com muitas das organizações vitais para essas mudanças e para o crescimento dos líderes cristãos.

Considere três das organizações educacionais que receberam apoio do THF desde o início. A Daystar University foi fundada em meados da década de 1960, com uma visão para treinar cristãos em uma variedade de profissões. Hoje, com mais de 4 mil estudantes, esta instituição queniana é uma universidade cristã líder, com forças incomuns nas ciências da comunicação. Da mesma forma, no final da década de 1970 até o início da década de 1980, a Associação de Evangélicos na África (AEA) foi fundamental, por meio de seus contatos, para fundar a Faculté De Théologie Evangélique de Bangui e a Nairobi Evangelical Graduate School of Theology (agora parte da Africa International University). Ambas escolas estão alcançando o sonho da AEA de equipar líderes cristãos africanos. Nos três casos, o THF forneceu financiamento antecipado. Agora, os graduados dessas instituições servem em todo o continente e além. A THF colheu um benefício imprevisto desse investimento inicial: professores e alunos dessas escolas desempenharam papéis vitais no ELA.

Figura 12-2. Dr. Kenneth Taylor (Com Margaret Taylor) Apresenta ao Presidente Queniano Daniel Arap Moi uma Bíblia Viva em Inglês e um Novo Testamento em Suaíli (1984), como Dr. George Kinoti Observa

A CAUSA PARA SE ENVOLVER NO ELA

A experiência da Fundação ao longo dos anos afirmou que nossos investimentos em África eram sabiamente gerenciados pelos beneficiários e eram estrategicamente importantes. O mundo, no entanto, estava mudando rapidamente. Reconhecemos fraquezas em nossos entendimentos da África contemporânea. Queríamos aprender sobre iniciativas e oportunidades que melhor se adequam às circunstâncias atuais. A maioria das organizações com as quais trabalhamos tinha raízes ocidentais e não africanas. Muitos estavam em países anglófonos, menos em países francófonos e menos ainda em países lusófonos. Ficamos imaginando o que estava acontecendo na igreja francófona e lusófona. Mais importante, suspeitávamos que os ministérios com raízes africanas pudessem entender melhor o contexto cultural, definir programas e atender às necessidades prioritárias em África.

Nos cinco anos anteriores, participamos com outras fundações cristãs em um estudo na Índia – o Estudo de Liderança da Índia (ILS)[1]. Inicialmente, o conselho da THF visionou um estudo na África de maneira semelhante. Edward Elliott, um membro do conselho que dedicou grande parte de sua vida profissional à publicação em África, concordou em explorar essa possibilidade. Após muitas conversas e reuniões com diretores de várias fundações, tornou-se evidente que havia desafios significativos para embarcar numa iniciativa conjunta com várias fundações. Viemos de várias circunstâncias, tínhamos diferentes declarações de missão e imaginávamos diferentes prioridades para o estudo. O ILS estava em andamento e, para alguns dos envolvidos, não foi possível trabalho adicional em África. O reconhecimento dessa realidade foi um ponto crucial em nossa história, porque nos levou a considerar completamente uma nova abordagem.

Em 2008, ocorreu um segundo desenvolvimento central. Ed Elliott convidou o Dr. Robert Priest, da Trinity Evangelical Divinity School, em Deerfield, Illinois, nos Estados Unidos, e o Dr. David Ngaruiya, da International Leadership University em Nairobi, Quênia, para pesquisar e identificar os principais problemas que este estudo deve considerar. Eles passaram três semanas em Nairobi entrevistando uma grande variedade de africanos e outros envolvidos em serviços e treinamento de liderança em todo o continente. O relatório deles descreveu o que eles aprenderam sobre as realidades contemporâneas em África. Ele informou nossa compreensão da necessidade de um estudo de liderança em África e forneceu uma base para a organização e implementação do estudo.[2]

O envolvimento de Robert Priest e David Ngaruiya neste trabalho inicial os atraiu para a história. Com o tempo, Robert Priest assumiu uma função de liderança, supervisionando o processo de projetar e implementar a pesquisa. O Dr. Michael Bowen, da Daystar University, juntou-se a David Ngaruiya na

---

1. Os oficiais da fundação desejavam fazer boas doações para o desenvolvimento de lideranças na Índia que várias fundações (por iniciativa da First Fruit) colaboraram no apoio ao Estudo de Liderança da Índia, realizado pelo Dr. David Bennett e projetado "primeiro, desenhar um mapa, por assim dizer, do desenvolvimento da liderança na Índia hoje; segundo, definir princípios para doações estratégicas, catalízador, subsídios para o desenvolvimento de capacidades; terceiro, descobrir os pioneiros, isto é, as pessoas e organizações-chave nas quais Deus está trabalhando fortemente; e quarto, desenvolver a colaboração, especialmente entre líderes indianos que tinham visões e objetivos complementares" (David Bennett, "Insights do Estudo de Liderança da Índia", apresentado no The Gathering, 14 de setembro de 2002). As fundações cristãs consideraram resultados do Estudo de Liderança na India ser extremamente úteis para suas próprias doações.

2. Acesse http://www.africaleadershipstudy.org/about/#background.

supervisão conjunta do projeto no Quênia e forneceu treinamento e supervisão às equipes de pesquisa dos alunos.

Robert (Bob) Reekie, da África do Sul, havia se aposentado recentemente do conselho do THF. Bob foi co-fundador e primeiro presidente da Media Associates International e treinou editores e escritores em todo o mundo. Convencido de que a experiência e maturidade de Bob Reekie fortaleceriam o estudo, Ed Elliott pediu que ele se juntasse ao grupo de planejamento inicial. A essa altura, ficou claro que o estudo de liderança na África definitivamente não seria o esforço conjunto de um grupo de fundações. Bob Reekie adotou uma forte posição de liderança ao incentivar-nos a agir: "Precisamos fazer isso nós mesmos. É muito importante para deixá-lo morrer." Se algum de nós teve dúvidas em continuar, as palavras de Bob as superaram. O conselho da THF mostrou-se disposto a fazer um investimento significativo no projeto, e estávamos em operação.

PASSO A PASSO

Se você estivesse ouvindo, em vez de ler esta história, me observaria inclinada para a frente na minha cadeira, falando com intensidade silenciosa, destacada pelos gestos que uso quando fico intusiasmada. Você verá que considero essa parte da história de importância fundamental. Ele lançou as bases para todo o trabalho que viria.

A decisão de avançar sem outras fundações nos deu mais espaço para trabalhar com parceiros africanos e garantir que seus interesses, preocupações e idéias fossem fundamentais. Esse novo foco informou o desenho e a implementação da pesquisa. O Estudo de Liderança da Índia, que envolveu mais de três dezenas de fundações distintas, foi organizado, projetado e realizado pelo pessoal da fundação. Ele identificou projetos estratégicos para financiamento e desenvolveu uma estrutura para as fundações trabalharem em estreita colaboração com as organizações parceiras indianas. Em resumo, os interesses da fundação foram a força motriz e central por trás do estudo.

Por outro lado, no espaço criado por ter apenas uma fundação envolvida, o ELA foi capaz de proceder de maneira a colocar os parceiros africanos no centro do projeto de pesquisa. Embora o ELA mantenha um foco em assuntos de interesse da fundação, ele ampliaria seu foco para incluir questões de liderança e dinâmica que os estudiosos cristãos africanos e outros líderes identificaram como prioridades. Com os estudiosos cristãos africanos desempenhando papéis centrais na concepção, implementação e realização da pesquisa e análise, a esperança era que os resultados pudessem desafiar, moldar e informar nossos entendimentos sobre o investimento em África. Através de sua participação como uma das muitas personagens desse processo, a própria fundação foi moldada e alterada.

Uma vez tomada a decisão de avançar, imediatamente enfrentamos a tarefa de esclarecer nosso objetivo e procurar parceiros apropriados. O grupo de planejamento inicial, com orientação valiosa de Mark Taylor, presidente da fundação, elaborou uma declaração inicial de propósito do ELA, delineando o que esperávamos que fosse realizado da perspectiva da fundação.

E assim começou um processo de interação e comunicação, de procurar discernir qual deveria ser o próximo passo. Ao sairmos com fé, confiávamos que nosso caminho se tornaria mais claro. Isso consumiu tempo e exigiu um alto nível de comprometimento da equipe de planejamento da THF, que se reunia regularmente ao longo da vida do estudo. Em certas etapas ao longo do caminho, parecíamos continuamente girar nos mesmos problemas. A tensão positiva de esperar pacientemente juntos por clareza foi uma experiência humilhante e fortalecedora. Estávamos aprendendo a andar pela fé na comunidade. O apoio contínuo do conselho da Fundação nos deu espaço para essa caminhada.

À medida que avançávamos, ficou claro que nosso pequeno círculo precisava crescer. Precisávamos de expertise, conhecimento e contexto para fazer planos bem informados. Então, nos voltamos para aqueles com quem trabalhamos na África ao longo dos anos. Começamos com uma pesquisa on-line, que forneceu informações úteis, principalmente porque as pesquisas on-line alcançam resultados desiguais em África. Bob Reekie nos lembrou continuamente que em África é importante ouvir os anciãos e pedir seu apoio. A associação com indivíduos e instituições conhecidas e respeitadas é essencial. Estávamos recebendo nossas primeiras lições sobre o alto valor do capital social na cultura africana.

Essas primeiras experiências deixaram claro nosso próximo passo: precisávamos reunir um grupo mais amplo de partes interessadas africanas e ocidentais por vários dias, para que pudéssemos ouvir um ao outro e planejar o estudo em conjunto. Buscamos um equilíbrio entre homens e mulheres, falantes de inglês e francês,[3] acadêmicos e profissionais. Convidamos aqueles que trabalharam em pesquisa, treinamento e ensino, desenvolvimento de jovens e liderança, desenvolvimento de programas de ensino superior e pós-

---

3. Só mais tarde chegamos a perceber a importância do português. No nosso segundo encontro, tivemos dois líderes teológicos angolanos presentes e desempenhando um papel contínuo e essencial em nossa pesquisa.

graduação, ministério de mulheres e redação e publicação. Nos beneficiamos de universidades africanas que ofereciam treinamento em pesquisa e de ministérios com os quais a THF havia trabalhado ao longo dos anos. Convidamos alguns colegas e ex-parceiros de pesquisa de Robert Priest para participar. Esse grupo se tornou crucial para o design e a implementação do projeto.

Nossa primeira tarefa como grupo mais amplo foi chegar a uma mente comum sobre o propósito e os parâmetros norteadores do estudo. Os participantes da THF descreveram as intenções da fundação e o que esperávamos que o estudo realizasse. Um tempo significativo foi gasto em discussão em grupo para definir metas que outros participantes esperavam alcançar. Essa foi uma etapa crítica que, se não tivesse a prioridade que merecia, poderia ter condenado o projeto desde o início.

Todos nós desejávamos descobrir pessoas e organizações com alto nível de influência, julgadas por cristãos africanos locais informados. Mas precisávamos dialogar francamente. Por que nós quisemos descobri-los? Esclarecemos que o objetivo do THF não era simplesmente compor uma lista de possíveis beneficiários de doações. Antes, era identificar líderes e organizações importantes para entender o que os formava. Era para esclarecer áreas prioritárias das necessidades do ministério que, se tratadas, tinham o potencial de causar mudanças positivas significativas. Com essas informações em mãos, a THF poderia criar um modelo para avaliar qualquer projeto em África.

Por outro lado, os participantes de África queriam usar o que foi aprendido para informar e moldar seu planeamento, ministério, currículo, vida cotidiana e trabalho. Eles estariam projetando e implementando programas, projetos e práticas que causariam mudanças. Assim, eles esperavam documentação de áreas de maior impacto e maior necessidade. Eles queriam contexto e ferramentas para projetar estratégias eficazes para atender a essas necessidades. A clareza proporcionada por essa conversa aberta nos permitiu elaborar uma declaração de propósito que refletisse as duas perspectivas (consulte o Apêndice A). Concluímos que cada um de nossos propósitos poderia ser satisfeito pelo mesmo dados da pesquisa, se tivermos o cuidado de planejar o estudo, tendo em mente todos os objetivos.

Esse processo se tornou uma estrutura para o diálogo contínuo dentro do grupo. Com uma base de confiança, onde a contribuição de cada um foi realmente valorizada, cada participante expressou vontade de se comprometer totalmente com o projeto. Esse compromisso pessoal e motivado era confiável porque todos os participantes estavam alcançando seus objetivos pessoais e os do grupo. Este provou ser um dos nossos principais pontos fortes.

A natureza colaborativa desse projeto exigia paciência, conversas duradouras e muito tempo. Conversamos, oramos, mandamos e-mails e vídeo conferências. Nos reuníamos regularmente para planejar, resolver problemas, trabalhar e adorar. Sentimos o Espírito Santo trabalhando, silenciosamente e persistentemente, nos unindo em uma comunidade. Quando nos reunimos para avaliar e discutir dados de questionários e entrevistas, nos tornávamos uma equipe. Trabalhamos juntos por quilômetros, idiomas e culturas. Tanto africanos como ocidentais enfrentaram em primeira mão os desafios diários enfrentados pelos líderes de outros países: Quênia, RCA, Angola, África do Sul e Estados Unidos.

Os problemas que pareceram simples à primeira vista, poderiam rapidamente se transformar em grandes obstáculos que consumiriam tempo e energia. As circunstâncias em cada país apresentavam desafios únicos, mas um fio comum era claro: África possui um grande tesouro, os homens e mulheres que amam o Senhor desejam servir a seus propósitos e efetivamente liderar e preparar outros para a liderança.

Destaque no site do ELA[4] é o seu logotipo de sementeira: sementes florescendo na mão aberta de um africano. Ele incorpora a oração unida da equipe do ELA pelo desenvolvimento da liderança em África. A nossa é uma história de celebração e alegria.

DECISÕES IMPORTANTES

Com esse trabalho de base estabelecido, começamos a definir e refinar os elementos do estudo em um processo orientado por Robert Priest. Concordamos em informações específicas que desejávamos reunir. Criamos nossas habilidades de colaboração em grupo ao projetar o questionário inicial e o protocolo para sua implementação. Discutimos os conceitos básicos que devem ser abordados em qualquer projeto: orçamento, prazo e áreas de responsabilidade. Decisões importantes foram tomadas com base em nossa sabedoria coletiva.

Definimos os parâmetros geográficos da pesquisa com base em fatores práticos. As três principais línguas da educação no continente são inglês, francês e português. Tínhamos pessoas no local no Quênia (Inglês) e na RCA (Francês), e com acesso a Angola (Português), por isso parecia sensato reunir nossas informações dessas três nações. Dessa maneira, faríamos colheta

---

4. Africa Leadership Study: A Seedbed Resource. Http://www.africaleadershipstudy.org.

das semelhanças e diferenças, descobrindo fatores comuns relacionados ao desenvolvimento da liderança.

A Fundação se comprometeu a apoiar o treinamento adicional em métodos de pesquisa e habilidades práticas para os alunos que administrariam os questionários. O processo, esperávamos, apoiaria o desenvolvimento da liderança ao mesmo tempo em que o estávamos pesquisando. Os alunos se tornaram parte integrante do sucesso do estudo, pois administraram mais de 8 mil questionários (ver Capítulo 1). No processo, desenvolvemos ferramentas que outras pessoas podem usar em pesquisas ou cursos sobre métodos de pesquisa. Essas ferramentas estão disponíveis em "Recursos" no site do ELA.

Foi acordado que nossa pesquisa seria implementada sob os auspícios das instituições de ensino onde nossos professores de pesquisa ensinavam e os alunos estudavam. Essas instituições foram generosas com o tempo e o talento de seus funcionários e alunos. Cada instituição parceira é destacada em nosso site. O compromisso dos líderes dessas organizações forneceu o endosso essencial de idosos respeitados. Essa abordagem desempenhou uma função fundamental, pois solicitamos aos possíveis entrevistados que dedicassem seu tempo e fornecessem informações úteis. Com organizações locais respeitadas patrocinando a pesquisa, o processo de pesquisa permaneceu separado de qualquer interesse da THF como fonte de financiamento. De fato, o nome da fundação não foi mencionado no processo de pesquisa.

A PESQUISA E OS DADOS

Uma visão geral do processo de pesquisa do ELA é apresentado no Capítulo 1 deste livro. Seria difícil exagerar o quão melhor preparada a THF estaria agora ao considerar pesquisas adicionais. Esperamos que a partilha transparente de nossa história do ELA beneficie outras organizações. Foi uma experiência única e formativa fazer parte de um grupo tão diverso, funcionando com singularidade de propósito, generosidade de espírito, humildade um com o outro e sucesso significativo. Os dados completos e os instrumentos e protocolos de pesquisa estão disponíveis, para baixar para outros fins, no site do ELA em Português, Francês e Inglês.

DESCOBERTAS

A revisão e análise dos dados ocorreram durante um período de muitos meses. Realizaram-se conferências com a equipe completa para compartilhar informações e insights, para discussão e avaliação em oração e para planejar as próximas etapas. Convidados de fora da equipe do ELA, com experiência em vários campos, foram convidados a participar e contribuir. Um site privado do ELA com um Fórum de discussão foi criado para facilitar as conversas em andamento e servir como um local para todos os membros da equipe acessarem facilmente dados, relatórios e documentos de trabalho. Nós nos tornamos proficientes no uso de ferramentas de reunião on-line, embora experimentássemos as limitações e frustrações enfrentadas diariamente em grande parte de África com acesso limitado e não confiável à Internet.

A equipe de pesquisa desenvolveu um documento de conclusões[5] que destilou e organizou os principais conceitos em uma visão geral. Isso serviu como uma ferramenta para o conselho da THF em seu papel de supervisão como fonte de importantes críticas e financiamento. Também serviu aos membros da equipe do ELA ao escolherem descobertas de interesse particular para eles e iniciar o desenvolvimento colaborativo dos capítulos deste livro. As conferências forneceram espaço para ler e criticar o trabalho um do outro e para manter a coesão. Esse processo é tratado em profundidade no capítulo 1.

Um tema frequentemente repetido surgiu durante nossas discussões. Os participantes frequentemente comentavam que certas descobertas se encaixavam no que já sentiam ser verdade, mas não tinham pesquisas ou dados para apoiar sua crença. Eles ficaram entusiasmados ao descobrir que os dados sustentavam suas percepções. Em outros casos, os dados trouxeram informações inesperadas, nos surpreendendo com os resultados. Foi uma jornada alegre de descoberta que tivemos o privilégio de levar juntos.

O ELA é fruto de sementes plantadas há muitos anos; espera ser a sementeira de muitos frutos que virão. Para esse fim, desenvolvemos o Website do ELA. Com muitas fotos e gráficos, conta a história do ELA com grande riqueza e profundidade. Ele complementa e apoia os insights deste livro e disponibiliza os dados completos da pesquisa para baixar em Português, Francês e Inglês, para que outras pessoas que desejem possam se beneficiar e desenvolver através deles.

PLANTANDO SEMENTES EM CONJUNTO

Um componente importante do site é sua página de recursos. Organizado em torno de tópicos de interesse, é um local onde o crescimento e desenvolvimento contínuos das sementes plantadas podem ser disponibilizados e os frutos

---

5. Tyndale House Foundation "17 Insights into Leadership in Africa" (2016), http://www.africaleadershipstudy.org/findings.

podem ser comemorados e compartilhados. A THF prevê os usuários do site envolvidos em um processo contínuo de coleta, apresentação e adição de materiais que serão importantes para os envolvidos no desenvolvimento da liderança, educação, treinamento, redação e publicação. Alguns dos tópicos foram tratados em profundidade nos capítulos deste livro. Alguns dos recursos listados nos tópicos estão baseados nas descobertas do ELA. Esperamos que outras pessoas se juntem a nós para continuar aprendendo e desenvolvendo os dados coletados no ELA. Muito tem sido feito por muitos outros no campo do desenvolvimento da liderança. Os links para essas organizações e seus materiais também estão incluídos por tópico na página de recursos. Será enriquecido e expandido à medida que os usuários do site participarem. Prevemos que os materiais serão adicionados em Francês, Português e Inglês.

Incluído na página de recursos, há um fórum de discussão sobre o ELA. Ele fornece um espaço para os usuários postarem informações adicionais. As conversas fornecerão uma oportunidade para os usuários se conhecerem. É um local para pessoas com interesses comuns aprenderem o que cada um está fazendo e talvez descobrir maneiras de trabalhar juntos. O Fórum pode ser usado para sugerir a adição de Tópicos de Interesse e links de recursos à Página de Recursos e ao Fórum. Em particular, os africanos que usam o site terão um conhecimento de recursos desconhecidos pela fundação. À medida que recursos novos e emergentes são desenvolvidos, eles podem ser adicionados aos vários Tópicos de Interesse.

Os tópicos de interesse iniciais que foram identificados surgiram das sugestões da equipe completa do ELA. É inerente ao processo que a lista cresça e links e recursos sejam adicionados a cada tópico à medida que outros participam.[6]

COMO A TYNDALE HOUSE FOUDATION FOI AJUDADA

Quando a THF se comprometeu com o ELA, esperávamos melhorar nosso discernimento ao investir fundos em África. Queríamos apoiar o desenvolvimento de líderes fortes e piedosos em todas as áreas da sociedade. À medida que o projeto avançava, continuamos a monitorar os efeitos de nosso envolvimento em África e o que nós, como organização, estamos aprendendo ao longo do caminho. Um projeto de pesquisa de tal alcance e profundidade era um território desconhecido para o conselho da Fundação, e sua flexibilidade –

---

6. Para obter uma lista completa, consulte o Apêndice C deste livro ou visite o site, http://www.africaleadershipstudy.org/als-forum/ e participe da conversa.

evidenciada em sua abertura a um processo de revisão alternativo e na vontade de oferecer financiamento consistente para a pesquisa em andamento do ELA – produziu resultados importantes. A THF continua a equilibrar cuidadosamente o processo de revisão de investimentos e as colaborações estratégicas, mantendo sempre em mente os objetivos maiores de longo prazo do projeto. Além disso, nosso envolvimento no ELA teve um impacto nas considerações e decisões do conselho, com os padrões de doações da THF em África influenciados pelo que aprendemos através do ELA.

Considere dois exemplos de iniciativas recentes da THF. Primeiro é o nosso envolvimento no Engagement de l'Afrique, um esforço colaborativo que envolve três escolas teológicas na África francófona, três ministérios internacionais com experiência em educação teológica e três fundações comprometidas em entender as necessidades e questões críticas da África francófona. Essas nove organizações se comprometeram a trabalhar juntas a longo prazo para equipar os líderes para treinar a próxima geração de líderes e abordar os problemas enfrentados pela igreja na África francófona. Um componente da colaboração foi um processo semelhante ao que a equipe do ELA adotou para definir e planejar juntos. Esse é um modelo radicalmente diferente do padrão de interação tradicionalmente entendido entre as fundações e seus solicitantes de financiamento. Não teríamos compreendido a urgência e a profundidade das oportunidades na África francófona e teríamos sido menos abertos a esse tipo de esforço colaborativo, se não tivéssemos participado do ELA.

A segunda instância centra-se nas questões descritas no Capítulo 10. Embora seja um esforço de longo prazo, estamos buscando maneiras de abordar a necessidade de mais editores e autores africanos. Devido à nossa longa história de financiamento de projetos de literatura, entramos no ELA com algum conhecimento e suposições sobre redação, publicação e distribuição em África. A pesquisa do ELA testou nossas suposições, verificou algumas e refutou outras. Agora, com dados e descobertas em mãos, temos uma imagem mais clara que pode nos ajudar com os componentes estratégicos com maior potencial de impacto. O treinamento, desenvolvimento e capacitação de escritores africanos que abordam os assuntos africanos são cruciais para o treinamento dos líderes. A publicação é uma maneira extremamente importante de dar voz à igreja. Ao mesmo tempo, publicar e distribuir é um enorme desafio em todo o continente. Estamos fazendo perguntas: quem é mais capaz de treinar escritores e editores? Quem tem experiência na publicação africana? Os sistemas de impressão sob demanda ou eBooks resolverão os problemas de distribuição? A experiência adquirida com o ELA aumentou nossa atenção. Estamos buscando organizações que trabalham em cada um desses campos para compartilhar informações e conhecimentos, colaborando maneiras que capacitarão todos os envolvidos a cumprir sua missão.

Estes são dois exemplos de como o ELA cumpriu o objetivo original. Não apenas os dados e as conclusões deram a THF uma base de conhecimento na avaliação de possíveis doações em África, mas o processo também nos mudou e nos abriu uma compreensão mais ampla de como um esforço colaborativo pode ser um benefício inestimável. Embora seja uma lição difícil de viver, devemos permanecer abertos a mudanças quando trabalhamos com outras pessoas e somos moldados em uma comunidade focada em metas acordadas. Esta é uma característica da igreja – que outros possam ver nosso amor um pelo outro desenvolvido em comunidade. Se puder ser entrelaçado em nossas relações de trabalho, transcenderá as divisões denominacionais, culturais e étnicas. "Cria um espaço para Deus agir."

RELEVÂNCIA PARA A COMUNIDADE MAIS AMPLA DE FINANCIADORES

A THF faz parte de uma comunidade mais ampla de fundações, igrejas e indivíduos interessados em apoiar o trabalho do reino em todo o mundo (Wuthnow 2009). Os membros desta comunidade vão desde fundações com grande número de funcionários e doações de milhões de dólares até mega-igrejas a indivíduos de alta renda e pessoas com meios mais limitados, procurando exercer a administração dos recursos com os quais foram confiados. Como em qualquer comunidade, existe um amplo espectro de propósitos e os meios para colocá-los em prática. Alguns operam com modelos tradicionais que os serviram bem ao longo dos anos. Muitos estão reexaminando e explorando como se adaptar ao ritmo acelerado das mudanças em nosso mundo.

Há um reconhecimento crescente de que a pesquisa deve informar as doações. Por exemplo, a declaração de missão do Foundation Center é "fortalecer o setor social, avançando o conhecimento sobre filantropia nos EUA e em todo o mundo".[7] Um exemplo dessa pesquisa pode ser encontrado na *Boundless Faith: The Global Outreach of American Churches* de Robert Wuthnow, nas quais ele examina as maneiras estratégicas pelas quais as igrejas americanas utilizaram seus recursos materiais a serviço dos propósitos cristãos em todo o mundo (Wuthnow 2009). O ELA, portanto, fornece ambas as pesquisas que outras pessoas podem tirar proveito em suas doações e fornece um modelo para outras imitarem em seus trabalhos. Este modelo

---

7. http://foundationcenter.org/.

envolve apoio e colaboração com académicos e pesquisadores na aquisição de conhecimentos relevantes.

Há uma crescente compreensão nesta comunidade de financiamento de que podemos ser mais eficazes se trabalharmos juntos, em vez de independentemente. Os financiadores com interesse em metas ou áreas geográficas específicas podem compartilhar informações e experiências entre si e com uma grande variedade de partes interessadas, mesmo que não possuam uma estrutura formal para trabalhar juntos. As conversas precisam ocorrer entre estudiosos e profissionais de campo, bem como entre estudiosos de várias disciplinas, incluindo missiologia, educação, ciências sociais e negócios. Uma maior conscientização de cada uma e das partes que vários atores desempenham nesse todo, aumenta a chance de efetuar mudanças.

Hoje, à medida que a vida é cada vez mais vivida no mundo virtual das informações da Internet e das redes sociais, a comunidade de financiamento continua a reconhecer a importância vital dos relacionamentos pessoais para o trabalho no reino. A experiência da THF no ELA forneceu forte verificação e documentação disso. Esperamos que nossa experiência possa contribuir positivamente para a conversa contínua da comunidade de financiamento.

A HISTÓRIA CONTINUA

A história do ELA inclui muitos personagens. Você conheceu alguns dos principais neste livro. Você os conheceu porque seus capítulos cuidadosamente elaborados lhe deram uma visão dos dons, discernimento e sabedoria que eles trouxeram para sua tarefa. Ao visitar o site do ELA, você pode conhecer a equipe maior do ELA e aprender sobre os papéis de seus membros nessa narrativa, bem como sua visão para ela. Embora este capítulo conte a história da THF, éramos apenas um dos muitos participantes complementares no ELA. Cada pessoa foi atraída para este projeto por diferentes razões. Mas todos trouxeram uma atitude de respeito e humildade acompanhados pelos pontos fortes de seu treinamento, sabedoria e experiências de vida.

Suspeito que todos nós que procuramos participar da história do reino de Deus, quaisquer que sejam nossos papéis, temos momentos em que poderíamos usar uma palavra de encorajamento. Os princípios em ação no reino de Deus são radicalmente diferentes daqueles em ação no mundo ao nosso redor. Nos meus anos de serviço na Fundação (desde 1975), foi um privilégio e um desafio pessoal observar os muitos exemplos daqueles que vivem humildemente pela fé, às vezes a um custo elevado. Essa reflexão serviu de incentivo para mim. Oro para que também o faça por você.

REFERÊNCIAS CITADOS

Oden, Thomas C. 2010. *How Africa Shaped the Christian Mind*. Downers Grove, IL: InterVarsity Press.

Taylor, Ken. 1991. *My Life: A Guided Tour*. Wheaton, IL: Tyndale House Publishers.

Taylor, Margaret. 2000. *The Way I Remember It! (The Memoirs of Margaret West Taylor)*. Wheaton, IL: Taylor Press.

Tiegreen, Chris. 2003. 365 *Pocket Devotions: Inspiration and Renewal for Each New Day*. Walk Thru the Bible/Tyndale House Publishers.

Wuthnow, Robert. 2009. *Boundless Faith: The Global Outreach of American Churches*. Berkeley and Los Angeles: University of California Press.

Uma Reflexão sobre a Fidelidade — Quando me pergunto se meu serviço tem algum impacto

Servimos em um Reino de grãos de trigo, sementes de mostarda e pérolas ocultas – pequenas coisas com enorme impacto. O mundo não pode ver o seu valor. Nos nossos momentos mais desencorajadores, nem podemos nós...

[Mas] não desanime se seu serviço fiel a Deus tiver resultados imperceptíveis. Eles são imperceptíveis apenas a olho nu. Eles são altamente valorizados no Reino eterno, onde aqueles que doam suas vidas os encontram novamente.

Afirmo a vocês que é verdade: se um grão de trigo não for jogado na terra e não morrer, ele continuará a ser apenas um grão. Mas, se morrer, dará muito trigo. João 12:24

(Tiegreen 2003, dia 154)

Conclusão

Lições Aprendidas Através do Estudo da Liderança de África

Kirimi Barine, Michael Bowen, Edward Elliott, H. Jurgens Hendriks, John Jusu, Elisabet Le Roux, David K. Ngaruiya, Robert J. Priest, Steven D. H. Rasmussen, Wanjiru M. Gitau, Nupanga Weanzana E Mary Kleine Yehling

Os líderes e organizações cristãs africanas estão trabalhando criativa e energicamente para abordar uma ampla variedade de problemas e oportunidades locais dentro da estrutura de entendimentos, comunidades e recursos cristãos. Em nossa reunião final em Brackenhurst, no Quênia, toda a equipe do ELA se reuniu para discutir o que aprendemos com nossa pesquisa. Os membros da equipe se prepararam com antecedência, lendo todos os resultados da pesquisa, entrevistas e relatórios.[8] A seguir, é apresentado um breve resumo do que nossa equipe completa do ELA acredita que nossa pesquisa revela.

1. Pastores são muito influentes. Quando solicitados a "nomear um cristão, fora de sua família imediata, que mais o influenciou," mais da metade dos entrevistados no Quênia e na RCA e mais de um terço em Angola nomearam um pastor. Isso sugere que, onde existem questões importantes a serem abordadas nas sociedades africanas (como o desafio da violência, política, étnica ou os problemas generalizados com o HIV/SIDA), faz sentido que iniciativas de parceria com pastores influenciem as pessoas para o bem. Pastores particularmente influentes do Quênia que entrevistamos e relatamos incluem

---

8. As restrições de espaço não nos permitem incluir os relatórios completos que preparamos sobre os influentes líderes cristãos que nossas pesquisas exploraram ou os relatórios completos sobre organizações cristãs lideradas por africanos altamente eficazes. Cada um desses relatórios e vários outros recursos estão disponíveis em Inglês, Francês e Português em http://www.africaleadershipstudy.org.

John Bosco, Joseph Maisha e Oscar Muriu; da RCA, David Koudougueret e René Malépou; e de Angola, Adelaide Catanha e Dinis Eurico.

2. Os líderes leigos também desempenham papéis estratégicos em uma ampla variedade de áreas. Entre os líderes leigos destacados, entrevistamos um arquiteto (Edouard Nvouni), um médico (Nestor Mamadou Nali), um ambientalista (Patrick Nyachogo), um general militar aposentado (general Kianga), professores (Eunice Chiquete, Esther Mombo), a fundadora de uma ONG grande e bem-sucedida (Alice Kirambi), um formador agrícola (Joseph Kimeli), uma professora de educação sexual nas escolas (Isaac Mutua) e diretor fundador de duas organizações que trabalham com viciados em drogas (Cosmas Maina). Esses indivíduos não apenas alcançaram uma ampla variedade de objetivos estratégicos através de seu trabalho vocacional, mas suas posições e reputações profissionais os posicionaram para servir e influenciar de maneira mais ampla do que seria sob as vestes do clero. Além disso, em contextos em que o crescimento da igreja ultrapassou a número de pastores líderes treinados, os líderes cristãos leigos frequentemente preenchem a lacuna ao servirem como líderes de ministério em e através de suas igrejas. Por exemplo, o angolano Manuel Missa é um administrador e professor da escola primária altamente respeitado, mas também atua em sua igreja como cantor, diretor de coral, professor de estudos bíblicos e diácono. Esses líderes influentes leigos são geralmente menos visíveis que os líderes do clero, às vezes recebendo pouco incentivo e apoio das igrejas, mas são extremamente importantes para a força da igreja e seu testemunho em África.

3. Em um continente onde 60 a 70% da igreja é do sexo feminino, as mulheres são estratégicas para a força da igreja, mas geralmente são pouco reconhecidas e pouco apoiadas. Os países variaram na medida em que os entrevistados indicaram que suas igrejas ofereciam oportunidades para as mulheres na liderança; apenas metade dos entrevistados da RCA e três quartos dos entrevistados no Quênia afirmaram isso. A maioria das organizações identificadas como tendo um alto impacto era liderada por homens, com conselhos principalmente masculinos. Não era incomum os líderes entrevistados expressarem pesar pela falta de presença feminina no quadro – mas sem nenhum plano declarado para mudar isso. As cônjuges dos líderes geralmente desempenhavam um papel importante de parceria (como na Word of Life or Redeemed Academy). O mesmo acontecia com as esposas de pastores líderes, que às vezes, eram nomeadas automaticamente como líderes. Vários departamentos de mulheres sobre as quais reportamos, como a Mothers' Union, foram identificadas como tendo alto impacto. As mulheres identificadas como líderes-chave (como Esther Mombo e Alice Kirambi) forneceram evidências convincentes da influência estratégica e papel das mulheres na África contemporânea, mas também dos desafios que as mulheres enfrentam. Claramente, esta é uma área importante para maior consideração e melhor suporte. *As igrejas desempenham uma variedade de papéis estratégicos na vida dos cristãos e comunidades africanas.* Quando solicitados a nomear um cristão que os influenciou mais, 59% dos angolanos, 70% dos quenianos e 76% dos entrevistados da RCA indicaram um líder de igreja de uma maneira ou de outra (incluindo, mas não limitados a pastores). As igrejas não são apenas uma base para orientação e treinamento de liderança, mas também para influência estratégica na juventude, esforços para aliviar a pobreza, cuidar de viúvas, educação sobre questões financeiras, educação sobre HIV/SIDA, educação sobre questões de violência étnica e processo político, e divulgação de livros cristãos.

4. *As organizações para-eclesiásticas lideradas por africanos são centrais para evangelismo, discipulado e engajamento social em uma ampla variedade de frentes.* Por não pertencerem a uma única igreja, esses ministérios promovem a unidade interdenominacional e são frequentemente liderados por personalidades empreendedoras – frequentemente leigos – que identificam necessidades, criam programas para atender a essas necessidades, formulam estratégias para solicitar apoio e executam programas com alto impacto. Tais organizações religiosas enfrentam uma variedade de desafios, mas muitas as enfrentam com sucesso. A cultura interdenominacional que é fomentada é em si uma grande força para a igreja em geral e merece consideração como um forte critério de apoio.

5. *A Bíblia como Palavra de Deus é importante na vida dos cristãos africanos.* Não apenas a Bíblia é central na pregação, mas mais de 60% de nossos entrevistados, quase todos alfabetizados,[9] indicaram que liam suas Bíblias diariamente (com cristãos pentecostais lendo nos níveis mais altos e católicos nos níveis mais baixos). Nossa pesquisa destacou o papel central da Bíblia como Palavra de Deus em alguns ministérios focados na juventude do Quênia que examinamos em profundidade, como o FOCUS Kenya, a Kenya Christian Students Fellowship (KSCF) e a Scripture Union, mas também o papel de traduções vernaculares da Bíblia na RCA (veja o relatório da Central African Association for Bible Translation and Literacy).

6. *Muitos africanos leem livros, especialmente livros motivacionais, práticos e orientados para ajudar os leitores a alcançar o sucesso.* Um terço

---

9. Priorizamos intencionalmente o levantamento de pessoas alfabetizadas, um subconjunto das populações maiores.

dos entrevistados relatou ter lido pelo menos seis livros no ano anterior, com aproximadamente 60% dos pastores tendo lido seis ou mais livros nesse período. Pastores também relatam a compra de livros a taxas significativamente mais altas do que outros; eles são menos propensos a ler ficção do que outros. Os livros de pastores de mega-igrejas dos Estados Unidos (Joel Osteen, TD Jakes, Rick Warren) e de outros lugares (Myles Munroe, David Oyedepo, Dag Heward-Mills, Chris Oyakhilome) foram amplamente mencionados como favoritos pelos entrevistados quenianos, e muitos desses livros têm ênfase em como alcançar o sucesso. Livros de Ben Carson e John Maxwell também foram os favoritos. Os livros que eram praticamente orientados para ajudar os leitores a alcançar o sucesso eram os principais. Muitos dos líderes que entrevistamos indicaram que leem intensivamente, embora seja claro que apenas alguns fazem uma leitura académica séria.

7. Há uma forte necessidade de autores cristãos locais. Enquanto a maioria dos entrevistados do Quênia que indicaram um autor favorito indicaram um autor explicitamente cristão (67,4%), 61,5% desses autores eram dos Estados Unidos. Menos de 2% dos entrevistados quenianos que indicaram um autor favorito indicaram um autor cristão queniano. Na RCA, 38% indicaram um autor favorito explicitamente cristão, mas menos de 1% (0,6%) indicou um autor favorito da RCA explicitamente cristão. Para resumir isso em outros termos, enquanto 41,6% dos entrevistados cristãos africanos nomearam um autor favorito que era africano e 58,2% nomearam um autor favorito que era cristão; o grau de sobreposição entre os dois era relativamente pequeno, com apenas 9,5% nomeando um autor favorito que era africano e cristão (veja a Figura 10-1).

Nosso senso nas entrevistas é que muitos líderes cristãos africanos têm histórias interessantes e convincentes, mas elas não estão impressas. Curiosamente, a maioria dos líderes que entrevistamos afirmou que gostaria de escrever um livro ou livros sobre sua vida ou ministério, que eles acreditam que seriam do interesse de outras pessoas, mas muitos indicaram que não têm tempo ou habilidade. Dado que esses líderes entendem bem seu contexto local e dada a aparente falta de livros cristãos pelos autores locais, há uma necessidade estratégica de apoiar iniciativas destinadas a ajudar os líderes cristãos locais a escrever e publicar livros de qualidade.

8. Líderes e organizações cristãs africanas alcançam sucesso através de relações com parceiros. Uma percentagem surpreendente de líderes com maior impacto viveu e / ou estudou no exterior (Brasil, Canadá, França, Índia, Itália, Portugal, Reino Unido, Estados Unidos) e estabeleceu relações globais em nome de fins estratégicos locais. Líderes e organizações bem-sucedidas também constroem extensas relações de reciprocidade e confiança em seus países. A capacidade de estabelecer relacionamentos entre denominações cruzadas foi crucial para o sucesso da maioria dos líderes e organizações que examinamos (com exemplos notáveis sendo o NCCK e o Mombasa Church Forum). Até a capacidade de estabelecer relações de confiança com os líderes muçulmanos acaba por ser uma dimensão essencial do sucesso organizacional e de líderes nas regiões dominantes muçulmanas (Bispo John Bosco, Mombasa Church Forum, Redeemed Academy, Word of Life). Os sociólogos apontam que, em nosso mundo moderno, a liderança é exercida menos através do controle de cima para baixo nas estruturas burocráticas do que através da capacidade de ativar parcerias em nome de fins estratégicos. Nossa pesquisa do ELA confirmaria que a liderança cristã africana é exercida através de um tipo de trabalho conjunto no corpo de Cristo. Parece também que, se parceiros do exterior desejam se envolver de maneira estratégica, precisam entender essas parcerias, apoiando e adaptando-as de maneira culturalmente contextual, além de qualquer apoio financeiro fornecido.

9. *Os líderes cristãos africanos ministram em ambientes étnicos e interétnicos, onde habilidades, competências e compromissos interculturais são cruciais para o sucesso.* Nossa pesquisa confirmou que os líderes cristãos são de todos os principais grupos étnicos. Quando nossos entrevistados foram solicitados a nomear um líder pastor ou leigo com maior impacto, a maioria no Quênia e Angola nomeou alguém de seu próprio grupo étnico, enquanto a maioria dos entrevistados na RCA nomeou alguém de um grupo étnico diferente do seu.[10] Assim, as evidências sugerem que a identidade étnica/cultural compartilhada continua sendo uma dinâmica importante em África, mesmo enquanto inter-relações étnicas também são centrais. Nossas entrevistas sugeriram que o sucesso de muitos líderes se deve em grande medida às suas experiências, competências e compromissos interculturais. Ou seja, o fato de tantos terem morado no exterior ou em regiões fora de casa parece ter contribuído não apenas para suas redes, mas também para confortar e ter habilidade em se relacionar com pessoas de diversas linhas culturais. O Bispo John Bosco, por exemplo, mudou-se de Nairóbi para Mombaça, onde aprendeu a ministrar em suaíli e a fazer outros ajustes culturais que lhe renderam respeito entre os muçulmanos Digo. Muitos que foram entrevistados

---

10. Em Angola, 77% dos entrevistados nomearam um pastor de seu próprio grupo étnico e 80% nomearam um líder leigo de seu próprio grupo étnico como tendo maior impacto. No Quênia, 65% nomearam um pastor de seu próprio grupo étnico, e 66% nomearam um líder leigo de seu próprio grupo étnico. Na RCA, 37% nomearam um pastor de seu próprio grupo étnico e 48% nomearam um líder leigo de seu próprio grupo.

chamaram a atenção para a diversidade étnica de seus funcionários ou diretoria, e claramente alguns acharam que era importante que os líderes cristãos fornecessem modelos e orientações para relações interétnicas saudáveis.

10. Os líderes cristãos africanos fazem cada vez mais parte de um mundo conectado, embora com restrições acentuadas. Entre 8 em cada 10 entrevistados na RCA e entre 9 em cada 10 em Angola e Quênia tinham telefones celulares. Pastores em todos os países tinham taxas ainda mais altas de terem telefones celulares.

Aproximadamente um terço dos nossos entrevistados angolanos e quenianos indicaram possuir computadores, embora menos de um sexto o possuíssem na RCA – e pastores nos três países possuíam computadores a taxas mais baixas do que os outros entrevistados. Um terço dos entrevistados da RCA (32,7%), menos da metade dos angolanos (48,8%) e quase dois terços dos entrevistados do Quênia (63,3%) indicaram que tinham acesso à Internet. Naqueles com acesso, os respondentes da RCA tinham maior probabilidade de obter acesso através de um cibercafé, enquanto quenianos e angolanos acessavam a Internet com mais frequência por meio de seus telefones celulares, seguidos por computadores em casa ou no trabalho. Os quenianos relataram a maior frequência de uso da Internet, com Angola em segundo e a RCA a um terço de distância. Enquanto os pastores relatam menos acesso à Internet do que outros, os pastores que têm acesso relatam taxas mais altas de uso da Internet do que outros. Os líderes cristãos de alto impacto que entrevistamos relatam o uso extensivo de várias formas de comunicação, geralmente baixando informações da Internet e tendo uma página da Web no Facebook. A maioria das organizações de alto impacto que examinamos usa email, Facebook e outras formas de redes social como meio de comunicação e educação àqueles a quem servem. As organizações que ainda não o fizeram (como Mothers' Union) classificam isso como um ponto fraco da organização. O fato de as organizações solicitarem assistência de doadores na configuração da infraestrutura para permitir a comunicação digital é, portanto, válido e é uma necessidade que deve ser atendida.

11. Iniciativas focadas na juventude são estratégicas. Em um continente em que qualquer pessoa com menos de 30 anos é considerada jovem, 74% da população em Angola, 69% na RCA e 72% no Quênia têm menos de 30 anos. 59% dos entrevistados em Angola, 58% no CAR e 82% no Quênia indicaram que sua congregação se concentrava "pouco" ou "muito" no desenvolvimento da liderança juvenil. Especialmente no Quênia, ficou claro que uma maioria dos líderes e organizações com o máximo impacto estava focada na juventude. As maiores congregações têm cada vez mais pastores jovens na equipe. Existe uma percepção generalizada de que os jovens enfrentam desafios e vulnerabilidades específicos, mas também estão abertos a serem influenciados. Os líderes e organizações cristãs geralmente podem contar com o apoio de várias agências cristãs, governamentais e da sociedade civil quando se concentram no trabalho com jovens. Além disso, muitos dos líderes que examinamos haviam sido moldados em sua juventude por ministérios como KSCF, Scripture Union ou FOCUS Kenya. Fortalecer esses ministérios e expandi-los dentro da RCA e Angola parece ser uma alta prioridade.

12. Mentoria é central para o desenvolvimento da liderança em África. A maioria dos líderes entrevistados fez referência a ter sido mentoriado por outros e também à orientação em que estavam envolvidos (como o Bispo Maisha, professora Mombo, Oscar Muriu), às vezes usando programas de estágio juntamente com a mentoria. Em nossa pesquisa, perguntamos se os principais líderes e organizações tiveram um papel importante no desenvolvimento de outros como líderes e, se sim, quais meios foram usados. Mais da metade dos entrevistados da pesquisa que indicaram um líder importante como sendo particularmente bom no desenvolvimento de lideranças responderam que a pessoa usava a mentoria como uma ferramenta. As organizações que foram identificadas como extraordinariamente fortes no desenvolvimento de líderes (como FOCUS Kenya, KSCF, Scripture Union, Campus pour Christ) também foram identificadas como fortes no uso de mentores – com alguns grupos de estudantes que utilizam ex-alunos para ajudar em estágios e mentoria, criando um círculo auto-sustentável.

13. A educação formal é claramente uma parte central do desenvolvimento da liderança. Nossas pesquisas, realizadas entre grupos de cristãos e líderes cristãos, indicaram um nível incomumente alto de educação formal. Os líderes de alto impacto que examinamos, mesmo quando às vezes desejavam enfatizar os benefícios de seus próprios programas informais de desenvolvimento de liderança, possuíam níveis extraordinariamente altos de educação formal. Infelizmente, nosso questionário falhou em perguntar explicitamente sobre o papel das universidades e dos seminários e, portanto, estamos um pouco limitados no que pode ser dito. Na RCA, a FATEB foi selecionada pelo maior número de entrevistados como sendo a organização com maior impacto – o que é um tanto surpreendente, pois a redação do nosso questionário enfatizou outros tipos de organizações, em vez de instituições educacionais. A partir dos resultados da entrevista, parece que a maioria dos líderes foi moldada por alguma combinação de educação formal de alta qualidade, juntamente com outras formas de relacionamento informal e de mentoria – com a combinação sendo mais importante do que qualquer uma delas sozinha.

14. Muitos líderes cristãos africanos são ambivalentes em relação à política, mas reconhecem que muita coisa está em jogo e, portanto, frequentemente se envolvem na arena política em nome do bem comum. A maioria dos líderes que entrevistamos associou a política à corrupção e ao conflito. Uma resposta natural é evitar. Em Angola e na RCA, mais de 50% dos entrevistados responderam "de modo nenhum" quando perguntados se suas igrejas forneciam educação relacionada a realidades políticas; outros 25% verificaram "muito pouco." Isso era especialmente verdade nas igrejas pentecostais. E, no entanto, alguns líderes cristãos importantes foram profundamente apreciados pelos papéis estratégicos que desempenharam no governo (como Nestor Mamadou Nali na RCA). Algumas organizações (como o NCCK e o Mombasa Church Forum) foram apreciadas por fornecerem informações cristãs sobre a verificação de candidatos e leis políticas, e não simplesmente de ceder a arena política a muçulmanos ou secularistas. No Quênia, apenas 19% dos entrevistados indicaram que sua igreja não forneceu educação sobre realidades políticas, com quase metade dizendo que suas igrejas forneceram "um pouco" ou "muito". As recentes eleições pacíficas no Quênia quase certamente devem muito ao trabalho das igrejas quenianas em orientar seus membros sobre a importância de um processo político não caracterizado por violência étnica ou religiosa. Os cristãos africanos de outros países podem se beneficiar aprendendo com a experiência das igrejas quenianas.

15. Embora a maioria das igrejas, organizações e líderes cristãos tenha um foco mínimo no relacionamento com os muçulmanos, uma minoria está fazendo um trabalho impressionante nesta área estratégica. Embora o Islã tenha uma presença significativa na RCA e no Quênia, a maioria dos entrevistados indicou que suas igrejas fizeram pouco ou nada para se concentrar no Islã. Mas 11% na RCA e 18% no Quênia indicaram que suas igrejas "fizeram muito" na área de alcançar os muçulmano. A Fase 2 da nossa pesquisa, especialmente sobre líderes e organizações na costa do Quênia, onde Al Shabaab tem sido ativo e onde a tensão e o conflito com o Islã é alta, revelou uma variedade de maneiras pelas quais os cristãos estavam engajando muçulmanos em nome da paz e das relações positivas, bem como em nome do testemunho cristão. O Bispo John Bosco recebeu o maior número de indicações como pastor de maior impacto, e seu ministério está em uma comunidade amplamente muçulmana, com foco central em servir a comunidade e em estabelecer relações positivas. Cosmas Maina, que recebeu o segundo maior número de votos para um líder leigo, também fez parceria com muçulmanos no trabalho com viciados em drogas. O NCCK e o Mombasa Church Forum têm trabalhado para incluir líderes muçulmanos como parceiros de conversação, fornecendo suporte para políticas de candidatos muçulmanas que exemplificam abordagens positivas às relações inter-religiosas, formando parcerias com o policiamento comunitário contra a violência inter-religiosa e assim por diante. No momento de nossa pesquisa, Redeemed Gospel Academy do Bispo Bosco, que opera em uma região principalmente muçulmana e foi inicialmente atacada, contou com a presença de 350 estudantes, mais da metade dos quais eram de famílias muçulmanas. Os padrões de engajamento criados por esses cristãos precisam ser compartilhados com os cristãos africanos em todo o continente.

16. Existem melhores estruturas de apoio para instituições e líderes cristãos no Quênia do que em Angola ou na RCA, e é muito mais difícil adquirir conhecimento sobre as realidades da liderança na África francófona e lusófona do que da África anglófona. Tudo, desde a disponibilidade de livros cristãos no idioma nacional, a facilidade e segurança das viagens, até a disponibilidade de acesso à Internet de alta qualidade, difere significativamente entre o Quênia e os outros países. O fato de os cristãos quenianos falarem o mesmo idioma dos cristãos americanos, facilita muito a comunicação e a parceria. E isso afeta não apenas as parcerias ministeriais, mas o nível de dificuldade encontrado na parceria para uma pesquisa eficaz sobre a dinâmica da liderança. Existem obstáculos mais exigentes a serem enfrentados na RCA e em Angola do que no Quênia, a fim de obter uma compreensão de alta qualidade das realidades da liderança. As implicações são significativas. Se o corpo global de Cristo tiver uma parceria inteligente nas partes de África que não fala inglês, precisaremos trabalhar muito mais para encontrar informações relacionadas aos desafios e oportunidades que afetam os líderes cristãos africanos.

Depois de revisar os dados e identificar o que aprendemos, os membros da equipe do ELA relataram que estavam satisfeitos por nossa pesquisa fornecer forte confirmação e evidência do que já tínhamos percebido como verdadeiro: os cristãos africanos estão exercendo grande energia, iniciativa e visão ao responder a realidades africanas e necessidades percebidas. Através de nossa pesquisa, aprendemos bastante sobre as maneiras específicas pelas quais os líderes e organizações cristãs africanas estão trabalhando criativa e energicamente para resolver uma ampla variedade de problemas locais e envolver oportunidades dentro da estrutura de entendimentos, comunidades e recursos cristãos. Os participantes expressaram a esperança de que nossos resultados de pesquisa fossem longe em **contrariar a ampla percepção** de que os africanos estão fazendo pouco para mudar a cultura predominante de pobreza, conflito, violência e dependência estrangeira.

www.ingramcontent.com/pod-product-compliance
Lightning Source LLC
Chambersburg PA
CBHW060557230426
43670CB00011B/1859